“互联网+”

远教职教的理论和实践研究

主编　郭庆　张伟远

云南大学出版社
YUNNAN UNIVERSITY PRESS

图书在版编目（CIP）数据

“互联网+”远教职教的理论和实践研究 / 郭庆，张伟远主编. -- 昆明 : 云南大学出版社，2018
ISBN 978-7-5482-3551-4

Ⅰ. ①互… Ⅱ. ①郭… ②张… Ⅲ. ①远程教育－职业教育－文集 Ⅳ. ①G43-53②G71-53

中国版本图书馆CIP数据核字(2018)第221472号

策划编辑：陈 曦
责任编辑：石 可
装帧设计：庄海萌

“互联网+”
远教职教的理论和实践研究

主编 郭庆 张伟远

出版发行：云南大学出版社
印　　装：昆明理煌印务有限公司
开　　本：787mm×1092mm 1/16
印　　张：12.75
字　　数：250千
版　　次：2018年11月第1版
印　　次：2018年11月第1次印刷
书　　号：ISBN 978-7-5482-3551-4
定　　价：38.00 元

社　　址：昆明市一二一大街182号（云南大学东陆校区英华园内）
邮　　编：650091
电　　话：（0871）65031070 65033244 65031071
网　　址：http://www. ynup. com
E-mail：market@ynup. com

若发现本书有印装质量问题，请与印厂联系调换，联系电话：0871- 64167045。

以扎实的理论和实践研究推进“互联网+”新型高校建设（代序）

为了深入贯彻党的十八大以来各届全会精神，落实《国家中长期教育改革和发展规划纲要（2010—2020年）》和《中共重庆市委关于制定重庆市国民经济和社会发展第十三个五年规划的建议》的要求，重庆广播电视大学（下简称重庆电大）和重庆工商职业学院作为两校一体培养应用型人才的高等院校，2016年制定的《重庆广播电视大学/重庆工商职业学院“十三五”事业发展规划》（下简称《十三五规划》）和2017年通过的《扎根重庆大地　服务决胜小康　为建成“互联网+”办学特色鲜明的新型高校而努力奋斗——中国共产党重庆广播电视大学第二次代表大会上的报告》（下简称《工作报告》），明确了五年的发展目标和工作任务，旨在加快以“互联网+”为办学特色的应用型高校建设步伐，推进远教职教一体化的可持续超越式发展。

《十三五规划》和《工作报告》的任务之一就是鼓励和推动远程教育和职业教育的科学研究和学术交流。为此，在学校党委领导下，我们邀请了国际上著名的远教职教专家、北师大教授和博导、兼任学校大数据应用研究院院长的张伟远博士为专家组组长，设立了“伟远讲堂”系列项目，组建教育研究专家和本校教职员工结合的研究队伍，发挥各自优势，共同开展“互联网+”时代的教育教学和学术研究深度融合的研究，通过把科学研究、教育教学质量诊断和提高、学术论文发表三者紧密结合起来，共创“互联网+”时代的远教职教学术研究的氛围和文化。

在2017年安排的“伟远讲堂”活动中，我们精选了本校教职员工的部分学术研究成果，形成了《“互联网+”远教职教的理论和实践研究》。在这本文集中，我们采用一以贯之的方法，以《工作报告》为首，以《十三五规划》为结尾，《工作报告》和《十三五规划》是全校上下共同努力的方向和具体的工作任务，也是指导全校教职员工开展科学研究的方向性和指导性文件。

本书选择了学校教职员工开展“互联网+”办学体系和教育教学改革的部

分研究成果，为教育教学诊断和改进以及学校的办学和发展起到一定的作用。例如，关于国际视野中开放大学的最新发展和研究热点，在我国开放大学/广播电视大学转型的关键时期带来了国际的经验和教训，对我们建立开放大学具有启发作用。关于混合学习视域下学习支持服务机制的研究，对学校构建具有系统性、全程性、智慧化与个性化等特征的学生支持服务系统提供了支撑依据。关于“互联网+”创新创业教育的价值特征与推进策略，对学校开展的创新创业教育实践具有理论和指导意义。关于混合学习空间的内涵、效用表征与形成机制的研究，提出的理论、技术、管理体制、舆论体系、资源和传统文化、大数据的反馈与改进全方位因素的模式，为学校推广混合式教学提供整体的视角。

本书涵盖了“互联网+”时代远程教育和职业教育领域广泛的研究主题，包括职业教育人才培养的价值取向和路径；教育大数据、学习分析和混合学习；我国职业教育与东南亚国家的合作和联合；职业教育的质量保证体系；学分银行和职业教育课程标准体系建设；混合式学习和课堂回归的探讨；职业教育人才培养创新的规律及路径；慕课众筹模式的运行机制与风险管控；高职院校创业教育资源共享体系；职业教育校企合作网络特征及动态能力培育；“互联网+”背景下学术期刊综合出版平台的建设；教育大数据范式的基本理念与建构策略；以创客教育推进高等职业教育的供给侧改革等。

在加快建成“互联网+”办学特色鲜明的国内一流高等职业院校、全国领先的开放大学、进程中，我们需要不断推进理论创新、制度创新、机制创新、实践创新。要实施创新驱动战略发展，全面开展科学研究和学术交流是不可或缺的重要环节，科研成果是提高学校管理和办学水平、诊断和提高教育质量、了解和改善教学水平的重要依据之一。当然，学校开设的“伟远讲堂”项目处于起步阶段，还有很大的提高空间。为此，我们期望本书的研究成果能对同行读者有所裨益，更希望抛砖引玉，得到大家的批评、指正和建议，以便我们总结经验，把“2018伟远讲堂”办得更有成效，更好地为我国的远教职教研究和实践做出应有的贡献。

党委书记　郭庆　教授

重庆广播电视大学/重庆工商职业学院

目　录

扎根重庆大地　服务决胜小康
为建成“互联网＋”办学特色鲜明的新型高校而努力奋斗

——在中国共产党重庆广播电视大学第二次代表大会上的报告

郭　庆

（2017年7月10日）

同志们：

现在，我代表中国共产党重庆广播电视大学本届委员会向大会做工作报告。

中国共产党重庆广播电视大学第二次代表大会，是在全校深入学习贯彻重庆市第五次党代会精神，全面推进“十三五”事业发展的关键时期召开的一次十分重要的大会。大会的主题是：高举中国特色社会主义伟大旗帜，深入学习贯彻习近平总书记系列重要讲话精神和治国理政新理念新思想新战略，围绕“五位一体”总体布局和“四个全面”战略布局，动员全校共产党员和师生员工，紧密团结在以习近平同志为核心的党中央周围，扎根重庆大地，坚持改革创新，提高办学质量，服务决胜小康，为把我校建设成为“互联网＋”办学特色鲜明的新型高校而努力奋斗。

一、第一次党代会以来工作回顾

我校第一次党代会以来的五年，是学校改革发展稳步推进、各项工作取得显著成效的五年。五年来，校党委始终围绕立德树人根本任务，紧扣学校发展这个主题，团结带领全校师生员工，围绕第一次党代会确定的“三大战略目标”，全面推进“八大建设工程”，深入学习党的创新理论，完成示范骨干建设、筹建重庆开放大学、深化治理体系改革、实施“北移合川”战略，圆满完成了目标任务，推进了学校全面发展。

——深入学习党的创新理论。深入学习习总书记系列重要讲话精神和治国理政新理念新思想新战略，牢固树立“四个意识”，落实新发展理念，牢牢把握办学方向和学校改革发展大局。精心组织开展了党的群众路线教育实践活动、"三严三实"专题教育和"两学一做"学习教育等，认真贯彻落实全国高校思想政治工作会议精神，组织开展系统性的学习研讨活动，形成了党员干部带头学习、带头改革、带头依法、带头落实全面从严治党的良好氛围。始终坚持"建骨干、建开大、建大学"的发展路径，在"两校一体"基础上探索建立了"一体多元三融合"办学模式，完成了1+3+N的"十三五"发展规划体系，以"质量、特色、能力"建设为战略任务，确立了全面建成"互联网+"办学特色的新型大学的发展愿景。

——完成了示范骨干建设。重庆市级示范高职和国家骨干高职建设是贯穿我校过去五年的两大质量工程项目，财政资金分别投入3，300万元和6，000万元，打造重点专业7个，建成市级专业教学团队6个，建设优质校本教材360本和核心课程资源150门；以专业群服务产业群，创新了学校的合作办学体制机制，成立了政行企校合作发展理事会，形成了"两平台五共同三融合"人才培养模式，先后与297家企业开展合作，校内实训基地达到254个，校外实习实训基地达到213个，产教融合校企合作上了新台阶；教学工作的中心地位更加突出，综合项目建设和管理的水平进一步提升，专业服务经济社会发展的能力明显增强，形成了人才培养重质量、社会服务重实效、技术研发重转化的工作局面。

——推进了重庆开放大学筹建。面对电大转型的历史机遇，不等不靠，先行先试，全面推进各项试点建设任务。形成以《重庆开放大学建设方案》为核心的一揽子顶层设计和开放大学教学研究成果；完成5个本科专业的筹建，并与西南大学就其中2个开展合作办学试点；搭建OpenX一体化在线学习平台并上线测试；初步完成学分银行系统建设、标准制订并实现试运行。按照"不破而立"的原则，积极推动全市电大系统整体转型，实施基层电大转型发展三年计划，推进办学项目进园区、进社区、进企业，形成一批宝贵的办学试点成果。我校开放大学筹建工作获得教育部领导和专家组的高度评价，对促进电大办学整体转型，增强办学基本能力，打造"互联网+"办学特色具有非常重要的推动作用。

——深化了大学治理体系改革。坚持党委领导下的校长负责制，完善议事规则，优化决策机制，建立党委集体决策、校长民主决策、分管领导分工决策的责任体系。完善"三重一大"决策机制，健全以学术委员会为核心的学术权力运行机制。完成两次内部机构调整和干部换届；改革校院两级管理体制，建立规范的二级学院党政联席会制度。加强基础基层建设，实行"小机关、大服务"，推动管理重心下移。以协调推进质量保证体系建设（改革）、办学体制机制改革、人事制度改革三项改革为重点，推进学校管理方式转变。通过机构调整、职能转换，建立了国有资产采买、管理、使用三种职能分离、相互制约规范的工作机制，为进一步建立权益关系明晰的合作办学体制机制，进行了制度准备。

——实施了“北移合川”战略。“北移合川”是我校适应发展需要，拓展办学空间的重大战略转移。我们从建设校区开始，始终把“工作在合川、生活在合川、幸福在合川”作为共同愿景，努力在建设一座新校园的同时，建设一所融入新理念、承载新目标、实现新功能的新学校。我们在共同克服学校三校区办学困难的同时，下决心安排好合川办学的建设和发展，从调整教学运行安排到每天组织车辆往返；从联系子女就近读书到设立教职工食堂；从把临时住所安在学生宿舍到设立周转招待所；从克服困难加快住宅建设到解决尽快入住；从完善校区功能到优化美化校园，我们都始终坚持把办学育人的需要放在第一位。领导班子带头，坚持办公在架空层、住宿在师生中，与党员干部和广大教职工一起谋划合川办学的专业建设、教学保障、教师发展、学生成长。实现了办学主体北移合川。合川办学解决了我校当前办学在校生16，000人规模的基本条件，也争取了未来更大的发展空间。我们还需要共同努力，进一步加快教职工住宅瓶颈问题的解决，确保今年底完成全部建设和交房任务。

五年来，我们办学治校有了新的积累。

——党的领导核心作用更加有力。党委总揽全局，协调各方，始终坚持办学要扎根、育人讲贯穿、工作抓基础、质量有体系，全面落实立德树人根本任务。在学校“建骨干、建开大、建大学”的历程中，团结带领全校师生，奋发有为，攻坚克难，认真落实十八大以来中央精神和市委部署，充分发挥了党的领导核心作用。学校领导班子年年被市委评为“先进领导集体”。

——人才培养质量逐年提升。始终坚持质量立校、学生为本，优化育人环境，强化队伍建设，落实“三全育人”。培养了重庆市优秀学生干部24名、市级优秀毕业生137名。毕业生就业率稳定保持在98%以上，学生创业率近3年均高于全国平均水平。学生参加全国性竞赛获奖数增加了9倍，已连续两年获得全国职业院校技能大赛一等奖。

——教学科研水平不断提高。持续推进教育教学改革创新实践，获重庆市教学成果一、二、三等奖各1项，获国家级教学成果二等奖1项。科研创新能力持续加强，教职工完成的各类科研成果大幅增长，核心期刊论文数量增加143%，专利数增长了32倍，纵向科研项目稳步增长了36%，学术影响力和技术积累不断提高。

——社会服务能力稳步增强。依托九龙创意产业基地、嘉陵江创新创业基地、嘉陵江发展研究中心，先后引入企业项目和横向课题105项。充分发挥重庆市社区教育指导中心、高等教育远程教育中心、干部教育及专技人员培训基地等平台的作用，为全市提供专业的公共服务，年均非学历培训超过50万人次。

——学校文化脉络更加清晰。弘扬“三人一间半”艰苦奋斗、无私奉献的传统，秉承“励志、修德、育能、创新”的校训精神，我们求真务实、传承立新，凝练了“勤奋、忠诚、朴实”的校风，结合“开放、融合、创新”的时代精神，形成了重庆电大、重庆工商职业学院“两校一体”的文化传承。

——办学基础不断夯实。建立了重庆市职业教育大数据应用研究院和市级博士后科研工作站。专业服务产业能力、“双师型”师资队伍结构、教育信息化水平等办学条件明显改善，全市电大系统转型持续推进，基层办学能力不断提升，办学规模保持稳定，“互联网+”专业集聚和专业改造取得良好进展，发展基础更加坚实。

——全面从严治党深入推进。规范党内政治生活，强化主体责任，落实“一岗双责”，全面清除“薄、王”思想遗毒，营造风清气正的政治生态。加强党风廉政建设，驰而不息反“四风”，已成为学校的规范动作和工作常态。实施意识形态工作责任制，牢牢掌握意识形态工作的领导权主动权，形成联动工作机制。按照“制度选人、岗位选人、事业选人”原则，规范干部选拔任用制度，夯实了管党治党办学治校的基础。

——综合影响力不断提升。在教育部公布的学校满意度排名中，我校一直名列重庆市高职院校前列，在“全国高职专科院校综合排名”榜上，我们从过去的200名开外提升到了2017年的第94名，在2016~2017年度中国高职院校创新发展影响力排行榜中位列第48位。

五年的奋斗历程很不平凡，回顾过去，我们深深感到，学校的发展和进步，离不开上级党委和政府的正确领导和关心支持，离不开学校历届党政班子的接续奋斗和砥砺前行，离不开全校师生员工的团结拼搏和不懈努力，离不开广大党员的无私奉献。在此，我谨代表学校党委，向关心、支持学校事业发展的各级领导、离退休老同志和社会各界朋友，以及所有为学校建设发展做出贡献的同志们表示由衷的感谢和崇高的敬意！

回顾五年来的奋斗实践，我们深刻体会到：

必须始终坚持党的领导、从严治党。我们要坚持党对学校事业的领导，加强党的建设，全面从严治党，充分发挥党委的领导核心作用和支部的战斗堡垒作用。

必须始终坚持立德树人、坚守使命。我们要落实党的教育方针，坚持社会主义办学方向，以立德树人为根本任务，大力发展远程开放教育、现代职业教育和终身教育。

必须始终坚持立足重庆、服务一线。我们要紧盯重庆市产业升级和经济社会发展的需求，深化产教融合、校企合作，推进办学进园区、进企业、进社区。

必须始终坚持聚焦质量、特色发展。我们要坚持“质量立校、特色兴校、文化塑校、人才强校”的内涵发展战略，全面开展质量整改，推进质量文化建设，走特色发展之路。

必须始终坚持改革创新、先行先试。我们要坚持创新驱动发展，向改革要动力，向改革要活力，不断深化人才培养模式改革及体制机制改革，积极推进先行先试。

必须始终坚持群众路线、全校一心。我们要紧紧围绕学校工作大局和中心工作，加强团结、力促和谐，相信群众、依靠群众，上下一心，攻坚克难，不断开创学校事业发展的新局面。

这些经验是全校师生员工在积极应对新形势、新任务的历程中集体智慧的结晶，我们必须长期坚持并在新的实践中不断丰富和发展。

“行百里者半九十”。我们清醒地认识到，我们的工作与自己的愿景目标、与党和人民的期待还有不小差距，还存在一些亟待解决的问题：“两校一体”的体制困惑还没有彻底化解；特色专业集群效应以及教育信息化水平还不够凸显；校企合作、产教融合还有待进一步突破；适应学校管理重心下移的治理结构还不够完善；解决合川办学实际困难的有关工作仍有差距；全面落实从严治党的机制还需要进一步完善。

二、把握大势，抢抓机遇，科学谋划学校发展新蓝图

今后五年，是学校转型发展的重要战略机遇期，也是建设“互联网+”办学特色的关键时期。在新的历史条件下，我们要从科技革命、国家战略、重庆发展的大背景、大格局中科学谋划学校战略定位，抢抓发展机遇，实现转型跨越。这是我们的使命和担当。

我们将面向科技革命迅猛发展的新趋势，要遵循“互联网+”的逻辑，坚持新发展范式，寻找改革支点和行动路径，加强专业融合，厚植集群优势，通过挖掘自身潜力，不断战胜挑战，实现“互联网+”办学特色定位和一体多元办学体系优化。

我们将面向党和国家治国理政的新方略，对接西部大开发、“一带一路”等国家战略，服务重庆城乡统筹一体化发展，为重庆建设长江上游地区经济中心、国家重要现代制造业基地、城乡统筹发展的国家中心城市积极发挥作用。

我们将面向高等教育快速变革的新挑战，要推动互联网、大数据、人工智能等现代信息技术与教育教学的深度融合，推进高素质技术技能人才培养的改革创新，建立以教育大数据为支撑的教育发展模式、办学组织模式和支持服务模式等。

我们将面向全面深化综合改革的新使命，要立足于自身发展实际，充分发挥先行先试优势，更加注重创新驱动和内涵建设，更加注重激发院系的办学活力，更加注重现代大学治理体系和治理能力建设，做教育改革的先行者和排头兵。

我们将面向落实全面从严治党的新要求，要牢固树立“四个意识”，坚持高标准和守底线相结合，驰而不息强党建，坚持不懈抓作风，持之以恒反腐倡廉，将全面从严治党落到实处，为学校事业发展提供坚强保证。

党的十八大以来，以习近平同志为核心的党中央在治国理政实践中，提出了中华民族伟大复兴的中国梦，形成“五位一体”总体布局、“四个全面”战略布局和五大发展理念等以增进人民福祉为根本的治国理政新理念新思想新战略。重庆市第五次党代会落实中央精神，明确了“全面决胜小康，开启社会主义现代化建设新征程”的奋斗目标。顺应发展大势，全国的职业教育、继续教育正进行新的战略布局。今年下半年，党的十九大将顺利召开，必将为我们在新的历史条件下推动各项事业发展，提供科学理论指导和坚强政治保证。扎根重庆大地，与国家发展、重庆发展同向同行，是我们事业发展的不竭动力。

今后五年，学校工作的指导思想是：高举中国特色社会主义伟大旗帜，以马克思列宁主义、毛泽东思想、邓小平理论、“三个代表”重要思想、科学发展观为指导，深入学习贯彻习近平总书记系列重要讲话精神和治国理政新理念新思想新战略，全面落实立德树人根本任务，围绕“五位一体”总体布局和“四个全面”战略布局，坚持稳中求进工作总基调，践行新发展理念，紧扣重庆市“全市一体化发展取得重大进展，加快建成城乡统筹发展的国家中心城市”的总体要求，扎根重庆大地办大学，以提高教育质量、增强办学活力、促进整体转型为主线，全面深化教育教学改革和办学体制机制改革，围绕“立德树人”根本任务，培养合格的社会主义事业建设者和接班人，改革发展成果更多更公平惠及全校师生。

今后五年的奋斗目标是：建成“互联网+”办学特色鲜明的新型高校，成为国内一流的高等职业院校和开放大学。

实现我们的奋斗目标，必须立足我们的使命定位，坚定战略定位，清晰功能定位。我们学校实行的是“一套班子、两块牌子、一体运行”的管理体制，重庆广播电视大学和重庆工商职业学院“两校一体”，是我们的现实基础。我们的使命定位是办好现代远程开放教育和办好现代高等职业教育。我们的战略定位是“互联网＋”办学特色鲜明的新型高校。这是在深刻把握学校过去、现实、未来发展逻辑、遵循教育发展规律、秉承内涵发展要求的战略定位。我们的功能定位，一是坚持立德树人，培养高素质应用型、技术技能型人才；二是深化信息技术运用，打造办学特色并形成学校品牌；三是构建现代大学能力，夯实本科院校办学条件。我们要根植区域经济社会及产业发展需要，走技术创新和模式创新“双轮驱动”的道路，细化功能定位：围绕“一带一路”及区域经济社会发展所需紧缺人才，建成适应互联互通的高素质技术技能人才培养基地；围绕现代信息技术和教育教学的融合发展，建强职业教育大数据公共服务能力，建成“互联网＋”职业教育高地；围绕重庆区域和嘉陵江流域产业发展，建成产业技术积累、创新集聚的重要平台；围绕终身教育体系构建和学习型社会建设，建成区域学习成果积累、认证、转换中心。

使命定位、战略定位、功能定位是一个有机联系的整体。明确定位，让我们更加坚定未来的奋斗目标和发展愿景，让我们更好地推动学校在根植重庆区域经济社会和高等教育发展大格局中发挥独特而重要的作用。

我们应进一步优化“一体多元三融合”办学模式，这是我们在探索中形成的富有特色和活力的“互联网＋”办学方式和发展路径。我们要切实增强道路自信、制度自信、理论自信、文化自信，找准定位，坚定目标。我们要深化“一体多元”办学体制机制改革，创新办学模式、管理体制和运行机制；我们要深化“三融合”教育教学改革，创新教学组织形式、学习模式和服务模式，推进要素有效耦合、流程有效再造；我们要整合资源，重构制度体系，在人才培养模式、专业课程建设、队伍能力发展、办学方式等方面形成“互联网＋”办学特色，构建新型高校。

同志们，“互联网＋”办学特色鲜明的新型高校，是我们学校这一代人的“新长征”。我们要有打一场持久攻坚战的思想准备，既要有“功成不必在我”的牺牲精神，又要有“功成必须有我”的责任担当。只要我们在把握大势上增强全局意识，做到举重若轻，有定力，不慌神；在工作推动方式上坚持问题导向，做到举轻若重，有作为、不懈怠，就一定能变压力为动力、变挑战为机遇，走好我们的长征路。让我们坚定信心、团结一致，把握机遇、迎接挑战，创新发展，继续前行！

三、遵循规律，紧跟步伐，奋力开拓学校发展新境界

未来五年，我们要坚持改革创新、开放融合、特色发展、协调共享的工作原则，围绕“质量、特色、能力”持续发力，既要胆子大又要步子稳，一步一

个脚印把学校事业发展推向前进。

（一）改革培养模式，质量建设要有新引领

围绕立德树人根本任务，坚持以学生为本，树立科学的质量观，把提升培养质量作为夯实核心竞争力的主线，把国家战略需求和区域经济社会发展需要作为创新发展的动力源泉，完善人才培养体系建设，引领学校内涵建设全面发展。

深化具有“互联网 +”特色的人才培养模式改革创新，探索多元合作培养应用型、技术技能型人才的有效途径和机制。关注每一个学生的成长成才，推进生涯发展和就业引导工程，强化专业能力、人文素养和工匠精神教育，提升学生的专业水平、岗位职业技能、创新创业能力、互联网技术应用及互联网思维能力，促进学生全面发展、个性发展。实施综合能力提升计划，强化实践教学和创新创业能力培养，确保学生深造有基础、就业有能力、创业有实力、发展有后劲。引领学习模式创新，促进现代信息技术与教育教学的深度融合，构建自主学习、多元学习模式，发挥在线课程作用，加强 MOOCs、微课、翻转课堂和混合式课程建设。加强学习成果认证体系建设，打造纵向贯通、横向接轨、自体循环、内外衔接的人才培养“立交桥”。加强教师教学能力建设、教学团队建设、教学改革研究，鼓励和支持教育教学创新。确立“两校一体”的人才培养目标定位和质量标准，建立协调统一的质量评估要求，全面推进内部质量保证体系诊断与改进工作，落实质量主体责任，做到自我诊断、自我改进。

（二）培育优势专业，特色发展要实现新突破

按照“调结构，重内涵，强特色，上水平”的思路，立足实际，有所为有所不为，以突出特色和局部优势为主抓领域，调整优化专业布局结构，打造重点优势专业，提升整体水平，使一批专业跻身全国一流行列。

立足服务重庆城乡统筹发展，适应“中国制造 2025”和“互联网 +”行动计划的要求，根植地方需求，以“互联网 +”为技术路径，加强智能技术、现代服务和互联互通等方面的“互联网 +”特色专业群建设。推动专业建设与重庆市支柱产业、战略性新兴产业相对接，推动人才培养链和产业链相融合，增强专业集群服务产业集群发展的能力，提升专业建设与经济社会发展的契合度、依存度、贡献度和满意度。完善专业人才培养方案，促进创新创业教育与专业教育有机融合，使课程体系、课程标准、课程内容与专业发展前沿、行业标准、岗位要求对接，突显职业核心能力、现代商务能力、网络应用能力并重的育人特色。提升课程开发能力，注重实用性、趣味性、便捷性和经济可持续性，开发一批精品在线课程，推动 MOOCs 课程共建共享，建设适合混合学习、移动学习的优质教学资源。健全专业建设投入保障机制和专业建设竞争激励机制，逐

步形成自主负责、开放高效的专业建设、发展与评估机制，打造专业发展平台，提升专业发展能力和核心竞争力。

（三）深化开放融合，合作办学要形成新格局

以服务发展为宗旨，以促进就业为导向，适应产业结构调整和技术技能人才成长成才需要，创新合作办学体制机制，培养适应“一带一路”与中国企业（产品）“走出去”相配套的高素质人才，成为重庆经济社会发展值得信赖、不可或缺的力量。

建立健全学校与地方政府、产业园区、行业企业等合作的长效机制，在主动作为、服务大局中提升办学实力。多元整合优化教育资源配置，不断调整完善办学组织体系结构，推动电大系统向开放大学办学体系的转型升级，推进教育项目进园区、进企业、进社区。进一步发展与市内外高校、科研院所、社会团体及其他机构的合作关系，建立互相支持的教育合作组织或办学支持联盟。构建“资源整合、产学结合、文化融合”的协同育人机制，积极推动校企联合招生、联合培养、一体化育人。努力拓展国际交流与合作办学项目，大力推动“一带一路”人才培养和交流合作，逐步提升学校的国际化水平。以项目为纽带，以市场为导向，多方共建应用技术协同创新中心，联合共建实验室、转化基地、研发中心、研究所，拓展产学研合作的广度和深度，构建产学研用一体的创新战略联盟。进一步做大做强九龙创意产业基地和嘉陵江创新创业基地，加强校企共建生产性实习实训基地建设及虚拟仿真实训中心建设。

（四）落实人才战略，持续发展要增添新动力

实施人才优先发展战略，搭建人才发展平台，完善配套政策，创造公开、平等、竞争、择优的用人环境，健全能上能下、能进能出、效率优先、充满活力的用人机制，完善管理严格、制度完备、机制灵活、运行高效的工作体系。

以师德学养为核心，完善教育引导、制度规范、监督约束的师德建设长效机制，着力培养有理想信念、有道德情操、有扎实知识、有仁爱之心的好老师。营造和谐共进、公平竞争的教师成长环境，建立教师发展中心，建立青年教师职业导师制度。切实破解职称职级结构不合理和岗位编制数量之间的矛盾，打通职称职级晋升通道。创新岗位聘用和管理机制，优化分类管理、分类聘任、分类晋升、分类考核工作机制，引导和激励广大教师选择适应学校办学需要、最能发挥自身特点的岗位，建立人才内部流动机制。建立人才分类评价体系，形成以教育教学能力和学术创新能力为核心的教师评价机制，以行政执行力和服务满意度为核心的管理服务人员评价机制，以技术操作能力和服务保障能力为核心的教辅人员评价机制等。围绕特色专业、一流专业建设，打造一批专业领军人物和专业建设团队。实施“双百工程”计划，培养、引进并聚集一批具

有国际视野、创新活力、发展潜力的高素质高技能高层次人才，让各类人才留得住、用得上、用得好。

（五）加强科研创新，社会服务要做出新贡献

面向区域经济、社会治理、技术创新，积极主动搭建平台、畅通渠道、健全机制，加强科研创新及社会服务体系建设，不断扩大社会影响，提升综合竞争力，发挥区域发展智库作用，提高学校对区域经济社会发展的贡献度。

进一步完善科研评价机制，逐步建立兼顾近期和长远、学校发展与个人价值实现的分类评价体系，使科研评价更好体现不同领域的成果质量、学术品位、社会贡献和业界影响，引导教师从重数量和指标转向重质量和贡献。优化科研经费使用和管理方式，提升广大教师的科研积极性，激发创新创造力。鼓励教师以社会需求为导向、以专业技术为支撑，与企业开展多种形式的合作，积极承担横向大课题，更好地服务经济社会发展。深化科教融合、协同创新、成果转化等体制机制改革，培育一批高水平科技人才和创新团队，促进一批优秀科技成果转化。进一步推进嘉陵江发展研究中心建设，建好市级博士后科研工作站，打造技术创新、学术交流和科技应用推广平台。建设好重庆市职业教育大数据应用研究院，整合校内外、市内外、国内外优势资源，建成重庆市“互联网+教育”的重要支撑平台，支撑我校“互联网+”培养模式、服务模式和办学特色的形成。大力发展继续教育、职业培训、社区教育，探索新型教育服务供给模式，为重庆市终身教育体系构建和学习型社会建设提供重要支撑。

（六）强化文化引领，立德树人要创出新特色

建设根植优秀传统、彰显时代精神、富含我校特色的大学文化，融入教学、管理、服务各个层面，渗透到人才培养、教学科研和社会服务各个环节，体现到办学体系和校园建设的各个方面。塑造共同价值，提升学校软实力。

以培养又红又专、德才兼备的中国特色社会主义合格建设者和可靠接班人为目标，完善培育和践行社会主义核心价值观的长效机制。把思想政治工作贯穿教育教学全过程，加强思想政治教育阵地建设，牢牢掌握意识形态工作领导权和主导权。构建思政育人、文化育人、专业育人、实践育人的德育体系，探索“互联网+思政教育”方式。健全学校文化建设领导体制和工作机制，加大建设和凝练学校理念文化、育人文化、治理文化的力度，规范形象标识系统。引导全体师生进一步增强价值认同、使命认同和情感认同，将学校精神文化内化于心、外化于行，做忠实崇尚者、自觉践行者和积极传播者，增强文化传承创新能力。进一步加强校风、教风、学风建设，营造良好的育人环境。培育创新文化，营造创新氛围，培养学生创新意识、创造激情、创业能力，促进学生创业发展。引导和鼓励各具特色的院系文化、专业文化、社团文化建设，提高

师生精神追求、文化品位、审美情趣和人文素质。加强学校廉洁和安全文化建设，树立底线思维。优化整合传统媒体，积极利用新媒体，加强网络文化建设。

（七）推进依法治校，治理体系要激发新活力

围绕“两校一体”的办学体制和“一体多元三融合”的办学模式，着力加强顶层设计，推进体制机制创新，逐步实现学校治理体系和治理能力现代化。发挥办学体系多元优势，充分激发校院两级办学活力，为学校长远发展集聚潜力。

坚持党委领导下的校长负责制，充分发挥学校党委总揽全局、协调各方，把握方向、推进发展的领导核心作用，形成集体领导、民主管理的工作规则和高效运行机制。完善以大学章程为纲的大学治理，构建科学、规范的大学治理制度体系，加强学术委员会工作体系建设，形成用制度管权、管事、管人的机制。优化内部管理体制，建立规范有序的二级学院治理结构，合理划分校院两级责权，探索学院实体的管理模式。加强校院两级教代会及工青妇学等群团组织建设，发挥民主党派参政议政的作用，拓宽民主管理、民主监督的有效途径，推进校务公开。积极探索建立社会参与学校决策、管理的理事会制度，拓展支持学校发展的社会资源。坚持“不破而立”的原则，平稳推进电大系统转型升级，强化电大系统建设、支持基层单位发展，创新管理方式和运行机制，构建新型办学体系。整合各方力量，多形式、多元化探索集团化办学和推进股份制、混合所有制办学试点，创新治理结构和办学模式，打造“两校一体”发展新平台。

（八）优化资源配置，保障水平要再上新台阶

基于“质量、特色、能力”创新发展的需要，充分调动内外部的积极性，提高办学支撑能力，加强多渠道办学资源筹集能力，夯实办学基本条件，实现“一校多区”运行更加高效畅通、资源使用更加共享集约，有力支撑学校事业可持续发展。

实施“互联网＋”办学能力促进计划，实现数据强校，建成办学决策科学高效、信息系统协同共享、数据资源互联互通、学校治理数据支撑、信息安全严密规范的“3e大学”。优化三校区功能定位和运行方式，发挥三校区办学的资源优势，推动华岩、石桥铺校区功能改造，建设产教融合发展的重庆职业教育大数据公共服务平台和远程教育服务中心等。公开公平合理分配学校公共资源，加强对公共用房的统一调配和管理，有力保障教学、科研工作。推进综合预算改革，进一步提高预算编制水平，建立资源合理流动和有效配置机制，推进财权与事权同步下移。推进校部机关行政管理方式的转变，增强政策研究和行政服务能力，提高工作效能和服务水平，畅通联系服务师生的“最后一公

里”。进一步加强国有资产管理，正确处理投入与产出的关系，加强成本核算，推行效率评价。持续推进后勤服务改革，建成“互联网＋后勤服务”工作平台，切实提高管理能力和服务质量，满足多元化、差异化的师生需求。积极争取各级政府、上级主管部门、行业企业及社会各方面实质性的政策、资金、项目等多方面的支持，建立校友工作运行机制，优化办学发展环境。

（九）坚持以人为本，和谐共享要展现新作为

切实关心师生员工的成长和发展，着力解决师生员工最关心、最直接、最现实的问题，公正处理利益问题，畅通诉求表达渠道，优化人性化的服务保障体系，加强公共服务能力建设，进一步强化全体师生员工同心同德共建共享的良好发展格局。

坚定不移地深化“北移合川”战略，下大力气破解发展难题和束缚，不失时机地创造更加美好、和谐的学校发展环境。进一步推进“北移合川”配套保障，实施安居工程和乐业工程，切实做好教职工住宅区基础设施改善、服务管理优化等工作，加强幼儿园、文化娱乐设施等与教职工生活密切相关的配套建设，加强与合川区的联系沟通以切实解决教职工子女义务教育读书问题，完成办公室建设，完善健康保障，增加对学生奖助贷覆盖面及额度，解决好师生员工的实际困难和问题。推进内部薪酬分配改革，在不断做大“蛋糕”的同时把“蛋糕”分好，逐步提高教职工的福利待遇，让学校师生在“效率优先、兼顾公平”的原则下更加合理地共享学校改革发展的成果。努力建设平安校园、健康校园、绿色校园、数字校园、人文校园，成为师生健康成长的家园，提升师生学习、工作、生活的环境品质。要带着责任和感情做好离退休工作，不仅让老同志分享到学校发展的成果，更要积极创造条件让老同志参与学校发展。要真正做到发展为了师生、发展依靠师生、发展成果由师生共创共享，共同推动学校和谐发展。

四、坚定不移推进全面从严治党

实现学校发展目标，办好学校的事情，关键在党，关键在人，关键在坚持党的领导、加强党的建设、全面从严治党。

（一）牢固树立“四个意识”，严守信念不动摇

深入学习贯彻习近平总书记系列重要讲话精神、视察重庆重要讲话精神，以党章党规为遵循，自觉遵守党的政治纪律和政治规矩，坚定不移维护以习近平同志为核心的党中央权威，牢固树立政治意识、大局意识、核心意识、看齐意识，这是重大的政治原则和党性要求。继续以“11344”学习机制为主线，体系式、叠加式、协调式推动“两学一做”常态化制度化，把学习教育与思想

政治建设融入日常、抓在经常，争做“四讲四有”合格党员。强化理论武装和价值引领，完善“三全育人”质量保证体系，深化辅导员“三进三知”，解决好“培养什么样的人、如何培养人以及为谁培养人这个根本问题”。不断强化思政课建设。不断加强辅导员队伍、党务和宣传思想工作队伍建设，严把教师政治考核关，提升教师思想政治素质，确保党对学校工作的全面领导。

（二）强化基层党组织建设，严抓主业不懈怠

加强基层党组织建设，将基层党组织建设融入教学科研第一线，融入教研室、教学团队、学生班级，发挥基层党组织战斗堡垒作用。突出基层党组织功能建设，强化政治功能，提升服务功能，落实教育功能，履行监督功能。认真落实“三会一课”、民主生活会、组织生活会、民主评议党员等制度，规范和创新党组织工作形式，增强党内政治生活的政治性、时代性、原则性、战斗性。重点围绕立德树人、教书育人、学风养成等，增强党员主体意识，加强党员队伍建设。重视解决基层党建的实际需要，发挥基层党组织和干部的积极性。加强教职工政治理论学习、学生形势与政策学习，严格学习计划组织、实施、考核的全过程管理。全覆盖开展基层党组织书记党建述职评议工作，营造风清气正、阳光开明的良好政治生态，为广大教职工干事创业创造更加良好的环境。

（三）坚持“四个带头”，严以律己不停步

着力加强作风建设，形成抓常、抓细、抓长的长效工作机制。党员干部要把深化“四个带头”与落实管党治党主体责任相结合，与落实立德树人根本任务相结合，与学校事业发展的生动实践相结合，继承和发扬“勤奋、忠诚、朴实”的优良校风，压实“四个带头”的措施和责任，以党风促优良校风、教风和学风的培育和形成，层层示范、上下联动、整体推进全面从严治党。围绕事业发展构筑共同信任信念信仰，充分发挥党员先锋模范作用，时时处处作表率、当模范。践行“三严三实”，贯彻党的群众路线，增强危机意识、责任意识、进取意识，不等不靠推动学校改革发展，以上率下、以身作则、狠抓落实、敢于担当，积极推动各项工作再上新台阶。

（四）深入推进党风廉政建设，严肃纪律不放松

落实党风廉政建设“主体责任、监督责任、党政同责、一岗双责”，严守市委政治纪律“八严禁”和生活作风“十二不准”规定，严明党的政治纪律、组织纪律、廉洁纪律、工作纪律、生活纪律、群众纪律，严格责任追究，健全完善责任体系和不敢腐、不想腐的有效机制。把落实党风廉政建设责任制作为健全体制、传导压力的推动力来持续深入抓好，把严格执行中央八项规定精神、持续反“四风”问题作为领导班子和干部队伍思想作风的刚性约束来持续深入

抓好，把大力支持纪委落实党风廉政建设监督责任作为党委分内之事、应尽之责来持续深入抓好。运用好“四种形态”，让咬耳扯袖、红脸出汗成为常态，加强对重点部门关键环节的监管，高度重视巡视整改和审计工作全覆盖，确保党内监督落到实处、见到实效。

（五）建立健全体制机制，严格制度不例外

没有规矩，不成方圆。坚持和充分发挥党委总揽全局、协调各方的领导核心作用，议大事、抓全局、管方向。构建以党的思想、组织、作风、反腐倡廉、制度“五大建设”以及党管干部、党管人才、党建带群建为主体的“大党建”工作格局。健全宣传思想政治工作、党建工作督查、辅导员“三专化”建设、安全稳定工作体系等一系列制度规范。坚持“制度选人、岗位选人、事业选人”的原则，贯彻二十字好干部标准，严格干部选任，强化班子整体功能，完善干部队伍建设、监督和管理机制，高度重视后备干部队伍建设。落实基层党建工作责任制，严格执行基层党组织书记向上级党组织述职评议考核制度。落实党务公开制度、党内情况通报制度、情况反映制度和重大决策征求意见制度。健全党内激励、关怀、帮扶机制，关心党员思想、学习和生活。

（六）落实全面从严治党“一岗双责”，严格责任不含糊

全面从严治党，基础在全面，核心在从严，关键在责任落实，不明确责任、不落实责任、不追究责任，全面从严治党就做不到。把落实从严治党主体责任作为重大政治任务，以严的标准、严的措施、严的纪律，完善党委承担学校全面从严治党主体责任、党委书记负总责、其他领导分工负责、党委职能部门和党总支推进落实、党支部具体落实的党建工作体系。完善纵向到底的层级责任体系、横向到边的齐抓共管体系、定向到人的推进落实体系，积极构建一级抓一级、一级促一级、层层抓落实的工作格局。学校党委书记、纪委书记、各党委职能部门负责人、党总支书记、党支部书记要担当起“第一责任人”的领导责任。全校党员干部守土有责、守土尽责，全面落实党风廉政建设、意识形态领域、安全稳定工作等方面的“一岗双责”，推动全面从严治党责任落到实处。

同志们，担当成就事业，奋斗赢得未来。在学校发展历程中，我们都是参与者、推动者、奉献者和见证者，既是薪火相传的接力者，也是继往开来的开拓者。让我们高举中国特色社会主义伟大旗帜，紧密团结在以习近平同志为核心的党中央周围，在市委的坚强领导下，全面贯彻落实重庆市第五次党代会精神，坚定信心，奋力拼搏，凝心聚力，共谋发展，不忘初心，继续前进，为把我校建设成为“互联网+”办学特色鲜明的新型高校而努力奋斗！

国际视野中开放大学的最新发展和关注热点

张伟远　谢青松　王晓霞

【摘　要】随着互联网技术的广泛应用和普通高校大规模加入远程教育发展行列，远程教育不再是开放大学的特权，开放大学如何转型创新走出困境，已成为全球开放大学关注和探讨的热点。因此，有必要描述和分析国际上开放大学的最新发展、面临的挑战以及关注热点。目前，国际上开放大学的数量仍在上升，并出现多样化的办学模式，尤其是由普通高校联盟合建的私立开放大学，充分利用联盟成员高校的声誉和影响力，成为新型的开放大学的办学模式。随着国际上资历框架和学分互认的终身学习体系的建立，英联邦32个小国的政府合办的虚拟大学，为学习者进行跨国的资历和学分互认提供了国际平台，也开创了开放大学的新模式。普通高校提供远程教育的规模扩展，导致了部分传统的开放大学教育市场不断缩小和学生人数下降，有的开放大学试图通过扩展多样化教育增加生源，走出困境。在这种形势下，国际上的开放大学关注和探讨的热点是什么？从国际远程教育组织的最新文献来解读，可以归纳出开放大学当前和未来关注和探讨的八大热点主题：开放大学的领导力；远程教育的质量保证机制；开放教育资源和MOOC课程；全纳和公平教育；远程学习者和学习支持服务；远程在线教学论；大数据和学习行为分析；信息交流技术的应用。在我国，开放大学面临着再认识和转型的关键时期，对开放大学关注热点及策略发展的研究能为我国开放大学的发展带来现实启示。

【关键词】开放大学　远程教育　开放学习　比较教育

一、开放大学的发展现状和挑战

（一）开放大学的发展现状

开放大学是采用远程教育的办学理念和实施模式的高等教育机构，是各国终身教育体系的重要组成部分。开放大学的历史可以追溯到南非大学的前身——好望角大学，好望角大学于1873年成立，最初只是为学生提供自学考试，并为考试成功的学习者授予学位证书。到1877年，好望角大学的地位得到维多利亚女王的承认，授予的学位在英国及其殖民地国家得到认可。1916年，好望角大学更名为南非大学，一方面继续作为考试的机构，另一方面合并了一些大学学院。1946年，南非大学正式转型为一所提供远程教育的公立大学，成为南非最大的面向黑人学生的开放大学。2004年1月，南非大学与南非技术大学、威斯特大学合并，成为世界上最有影响力的提供远程教育的开放大学之一。在经历了南非政治、经济、社会以及教育持续变革的帝国时期、联邦时期、种族隔离时期和民主时期之后，目前，南非大学的发展处于上升趋势，远程教育的学生总人数超过35万。[1]

20世纪六七十年代，以远程教育为特征的开放大学在全球迅速扩展，许多国家的开放大学学生人数远远超过普通高校。1994年，丹尼尔创造和定义了“巨型大学”（Mega－university）一词，他把学位课程注册超过10万学生的远程教学大学定义为巨型大学。在1996年出版的《巨型大学与知识媒体：高等教育的技术策略》一书中，丹尼尔列出了全球出现的11所巨型大学[2]。2003年，丹尼尔在世界开放大学校长会议上作题为《巨型大学：对规模、成本和质量的巨大冲击》的主题报告，指出自1996年以后，世界上又有新的学位课程注册人数超过10万的开放大学，例如巴基斯坦的阿拉玛·伊克拜尔开放大学（the Allama Iqbal Open University）、美国的凤凰城大学（University of Phoenix）、印度的一些邦立开放大学。[3]2007年，丹尼尔在印度内达·吉苏巴斯开放大学年度基金会做的演讲中指出，世界上巨型大学的数量在进一步增长，有些开放大学学生人数甚至超过了100万，因此，他创造了“超级大学”（Hyper－university）一词，指学生人数超过百万的开放大学，如印度的英迪拉·甘地国立开放大学（IGNOU）、中国的开放大学/广播电视大学系统和土耳其的阿那都鲁大学。[4]

根据我们的不完全统计，截至2017年5月，在网上检索到的巨型开放大学已增加至21所，详见表1。

表1　全球巨型开放大学的名称和建校年代①

国　家	机构名称	机构名称（英文和缩写）	建校年份
中国	中国国家开放大学	the Open University of China (OUC)	1979
中国	广东开放大学	the Open University of Goangdong (GDOU)	1978

续 表

国 家	机构名称	机构名称（英文和缩写）	建校年份
中国	江苏开放大学	Jiangsu Open University（JSOU）	1979
中国	云南开放大学	Yunnan Open University（YOU）	1979
法国	法国国家远程教育中心	National Centre for Distance Education（CNED）	1939
印度	英迪拉·甘地国立开放大学	Indira Gendhi National Open University（IGNOU）	1985
印度	安贝德卡博开放大学	Dr. B. R. Ambedkar Open University（BRAOU）	1982
印度	中央邦博杰开放大学	Madhya Pradesh Bhoj Open University（MPBOU）	1991
印度	内达吉·苏巴斯开放大学	Netaji Subhas Open University（NSOU）	1997
印度尼西亚	特布卡大学	Universitas Terbuka（UT）	1984
伊朗	帕亚·莫努尔大学	Payame Noor University（PNU）	1987
韩国	韩国放送通信大学	Korea National Open University（KNOU）	1982
南非	南非大学	University of South Africa（UNISA）	1873
西班牙	国家远程教育大学	National University of Distance Education（UNED）	1972
土耳其	阿那都鲁大学	Anadolu University（AU）	1982
英国	英国开放大学	The Open University（UKOU）	1969
英国	美国凤凰城大学	University of Phoenix（UPX）	1976
尼日利亚	尼日利亚国立开放大学	National Open University of Nigeria（NOUN）	2002
孟加拉国	孟加拉国开放大学	Bangladesh Open University（BOU）	1992
巴基斯坦	阿拉玛·伊克巴尔开放大学	Allama Iqbal Open University（AIOU）	1974

续 表

国 家	机构名称	机构名称（英文和缩写）	建校年份
巴西	克罗顿教育大学	Kroton Educacional（KE）	1966

①资料来源：中国国家开放大学，2017[5]；江苏开放大学，2017[6]；广东开放大学，2017[7]；云南开放大学，2017[8]；National Centre for Distance Education，2017[9]；Indira Gandhi National Open University，2017[10]；Telangana Open University，2017[11]；Madhya Pradesh Bhoj Open University，2017[12]；Netaji Subhas Open University，2017[13]；UniversitasTerbu－ka，2017[14]；Payame Noor University，2017[15]；Korea National Open University，2017[16]；University of South Africa，2017[17]；National University of Distance Education，2017[18]；Anadolu University，2017[19]；The Open University，2017[20]；University of Phoenix，2017[21]；National Open University of Nigeria，2017[22]；Bangladesh Open University，2017[23]；Allama Iqbal Open University，2017[24]；KrotonEducacional，2017[25].

从表1中的数字可以看到，相较于2003年，全球巨型开放大学的数量有所增加。2002年建立的尼日利亚国立开放大学，已经迅速发展成为有45万余名学生的巨型开放大学。[26]但也有的开放大学退出了巨型大学的行列，如泰国的素可泰大学的学生人数下降到了64 204名。[27]

目前，全球大部分国家都建立了开放大学，根据英联邦学习共同体（Commonwealth of Learning，简称COL）的数据，英联邦国家在1988年只有10所开放大学，现已发展到30多所，新建立的有非洲的坦桑尼亚开放大学、赞比亚开放大学、毛里求斯开放大学、马来西亚的宏愿开放大学等。[28]随着全球开放大学的发展，开放大学的办学模式也呈现出多样化的发展趋势，目前的开放大学可以分为6种模式，如表2所示。

表2　国际范围开放大学的六种模式

模 式	特 征	举 例
1	政府创办、政府资助	中国国家开放大学、英国开放大学、加拿大阿萨巴斯卡大学、英迪拉·甘地国立开放大学、韩国放送通讯大学、日本放送大学等
2	政府创办、财政自负盈亏、不以营利为目的	我国香港地区的香港公开大学
3	私立的、以营利为目的	美国凤凰城大学、巴西的克罗顿教育大学
4	私立的、不以营利为目的	马来西亚宏愿开放大学

续　表

模　式	特　征	举　例
5	普通高校联盟共建的私立开放大学	澳大利亚开放大学、马来西亚开放大学
6	跨国共建、高校在线课程、资历和学分互认	英联邦小国虚拟大学

在表2中，值得我们关注的是后面三种开放大学的模式。一是私立的、但不以盈利为目的的开放大学，如2006年成立的马来西亚宏愿开放大学，是根据马来西亚《私立高等教育机构法》注册成立，并获得马来西亚教育部批准的。二是由普通高校联盟合办的私立开放大学，采用财政自负盈亏和企业化运作的办学模式，如1993年创办的澳大利亚开放大学，它由澳大利亚7所普通高校联合举办，包括科廷大学（Curtin University）、格里菲斯大学（Griffith University）、麦考瑞大学（Macquarie University）、蒙纳士大学（Monash University）、皇家墨尔本理工大学（RMIT University）、斯温本科技大学（Swinburne University of Technology）、南澳大学（University of South Australia）。[29]再如，2000年建立的马来西亚开放大学，是由马来西亚11所公立普通高校联盟建立的一所私立开放大学，以共享加盟普通高校的资源、质量、声望和办学能力，在2002年8月由该国总理正式宣布启动。[30]三是随着全球建立终身教育资历框架和学分互认的浪潮而兴起的跨国虚拟大学。即，英联邦学习共同体在2009建立的英联邦小国虚拟大学，这是为32个成员小国提供合作开发和分享中学后教育课程和技术类课程的平台。通过英联邦小国虚拟大学建立的资历框架和学分互认体系，可以实现跨国跨地区的资历学分的转换和互认机制。[31]

（二）开放大学面临的挑战

随着互联网技术和在线教育的飞速发展，远程教育不再是开放大学的专利，普通教育机构也纷纷加入远程教育的行列，并呈现出快速发展的趋势。普通高校的远程教育不仅只是停留在一所高校内部建立远程教育机构，如远程教育学院或者网络教育学院，而且进一步发展到与其他普通高校联合建立独立的开放大学，如前文提到的澳大利亚开放大学和马来西亚开放大学。最近发展的由32个国家建立的英联邦小国虚拟大学，更是一种跨国形式的开放大学的新型组织模式。

在全球大规模开放在线课程（MOOC）的浪潮中，从我们在网上搜索的国际上流行的12个MOOC平台——Coursera、Edx、Udacity、Future Learn、Moodle、Blackboard、Open2Study、Iversity、Khan Academy、Openup Ed、Udemy、P2PU 来看，只有 Future Learn 和 Open2Study 是英国开放大学和澳大利亚开放大学建立的，而澳大利亚开放大学则是普通高校的联盟，其余 10 个都是由普通高校主导的 MOOC 平台。可以说，主导全球 MOOC 发展的是普通高校，而不是开放大学。

普通高校普遍地加入远程教育领域，一方面，为全球远程教育的发展增加了生力军；另一方面，也让开放大学面临远程教育市场和学生生源再分配的挑战，许多开放大学已经面临生源下降的危机，如英国开放大学、加拿大阿萨巴斯卡大学、泰国素可泰大学等。一些开放大学转而寻求新的教育市场，例如，从 2004 年开始，随着普通高校不断扩大招收在职成人的学位课程，香港公开大学的生源人数大跌，为了保证财政平衡，转而同时招收专科层次的应届毕业生的面授课程，即在保留已有的远程教育的同时，发展全日制的面授的职业技术教育的市场。据统计，2016 年香港公开大学的远程教育课程的学生人数只占 45%，而全日制面授课程的学生人数占到 55%。[32]

印度的英迪拉·甘地国立开放大学由于生源的减少，计划重新开设面授课程。2015 年 9 月 24 日，英迪拉·甘地国立开放大学与印度鞋类设计发展协会签订合作协议，为协会开设面授学位课程，称为“混合式课程”。然而，该校作为一所开放大学是否应该提供面授课程的问题，引起了印度教育界极大的反响，目前成为争论的焦点。[33]

美国凤凰城大学学生人数减少的情况更为严重。凤凰城大学归属美国阿波罗教育集团，其收入占阿波罗教育集团收入的 90% 以上。凤凰城大学 2015 年的学位注册人数为 17.69 万，较 2014 年下降了 22.2%，到 2016 年年底学生人数进一步缩减到 14.25 万，为了解决严重的财政困难，2016 年 2 月 6 日，阿波罗教育集团与多方投资联盟签订了并购协议，2017 年 2 月 1 日完成并购计划，并从纳斯达克退市。[34]

在全球普通高校都在大力发展远程教育的时期，全球开放大学探讨的远程教育热点是什么？怎样让开放大学通过转型走出困境？我们通过描述和分析国外开放大学关注的热点，以期让我国远程教育工作者能从国际化的视野中得到一些启示。

二、国际视野中开放大学的关注热点

（一）研究资料来源

本研究的资料主要基于全球远程教育国际组织的最新文献。一是“国际开放远程教育理事会”（International Council for Open and Distance Education，简称

ICDE)。ICDE是全球远程教育领域规模最大、最具有影响力的国际组织，也是附属于联合国教科文组织的非政府组织机构，常设秘书处在挪威奥斯陆。我国内地的成员机构有国家开放大学、上海开放大学等。[35]二是“英联邦学习共同体”，成立于1988年，是全球远程教育领域唯一的政府间的合作组织，目前拥有52个成员国，总部设立在加拿大温哥华。COL是联合国教科文组织发展远程教育的紧密合作伙伴，教席由加拿大阿萨巴斯卡大学（加拿大开放大学）等的著名专家担任，负责远程教育的学术研究、实践分享和培训。[36]同时，COL通过联合国教科文组织，积极参与我国的远程教育学术活动。[37]

（二）研究资料选择

ICDE和COL都以开放大学为核心成员机构组成，与各区域的开放远程教育协会保持密切的联系和合作，引领和推动着全球远程教育的研究和发展。本研究采用的资料来源是ICDE和COL近年来以开放大学为主要成员举办的各类远程教育研讨会资料和出版的各类文献报告。

选择的ICDE的文献有三类：一是ICDE组织的远程教育国际会议，包括世界大会、校长峰会、国际会议、高端政策论坛、在线研讨会、全球博士论坛；二是ICDE主持的远程教育调研报告；三是ICDE的出版物，包括策略发展规划、学术期刊、联合宣言、学术报告等。

选择的COL的文献有三类：一是COL组织的远程教育国际会议，包括由英联邦各国教育部长参加的泛英联邦论坛（Pan - Commonwealth Forum）、主办的各类远程教育学术会议；二是COL主持的远程教育调研报告；三是COL主持开发的免费网络资源，包括开放教育资源、MOOC课程、策略发展规划、学术著作和指南、学术期刊、联合宣言、学术报告等。

（三）目前开放大学的关注热点

基于对ICDE和COL最新文献的分析，我们把国际上开放大学最近和未来关注的热点分为八大主题，包括开放大学的领导力；开放远程教育的质量保证、开放教育资源和MOOCs；全纳教育和教育公平；远程学习者和学习支持服务；远程在线教学论；大数据和学习行为分析；信息交流技术的应用。

1. 开放大学的领导力

随着普通高校越来越广泛地参与远程教育领域，作为专门提供远程教育的开放大学如何转型才能发挥自身的优势和保持引领的地位，这一主题成为开放大学近年探讨的重中之重。2014年，ICDE把以前的“校长联席会议”改名为“校长峰会”（Presidents’ Summit），这是主要由开放大学校长参加的集思会，每年举办一次。2016年在澳大利亚悉尼举办的ICDE校长峰会的主题是“新时代的领导力与教育质量：2020年的开放远程教育”。2017年，ICDE校长峰会更名为“领导力峰会”，强调新时期开放大学领导力的重要性。2017年5月，ICDE在法国南锡举办了“领导力峰会”；同年，在法国巴黎举办了以领导力为主题的高端政策论坛。

在《ICDE 2017—2018年行动计划》中，ICDE将“数字化转型时代开放远程教育的领导力”作为重点探讨的主题。在《ICDE 2017—2020年策略规划》中，提出以“培育开放远程教育的领导力和优质管理”为重心，并提出了三大策略：第一，通过调查、研究和学术活动，加强在数字化转型时代对开放远程教育领导力和管理的认识、理解和支持；第二，促进和支持开放远程教育机构的领导力发展；第三，通过开放远程教育领导和管理的优秀实践分享，增强开放远程教育机构中校监、校长和院长的领导力和领导作用。[38]

2016年11月，在上海开放大学召开的“面向开放远程学习未来领导力和创新”的国际会议中，COL主席兼行政总裁Asha Kanwar应邀做了题为《开放远程教育未来领导力与创新》的主题报告。她提出，随着普通高校大力发展远程教育，作为专门的开放远程教育机构的开放大学遇到了挑战，远程教育不再是开放大学的特权。未来能让开放大学脱颖而出的是，相对于其他教育提供者的封闭，开放大学需要更加“开放”。未来的发展需要创新领导力和领导力创新两者的结合，为此，开放远程教育的领导者要做到三个必须：一是必须相信开放大学的社会使命，拥有清晰的愿景，并紧跟技术发展；二是必须培养变革的支持者，制定促进创新的政策和流程；三是必须不断发展，以满足利益相关者的需求。[39]

2. 开放远程教育的质量保证

质量是开放远程教育发展的生命线，是开放大学永久的研究主题。ICDE和COL都致力于推动和研究全球开放远程教育质量保证机制。ICDE在近几年的行动计划或策略规划中，坚持把开放远程教育质量保证放在核心地位。如在《ICDE 2013—2016年策略规划》中，提出了“促进开放、远程、灵活、网络教育和在线学习的质量提升”；在“ICDE 2016年活动计划”中，提出了“与联合国教科文组织合作开展提高教育质量的事项”；在《ICDE 2017—2018年活动计划》中，提出了“提高开放远程高等教育的质量”；在《2017—2020年策略规划》中，提出了“提高数字化、开放和灵活教育的质量”。[40]

2015年，ICDE委托欧洲远程教育高校协会研究团队开展了“全球网络和开放教育质量模式”的研究，全面分析了国际上已有的远程教育质量保证模式[41]，详见表3。

表3　网络和开放教育的质量保证模式和开发机构

序　号	名　称	开发机构
1	ACDE 的质量保证模式	非洲远程教育理事会质量保证和认证署（the African Council for Distance Education Quality Assurance and Accreditation Agency，ACDE）
2	ACODE 的质量保证模式	澳大拉西亚开放、远程和网络学习理事会（the Australasian Council of Open，Distance and E－Learning，ACODE）
3	非洲虚拟大学质量保证模式	非洲虚拟大学（the African Virtual University，AVU）
4	CALED 的质量保证模式	拉丁美洲和加勒比地区远程教育质量研究所（the Latin America and Caribbean Institute for Quality in Distance Education，CALED）
5	CHEA 的质量保证模式	美国高等教育认证理事会（the Council for Higher Education Accreditation，US，CHEA）
6	网络学习质量评价：标准化方法（E－xellence）	欧洲远程教学高校联盟（the European Association of Distance Teaching Universities，EADTU），荷兰
7	MOOC 课程评价质量保证标签（OpenupEd）	欧洲远程教学高校联盟（the European Association of Distance Teaching Universities，EADTU），荷兰
8	欧洲高校风格教育质量标准（UNIQUe）	欧洲网络学习质量基金会（the Eoropena Foundation for Quality in E－learning），比利时
9	ECB 质量标准检查（ECB Check）	欧洲网络学习质量基金会（the European Foundation for Quality in E－learning），比利时
10	网络学习指引（eLg）	新西兰高等教育委员会开发（Tertiary Education Commission，New Zealand）
11	网络学习成熟度模型（eMM）	新西兰教育部高校网络学习研究基金（New Zealand Ministry of Education Tertiary E－learning Research Fund）

续　表

序　号	名　称	开发机构
12	网络学习质量保证模式（ELQ）	瑞典国家高等教育器（the Swedish National Agency for Higher Education）
13	网络学习质量保证标准（Eprobate）	德国学习机构网（the Learning Agency Network，DE）
14	Khan 的八个维度网络学习框架	可汗（Badrul Khan）
15	OLC 质量记分卡	网络学习联盟（Online Learning Con Sortium，OLC），美国
16	开放教育资源提示（OER Tips）	英联邦亚洲教育媒介中心（the Commonwealth Educational Media Centre for Asia，CEMCA）
17	Pick & Mix Matic Media	英国 SERO 咨询有限公司（SERO Consulting Ltd，UK）

基于表 3 中 17 种质量保证模式的分析，ICDE 出版了题为《全球网络和开放教育质量模式：现状和建议》的报告，为全球开放大学和其他远程教育机构提供了 11 项远程教育质量保证制度的建议[42]。

面临全球构建跨国终身教育资历框架和学分互认体系的浪潮，COL 在英联邦 32 个成员小国的教育部长的支持下，从 2009 年开始建立英联邦小国虚拟大学。COL 委托南非资历局建立了与欧洲资历框架对接的英联邦小国之间互通和衔接的资历框架，包括资历级别、资历标准、学分计算标准、学分互认和转换机制等。

为了确保英联邦小国各级各类教育和培训的资历衔接和学分互认的公平性和对等性，英联邦小国虚拟大学制定了统一的质量保证机制，包括建立跨国资历框架管理委员会，负责框架的监管；制定质量保证指南，指导资历的注册与转换；提供已注册资历的在线搜索服务，加强资历的透明度。《英联邦小国跨国资历框架质量保证指南》是基于国际高等教育质量保证机构联盟的《质量保证实践指南》、欧洲高等教育质量保证委员会的《高等教育质量保证标准和指南》、联合国教科文组织的《高等教育质量保证指南》而撰写的。[43-44]

COL 积极推动和参与开放大学教育质量保证的研讨会，例如，2016 年 7 月与马来西亚开放大学联合主办主题为“开放远程教育的质量和教育公平”的在线论坛，提出远程教育的质量和公平教育是社会经济发展的关键组成部分，并对远程教育的质量标准、提升教育公平机会和优质教育机会的策略进行了讨论。[45]

3. 开放教育资源和 MOOCs

2006 年，英国开放大学通过 Open Learn 开放教育资源平台和荷兰开放大学通过 Open ER 开放资源平台，向全世界提供开放教育资源，这是开放大学遵循国际上开放许可协议提供开放教育资源的先驱。随之，欧洲远程教育高校协会启动了“独立学习的多语言开放资源（MORIL）”计划，让开放大学了解到开放教育资源运动带来的机遇和挑战。2008—2009 年，欧洲远程教育高校协会主办了三次开放教育资源的专题研讨会。在 2012 年的 ICDE 领导人会议上，联合国教科文组织的开放教育资源教席 Fred Mulder 提出“开放教育资源是开放大学的基础”的观点。[46]

2015 年 5 月，ICDE 协助联合国教科文组织在巴黎召开全球高端政策论坛，发表了题为《为我们想要的未来发展开放、灵活、在线高等教育》的报告，并发布了 18 项行动计划。报告提出，开放教育资源保存、重复使用、修改、融合及重新分配的特征使其得到迅猛发展。开放教育资源可以提高电子教材和其他学习内容的质量，扩大信息获得途径，促进知识创新。

为了提高开放教育资源的质量和促进开放教育资源本土化和多元化的发展，欧盟和 ICDE 等 9 个组织发起了“2014—2016 多语种开放教育资源（Lang OER）”项目。2015 年 ICDE 发表了《用自己的语言和自己的方式发展开放教育资源》，首次建议每一个国家都制定开放教育资源政策。

2016 年 4 月，ICDE 主办以“语言和开放教育资源”为主题的在线研讨会；2016 年 6 月，ICDE 主办以“开放教育资源的搜索、再利用、共享”为主题的在线研讨会。[47]2016 年 ICDE 展开全球范围内的主题为“开放教育资源：包容和公平的质量教育”的大规模调查研究。[48]

2012 年，COL 与联合国教科文组织联合主办“世界开放教育资源大会”（the World Open Educational Resources Congress），会上发表了《巴黎开放教育资源宣言》（Paris OER Declaration），提出了开放教育资源的最新定义：“开放教育资源是指位于公共领域，或者具有开放许可的任何类型的教育资源，公众可以自由地免费获取的任何类型的教学资源。任何人都可合法地复制、使用、改编并重新共享开放教育资源，这些资源的具体形式可以是教科书、讲义、作业、测试、项目、音像资料等。”该宣言提出，加强开放教育资源的战略发展；促进开放许可框架的理解和应用；为优质学习材料的可持续发展提供支持；建立开放教育资源战略联盟；促进开放教育资源在各种语言和文化环境中的本土化发展；鼓励开展开放教育资源的研究工作；实现开放教育资源的搜索、获取和共享；鼓励公众将学习资源以开放许可协议发布[49]等创见。

COL计划在2017年9月与联合国教科文组织合办第二届“世界开放教育资源大会”，此次大会的主要目标有三个：第一，提高开放教育资源对实现联合国教育目标的重要性的理解；第二，制定策略，消除人们使用开放教育资源的障碍；第三，为了优化开放教育资源的使用，确定不同利益相关方需要采取的具体行动。为保证此次会议的顺利召开，COL在全球范围内召开了六次区域研讨会，并组织对政府机构和利益相关方进行了一系列问卷调查。[50]

作为开放教育资源运动的延伸，ICDE和COL积极推广和发展MOOC课程。2015年5月，ICDE主办了MOOCs在线主题研讨会。2016年，COL主办了第八届开放教育泛英联邦论坛，主题为“访问和包容：在线学习、MOOCs、教育公平、政策”。[51]2016年，COL和联合国教科文组织联合发布《理解MOOCs：发展中国家政策制定者指南》，强调了MOOC课程在发展中国家能部分地满足大规模的有效培训和补充学习，但不是替代已有的课程。[52]

截至2017年4月，COL主持和开发了114项开放教育资源和112门MOOC课程[53]，详见表4。

表4　COL主持和开发的开放教育资源和MOOC课程的数量

领　域	开放教育资源（项）	MOOC（门）
教育类	46	40
工程类	1	0
健康科学类	2	7
语言类	7	0
生活类	12	4
数学类	7	1
自然科学类	11	2
技能和贸易类	7	16
社会科学类	18	39
技术类	3	3
总计	114	112

COL主持和开发的开放教育资源和MOOC课程都采用了国际上的开放许可协议，任何机构和个人用于教和学都可以免费使用。COL出版了一系列的应用

开放教育资源的书籍，例如，《开放教育资源：亚洲的视野》（2013）；《开放教育资源质量保证指南》（2014）；《开放教育资源基本指南》（2015）；《开放教育资源：政策、成本与转型》（2016）；《促进开放教育资源的利用与贡献》（2017），供全球任何机构和个人免费下载使用。COL 最近出版了两本 MOOC 书籍，即《MOOC 政策简介》和《MOOC 的质量调查》。[54]

4. 全纳教育和教育公平

开放大学的特征之一就是采用远程教学的传递模式，通过优质教育资源的共享，为边远地区和弱势群体提供良好的教育机会，实现全纳教育和教育公平的目标，这也是 ICDE 和 COL 的核心任务之一。

ICDE 于 2017 年 2 月主办的研讨会主题是“农村与偏远社区合作发展战略”。在 ICDE 主办的《开放实践》（季刊）（Open Praxis）学术期刊中，关于发展中国家开放大学的研究文章占很大的篇幅。2016 年发表的文章有《同步和异步在线语言学习：巴基斯坦虚拟大学案例研究》《阿富汗开放教育资源本地化》《尼日利亚国立开放大学学生入学质量评估》《西部非洲开放远程学习能力建设》等。[55]

COL 主办的通讯中也有介绍关于发展中国家开放大学的文章，例如，《关于开放教育资源政策：坦桑尼亚公开大学》《肯尼亚混合式教学的能力培养》《农业 MOOCs 的使用》《非洲职业技术教育培训的投资》《尼日利亚开放大学首门 MOOC 取得成功》等。

开放大学致力于教育公平，其中女性教育是教育公平的重点关注对象，原因在于女性在人类历史中的弱势地位。目前在一些发展中国家，女性的地位和接受教育的权利仍然面临挑战，开放大学要为不能进入普通院校的家庭妇女和缺少经费支持的女性提供优质教育的机会。ICDE 在 2016 第 2 期的《开放实践》中，专刊分享在远程教育中女性教育的研究文章，涉及的主题有：“通过远程教育赋予妇女权利”“开放教育资源的应用”“女性开放教育实践和可持续发展目标”“女性学习成就激励”“性别教育平等”“女性学习技术的支持”“女性学习权利”等。

COL 在建立的名为《绿洲》的远程教育数据库中，专门设置了“性别差异档案数据库”，收集整理了英联邦 53 个国家中对女性和男性在教育、健康、经济参与以及决策权利方面的数据和差别。COL 主办的通讯，也持续关注了女性主题，如“女性的激励和成才”“新 SNDT 女子大学（Shreemati Nathibai Damodar Thackersey Womens University）采用技术支持学习的政策”“性别平等是可持续发展的关键”“促进高等教育中女性领导的具体建议”等。

5. 远程学习者和学习支持服务

由于在远程教育中教师和学生的分离，所以学生学习支持服务是开放大学有效运作的关键要素，它与教学论、技术支持、质量保证并列为四大核心要素。ICDE 和 COL 长期关注远程学习者和学生学习支持服务的主题。ICDE 在 2014 年开展了以“开放远程在线学习中的学生成功”为主题的大规模调查项目，探讨远程学习者学习支持服务和学习者成功的优秀实践，分析了远程教育机构学习者学习成功和降低学生辍学率的方法，该研究报告在 2015 年 4 月正式发表。[56]

2017 年 1 月，ICDE 主持了主题为“开放远程教育中学生学习支持服务和学习成功”的在线研讨会。COL 在 2017 年开设了“远程教育学生和员工的支持服务”MOOC 课程，作为“远程教育院校的运作和管理”研究生 MOOC 课程的模块之一。

6. 远程在线教学论

ICDE 最近多次主持远程在线教学论的学术研讨会，如 2015 年 12 月主持的“高等教育在线学习创新”；2016 年主持的“在线科学教学：有效教学和实验室工作的实践指南”；2017 年主持的“发展中的开放教育教学论”。ICDE 在《2016 年行动计划》中，把“教育模式研究：在线教育、开放学习、灵活学习和技术辅助学习”作为重要主题。ICDE 第 27 届世界大会将于 2017 年 10 月 17～19 日在加拿大多伦多举行。会议的主题是“在线学习：数字化时代教与学的反思”，在线教学论再次成为大会主题。届时，将有来自五大洲 95 个国家和地区的 1 000 余名远程教育领域的教师、从业者、专家、政策决策者、学术研究者和教育技术产业领导者参会。

7. 大数据和学习行为分析

随着以云计算和大数据为标志的第三代互联网的出现，作为以在线教育为主要教学传递模式的开放大学，大数据和学习行为分析已经成为其关注的热点。2016 年 1 月，ICDE 执委会成立了研究与创新工作组，其任务之一是从事在线学习的大数据和学习行为分析，并组建了两个国际研究团队专门负责开展学习行为分析的研究。

ICDE 的大数据和学习行为分析研究团队参与了一系列的大数据学习分析项目，包括利华休姆信托基金的“开放世界学习计划”（Open World Learning Project by Leverhulme），“Apereo 学习分析计划”（Apereo LAI），“学习分析社区交流”项目（LACE），“基于语言的协作学习分析”项目，“学习分析研究学会和支持高等教育融入学习分析”项目。在此基础上，ICDE 主持开展了三项学习行为分析项目，其研究成果于 2016 年 9 月在悉尼召开的 ICDE 校长峰会上的“学习行为分析专场”发表。

2016年，ICDE组织专家撰写的《高等教育和学习行为分析的革命》一文，详细分析了学习行为分析的四种形式，包括描述性分析、诊断性分析、预测性分析、判断性分析（Prescriptive Analytics）（判断性分析是指通过分析数据来找出最佳措施和取得最优化的结果）。[57]

8. 信息交流技术的应用

开放大学采用信息交流技术进行教学传递，新兴技术的有效应用对于开放大学的持续发展尤为重要。在《2013—2016年策略规划》中，ICDE把“支持新方法和新技术的发展”作为目标之一。2015年，ICDE在主持的“高等教育中信息交流技术应用的展望”项目中，详细地探讨了技术发展的关键趋势和对全球未来教育政策的影响。COL在“第八届开放教育泛英联邦”论坛中的一个重要主题是“技术与创新”。COL在2016年出版了两本有关远程教育信息交流技术的书籍，分别是《信息交流技术教师教育的资源用书》和《信息交流技术对远程教育成本与经济的影响》。COL下属的亚洲教育媒体中心在2012—2015年期间，为印度、斯里兰卡和孟加拉国的开放大学的100多位校长、副校长、院长提供了技术应用的培训，并协助他们制定开放大学中信息交流技术应用的战略规划和发展路线图。

移动学习是近年来开放大学发展的重点，有的发展中国家把移动学习作为未来主要的教学传递工具。据联合国国际电信联盟的统计，截至2016年，全世界有39亿人仍不能使用网络，过高的宽带费用是主要原因。例如，孟加拉国开放大学的学习者难以支付学习上网费用，但学习者普遍拥有智能手机，所以孟加拉国开放大学不准备发展网络教学，而将集中发展移动学习。

2017年5月，ICDE秘书长Gard Titlestad在泰国举行的国际教育大会上作的主题发言中指出，在东南亚国家，比如马来西亚，手机运用在世界领先，智能手机带来的移动学习（Mobile Learning or M-learning）有可能推动东南亚国家的跨越式发展。[58]

值得一提的是，2013年9月COL发布了一款创新设备——Aptus，这是一种自带WiFi路由器的服务器，可用太阳能充电。将其配置在没有网络和供电的环境中，学习者通过移动设备，比如手机、平板电脑就可以从Aptus获取大量的开放教育资源。COL于2014年2月在法国巴黎举行的联合国教科文组织移动学习周中，对Aptus进行了展示。2014年3月至6月，COL在15个国家对Aptus进行了运用测试，效果反映良好。Aptus成本约150美元，最新版本的Aptus可以提供约3 000个可汗学院视频、维基百科学校版的6 000篇文章和50 000张图片、维基百科简单英语版的10万篇文章、基于Open Street Map的互动数字世界地图、数千本PDF或Epub格式的书籍，还能提供Word Press安装，供教师自己添加内容，也可以通过 Own Cloud 进行文件共享。

2017 年 3 月 22 日，COL 在法国巴黎举行的移动学习周上，发布了《在没有网络或供电的环境下移动学习的可行性：最新的实践》研究报告，该项目周期为 6 周，采用面授教学和移动学习相结合的混合式学习模式，学生使用移动设备从 Aptus 系统中获取学习材料，独立完成学习任务。结果表明，学生普遍喜欢独立学习，家长在见证了学生运用信息技术学习之后，也改变了智能手机只是娱乐工具的观念。[59]

三、探讨与展望

随着互联网技术日新月异的发展和在教育领域中的广泛应用，普通高校的远程教育也得到蓬勃发展，普通高校既是开放大学的合作者，也成为远程教育市场的竞争者。在这一新形势下，在国际上，开放大学的发展既没有可以照搬的模式，也没有可以遵循的实践方法，这就需要重新审视和再次认识开放大学的定位、作用和优势，创新性地开拓开放大学的新的发展道路。

基于以上的研究结果，面对远程教育发展带来的新挑战，对于我国开放大学的发展和转型，我们可以得到以下五点启示。

（一）开放大学需要进一步开放以凸显独特的地位和优势

面对普通高校远程教育的市场竞争，开放大学要坚守和扩展开放办学的理念和实践，包括“有教无类、面向社会”的教育理念的开放；“高校教师、行业人士”组成的师资队伍的开放；“开放入学、宽进严出”的入学制度的开放；“远程为主、面授为辅”的教学模式的开放；“自主学习、全面服务”的学习模式的开放；“多种媒体、资源共享”的教学资源的开放；“课程超市、学分积累”的课程选择的开放；“任何时间、任何场所”的学习环境的开放等，使开放大学的远程教育始终保持独特的地位和优势。

（二）开放大学需要加强错位发展和扩展多元化教育市场

面对远程教育市场的重新调整，开放大学出现生源减少的困境，开放大学需要进一步加强错位发展，特别关注普通高校难以发展的教育市场，例如，通过远程教育一体化和个性化服务的模式，为境外华人、社区市民、外来劳务工、偏远和山区人们、少数民族、经济困难的人员、残疾人、弱势妇女甚至监狱囚犯等群体，提供优质的在线教育服务。

国际上一些开放大学为了扩展教育市场，在保持已有的远程教育课程的前提下，增加开设面授和网络教学结合的职业技术教育课程。开放大学开办混合式课程有三方面的优势：一是开放大学网络教学的优势能充分利用到面授的课堂教学中，有效开展混合式教学；二是开放大学的师资是由大学教师和行业专家组成，充分利用行业专家的力量，能满足职业教育课程中理论学习和实际应用结合的需求；三是开放大学用于自主学习的应用型多媒体学习资源，通俗易懂，联系实践，适合职业技术教育学生的学习特点。

（三）确立开放大学在学分银行建设中的定位和作用

面对全球建立资历框架和学分互认的终身教育体系的浪潮，出于作为提供终身教育的机构和自身具备多类型多层次教育特征的缘故，让我国开放大学已经成为建立学分累积、学分转换和学分互认的终身教育学分银行的先驱者和引领者。从国际上建立各级各类教育衔接和沟通的资历框架和学分互认系统的经验来看，都是采用自上而下的模式，由中央政府制定框架、标准和制度，各地教育机构包括开放大学只是实施学分积累和互认的执行部门。我国幅员辽阔，目前是采用自下而上的模式，以开放大学为核心建立本地的终身教育学分银行。然而，建立终身学习立交桥和学分银行系统，开放大学的学分要得到普通高校和其他类型教育机构的互认，要获得社会和雇主的认可，这需要我国政府或者地区政府联盟的支持和合作才能实现。

这方面英联邦小国虚拟大学为我们提供了参考的途径，在英联邦 32 个国家的教育部长支持下建立的英联邦小国虚拟大学，不仅为成员国的教育和培训机构提供网络课程传递的教学平台，更重要的是为所有学习者提供学分积累、转换和互认的系统和论证，这与我国开放大学提供的学分银行系统的功能相同。从国际经验来看，只有在政府的顶层设计和制定的标准下，开放大学的学分银行系统才能在实践中有效地运行。

（四）开放大学要持续研究远程教育的核心主题

远程教育的质量保证是开放大学长期以来探讨的主题。陈丽对亚洲 10 个国家远程教育的质量标准的内容框架进行了比较，发现在远程教育质量保证标准的 12 项内容中，我国的远程教育质量保证缺少五大指标，分别是领导力和管理、财政资源、信息技术基础设施、内部质量保证系统和研究五个维度。[60] 随着我国终身教育资历框架和学分银行制度的建立，在开放大学获得的资历级别和资历学分要得到普通高校的认可，质量保证机制是保证学分对等性的关键，因此，如何改进和完善我国开放大学的质量保证机制和评价指标，是我们需要深入探讨的主题。从国际的视野来看，开放大学长期注重远程教育的四大研究主题，包括基于远程学习者特点的课程和教学设计、远程学习者和学习支持服务、远程教育的教学原理、信息交流技术应用，这也是开放大学开展远程教育的显著特征，我们需要进一步加强这方面的理论和实践的探讨。

（五）开放大学需要引领远程教育发展的热点主题

开放大学的显著特征之一是多媒体学习资源的共享和共建，这与目前全球教育界参与的开放教育资源运动和MOOC浪潮的理念是一致的。我国开放大学以培养应用型人才为主，开发了大量的应用型开放教育资源和MOOC课程。然而，我国开放教育资源和MOOC课程没有加入和遵循国际上的开放许可协议，也没有制定我国本土的开放教育资源和MOOC课程的制度，资源版权不清晰，在实际应用和推广中受到很大的限制，尚未达到优质资源大规模共享共建的目的。作为发展学习资源共享和共建的先驱机构，开放大学需要在新时期的开放教育资源和MOOC运动中继续起到引领的作用。

移动学习是近年来国际上开放大学关注的重点。移动学习不仅为发达地区学习者提供网络学习以外的移动学习途径，而且由于智能手机的普及化，移动学习也为欠发达地区的学习者提供单一的移动学习的手段。这有助于缩小远程教育发展中的区域不平衡的数字鸿沟。

另外，开放大学需要探讨新的大数据和学习行为分析的内容。由于开放大学的远程教育主要是通过在线教学的模式开展的，学生学习行为都能有效地记录在网络学习管理系统中，通过对大量的动态的学生学习行为数据的分析，才能有的放矢地为远程学习者提供良好的个性化和智慧化的学习支持服务。因此，开放大学不但是远程教育发展历史中的先驱机构，而且更应该成为现代远程教育发展的引领机构。

四、结　语

本文探讨了国际上开放大学的最新发展和未来趋势，特别关注了在普通高校快速加入远程教育行列的形势下，给开放大学的发展带来的教育市场再分配的挑战和开放大学的应对策略。基于国际远程教育组织最新的文献研究，我们发现，国际上开放大学当前和未来发展探讨的热点，既有远程教育领域中长期以来探讨的核心主题，包括远程教育的质量保证、远程学习者和学习支持服务、远程在线教学论、信息交流技术应用、全纳教育和教育公平；也有开放大学发展新形势下的热点主题，包括开放大学领导力，开放教育资源和MOOC课程，大数据和学习行为分析，移动学习等。

基于本研究结果，我们对我国开放大学的发展提出了再开放和再认识，扩展多元化教育市场，探讨远程教育的核心主题，研究远程教育的新兴主题等建议，以确保开放大学的优势地位和引领新时期远程教育的创新发展。

参考文献

[1] UNISA. Timeline [EB/OL]. [2017-03-01]. http://www.unisahistory.ac za/timeline.

[2] Daniel J S. Mega - Universities and Knowledge Media: Technolog Strategies for Higher Education [J]. Journal of Academic Librarian ship, 1996, 25 (2): 79 - 80.

[3] 约翰·丹尼尔，丁兴富．巨型大学：对规模、成本和质量的巨大冲击——在2003 世界开放大学校长会议上的报告 [J]. 开放教育研究，2003 (6): 17 - 21.

[4] John Daniel. Creating an Endowment for Humanity: The Role of U - niversities, Mega - universities and Hyper - universities [EB/OL]. [2017 - 03 - 21]. http: //oasis. col. org/bitstream/handle/11599/1462/2007_ Daniel J_ Creating Endowment_ Transcript. pdf? sequence = 1&is Allowed = y.

[5] 中国国家开放大学．新型大学 [EB/OL]. [2017 - 04 - 03]. http: //www. ouchn. edu. cn/Portal/Category/Category List. aspx? Category Id = 924df1f7 - 0cbb - 414f - 9abb - 257ba7c97f50.

[6] 云南开放大学．云南开放大学基本情况简介 [EB/OL]. [2017 - 04 - 03] http: //www. ynou. cn/A10/A10001/A10001001/2011_ 07/29/1311904968742376. html.

[7] 江苏开放大学．江苏开放大学2017 年春季开放教育招生简章 [EB-OL]. [2017 - 04 - 03]. http: //www. jstvu. edu. cn/news/jsouzs/read - page - zs htm? id = 10478.

[8] National Centre for Distance Education. Carte d ´identité [EB/OL] [2017 - 04 - 03]. http: //www. cned. fr/le - cned/institution/presentation. aspx

[9] Indira Gandhi National Open University. About IGNOU [EB/OL] [2017 - 04 - 03]. http: //www. ignou. ac. in.

[10] Telangana Open University. BRAOU Profile [EB/OL]. [2017 - 04 - 03] http: //www. braou. ac. in/braouprofile. php.

[11] Madhya Pradesh Bhoj Open University. About University [EB/OL] [2017 - 04 - 03]. http: //www. bhojvirtualuniversity. com.

[12] Netaji Subhas Open University. Profile [EB/OL]. [2017 - 04 - 03]. http: //www. wbnsou. ac. in/about_ us/profile. shtml#profile.

[13] Universitas Terbuka. Statistics [EB/OL]. [2017 - 04 - 03]. http: //www ut. ac. id/en/content/statistics.

[14] Payame Noor University. About Us [EB/OL]. [2017 - 04 - 03]. http: //pnu ac. ir/portal/Home/Default. aspx? Category ID = 07bf5d3d - 9bde - 4f9aae79 - 61e5704dc4d9.

[15] Korea National Open University. Facts&Figures [EB/OL]. [2017-04-03]. http://www.knou.ac.kr/engknou2.

[16] University of South Africa. About [EB/OL]. [2017-04-03]. http://www unisa.ac.za/sites/corporate/default/About.

[17] National University of Distance Education. Facts and Data [EB/OL]. [2017-04-03]. http://portal.uned.es/portal/page?_ pageid=93, 24305391&_ dad=portal&_ schema=PORTAL.

[18] Sukhothai Thammathirat Open University. FAQs [EB/OL]. [2017-04-03]. http://www.stou.ac.th/Eng/FAQs.aspx.

[19] Anadolu University. Anadolu at a Glance [EB/OL]. [2017-04-03]. http://www.anadolu.edu.tr/en/about-anadolu/institutional/anadoluat-a-glance.

[20] The Open University. Vice-Chancellor, Peter Horrocks CBE [EBOL]. [2017-04-03]. http://www.open.ac.uk/about/main/vice-chancellor.

[21] University of Phoenix. Why Phoenix [EB/OL]. [2017-04-03]. http://www.phoenix.edu.

[22] Bangl adesh Open University. About Bangladesh Open University [EB/OL]. [2017-04-03]. http://bou.edu.bd/.

[23] National Open University of Nigeria. About [EB/OL]. [2017-04-03] http://www.nou.edu.ng.

[24] Allama Iqbal Open University. An Overview [EB/OL]. [2017-04-03]. http://www.aiou.edu.pk/overview.asp.

[25] Garrett Richard. The State of Open Universities in the Commonwealth: A Perspective on Performance, Competition and Innovation [EB/OL]. [2017-03-01]. http://oasis.col.org/bitstream/handle/115992048/2016_ Garrett_ State-of-Open-Universities.pdf? sequence=1&is Allowed=y.

[26] Agbu, Jane-frances Obiageli | Mulder, Fred | de Vries, Fred | Tenebe, Vincent | Caine, Abel. The Best of Two Open Worlds at the National Open University of Nigeria [J]. Open Praxis, 2016, 8 (2): 111-121.

[27] Sukhothai Thammathirat Open University. FAQs [EB/OL]. [2017-04-03]. http://www.stou.ac.th/Eng/FAQs.aspx.

[28] [37] [39] Asha Kanwar. Leadership and Innovation for the Future o ODL [EB/OL]. [2017-04-24]. http://oasis.col.org/handle/11599/2445.

[29] Open Universities Australia. Shareholder Universities [EB/OL].

[2017 - 04 - 03]. https: //www. open. edu. au/about - us/universities/shareholderuniversities.

[30] Open University Malaysia. About OUM [EB/OL]. [2017 - 04 - 03]. http: //www. oum. edu. my.

[31] [44] Commonwealth of Learning. Virtual University for Small States o the Commonwealth [EB/OL]. [2017 - 04 - 03]. https: //www. col. org/programmes/vussc/virtual - university - small - states - commonwealth - vussc

[32] Open University of Hong Kong, About OUHK [EB/OL]. [2017 - 04 - 28]. http: //www. ouhk. edu. hk/wcsprd/Satellite? pagename = OUHK/tc S - ing Page&lang = eng.

[33] Jeevan Prakash Sharma. Should Ignou Restart Its Face - to - Face Programme? [EB/OL]. [2017 - 04 - 28]. http: //www. hindustantimes. com/ed ucation/should - ignou - restart - its - face - to - face - programme/storyTb GCDl Sv RRwu Ui D4Vw0k FJ. html.

[34] Apollo Education Group. Apollo Education Group Transaction [EBOL]. [2017 - 04 - 28]. http: //investors. apollo. edu/phoenix. zhtml? c = 79624&p = proxy.

[35] ICDE. ICDE Members - institutions [EB/OL]. [2017 - 04 - 26]. http: //www. icde. org/institutions.

[36] COL. UNESCO - COL Chairs [EB/OL]. [2017 - 04 - 24]. https: //www. col org/about/unesco - col - chairs/unesco - col - chairs.

[38] [40] ICDE. Strategic Plan 2017—2020 [EB/OL]. [2017 - 04 - 03]. http: //www. icde. org/strategic - plan - 2017—2020.

[41] [42] 张伟远，冯晓英，段承贵．网络课程的导学和评价［M］．北京：中央广播电视大学出版社，2016：254 - 256.

[43] 张伟远，段承贵，傅璇卿．虚拟大学的资历和学分的跨国认可：英联邦 32 个小国的创新实践［J］．中国远程教育，2014（3）：24 - 31.

[45] COL. Summary of the PCF8 Online Discussion Forums [EB/OL] [2017 - 04 - 18]. http: //oasis. col. org/bitstream/handle/11599/2459/2016 _ COL_ Summary - PCF8 - Online - Discussion - Forums. pdf? sequence = 1&is Allowed = y.

[46] Mulder F. Opening up Education. Keynote presentation at the 2012ICDE SCOP Meeting in Dubai [EB/OL]. [2017 - 04 - 18]. https: //www dropbox. com/home/Public? preview = ICDE + SCOP + 2012 + Opening + up + Education. ppt.

［47］金慧，兰丽宁. 创建优质的开放教育资源：质量保障和评估——访国际开放与远程教育协会秘书长嘉德·泰斯托泰［J］. 远程教育杂志，2015，33（5）：24－29.

［48］ICDE. Open Educational Resources［EB/OL］.［2017－04－22］. https：//www. icde. org/open－education－resources.

［49］COL. Regional Consultations for the 2nd World OER Congress：Background Paper［EB/OL］.［2017－04－22］. http：//rcoer. col. org/uploads/2/2/8/4/22841180/rcoer_ background_ paper. pdf.

［50］Asha Kanwar. OER for Inclusive and Equitable Quality Education：From Commitment to Action［EB/OL］.［2017－04－26］. http：//oasis. col. org/bitstream/handle/11599/2728/2017_ Kanwar A－Mishra－Abeywardena_ OER－Inclusive－Equitable－Quality－Education_ Transcript. pdf? sequence＝1&is Allowed＝y.

［51］［53］［54］COL. Open Educational Resources（OER）& Learning Materials［EB/OL］.［2017－04－25］. http：//oasis. col. org/handle/11599/2402.

［52］UNESCO and COL. Making Sense of MOOCs：A Guide for Policy Makers in Developing Countries［EB/OL］.［2017－04－26］. http：//oasis. col. org/handle/11599/2356.

［55］ICDE. Open Praxis［EB/OL］.［2017－01－15］. http：//www. open praxis. org/index. php/Open Praxis/index.

［56］ICDE. Student Success in Open，Distance and E－learning［EB/OL］.［2017－01－15］. https：//www. icde. org/assets/WHAT_ WE_ DO/studentsuccess. pdf.

［57］Anne Boyer，Geoffray Bonnin. Higher Education and the Revolution of Learning Analytics［EB/OL］.［2017－04－26］. https：//icde. memberclicks. net/assets/RESOURCES/anne_ la_ report% 20cc% 20licence. pdf. ［58ICDE. ICDE Keynote at ICE2017：A Short Analysis［EB/OL］.［2017－05－15］. https：//www. icde. org/index. php? option＝com_ content&view＝article&id＝796：icde－keynote－at－ice2017&catid＝23：news&Itemid＝169.

［59］COL. Aptus［EB/OL］.［2017－04－26］. https：//www. col. org/services/knowledge－management/aptus.

［60］陈丽. 亚洲国家现代远程教育质量保证体系比较研究［J］. 现代远程教育研究，2012（2）：13－19.

【作者简介】

张伟远，教授，北京师范大学，博导；重庆广播电视大学/重庆工商职业学院大数据应用研究院院长。谢青松，副教授，重庆广播电视大学/重庆工商职业学院大数据应用研究院。王晓霞，副教授，北京开放大学。

感　谢

本文是作者发表在《远程教育杂志》2017 年第 4 期第 66 – 76 页的文章。为此，作者对《远程教育杂志》期刊社表示感谢。

混合学习视域下学习支持服务机制研究*

江　涛

【摘　要】本文提出了混合学习视域下支持服务机制建设需要把握支持的系统性、全程性、智慧化与个性化等特征。构建学习支持服务首先要以人为出发点，塑造便捷、开放、有序、智慧的学习场域，合理使用学习支持服务技术，构建大数据环境，通过主动支持、个性化支持、提升支持服务人员素质等方式构建混合学习视域下的学习支持服务。同样，学习支持服务机制的构建需要以技术发展、平台建设和学校机制体制建设作为保障条件。

【关键词】混合学习　学习支持服务　大数据　情境感知　职业教育

混合学习（Blended Learning）实现了把传统学习优势和在线学习优势很好地结合起来，构建一种新的学与教关系，被认为是“当代教育技术理论的回归，是一种螺旋式上升”[1]。著名教育技术学者南国农先生生前也在《电化教育研究》杂志撰文指出：“混合学习理论符合学与教规律，适合我国国情，对当今教育信息化建设和深化改革具有现实意义。”[2] 2012 年以后，全球兴起了一场 MOOC 运动，建设了大量面向全球学习者的“大规模、免费、开放”课程，优质数字化资源倍增。与此同时，可汗学院等教育机构为支持翻转学习形式，建设了大量的微资源。混合学习赖以生存的基础是在线学习资源。各个层次的教师们利用 MOOC 资源和各种微资源开展学习模式、学习流程再造，同时也推动了混合学习的实践。随着混合学习的实践推动，教育研究者发现，除了合适的教学设计（学习设计）外，运行良好的学习支持服务机制也是混合学习过程要保持良好运行并取得学习绩效的关键。

---

* 本文系重庆市教委人文社科重点项目“基于翻转理念的职业教育教学资源开发范式研究”（项目编号：15SKG213）成果。

一、混合学习视域下学习支持服务机制的内涵

在传统的教学过程中，师生有效交互是促进学习者不偏离课程目标、保证教学过程正常运行的关键。教师通过有效交互提供有价值的信息、动力和监督，使学习者在交互中获取动力、支持和疑惑解答，以构建自身知识框架。在混合学习环境下，数字化学习环境中的学习者面临与资源建设者之间的直接交流困难；学习者学习进程的开展受到学习者自身自我管理、自我监督与自我评价等元认知能力的限制。教育作为一种有目的、有计划的活动，需要通过特定的教学过程实现特定的教育目标。因此，不遵循数字化学习的规律，不加以支持服务，会削弱混合学习的价值，故此对混合学习提供学习支持服务的研究和实践成为必然。

（一）支持服务

随着远程教育的兴起，教与学在时空上出现了分离，信息及时传播与反馈成了问题，造成了学习效率的低下。研究者发现，对学习者激励与帮助是激发学习动力、开展有效学习的关键，[3]成为学习支持服务的雏形。继而有学者提出了“有指导的教学会谈”理论[4]，提出了将情境交流内置于学习材料的设计过程中，为参与远程教育的学习者提供学习帮助。较为系统地提出学习支持服务理论内涵与工作范畴的是安东尼·凯，他在撰写的《远距离高等教育》中，系统地提出了“为学生提供入学及选课指导、咨询等方面的服务”“帮助学生理解课程内容、解答问题”“设立各种学习计划”等内容。[5]随着远程教育的发展，围绕学习支持服务的讨论愈加活跃，其主要内容基本被核定为以下几个方面：学习方面的直接支持服务（教材、教室、实训室等）、辅助支持服务（学习方法、参考资料等）和间接支持服务（学生贷款、心理咨询、技术支持与平台支持等）。[6]

（二）学习支持服务机制

教育机制是教育现象各部分间的相互关系及其运行方式。[7]在混合学习视域下探讨学习支持服务机制就是要探索混合学习系统内部各子系统的运行方式及相互关系，可以分为学习支持服务的层次机制、形式机制和功能机制。

层次机制指的是支持服务的顶层设计、中观运行、微观执行。顶层设计是指从学校层面对混合学习中支持服务机制的制度设计、执行机制与反馈机制的统整性设计，凸显学习支持服务机制的整体价值；中观运行是指依托顶层设计，对如何执行学校顶层制度关于支持服务机制要求中的中层实施、监督与反馈机制，责任主体是学院（系、教研室）；微观执行机制是教师层面根据具体的课程目标，进行组织实施学习支持服务，以实现混合学习价值的过程。

形式机制是指通过考虑教育现象内部各个要素之间的关系及其运行方式，以构建教育机制中的具体运行方式。[8]混合学习中学习支持服务的形式机制是指通过具体的运行机制来促使混合学习的开展。具体来说有行政—计划机制、指导—服务机制和监督—服务机制。行政—计划机制是指将行政手段和计划手段结合起来，使之发挥整体效用的办法。如将教务处下达文件和参与支持服务的教师比例、课时认定等结合起来，促使相关人员参与支持服务。指导—服务机制指的是将指导和服务的手段结合起来，使之发挥作用的办法。如通过对支持服务提出宏观性的意见，比如某校提出“以学习者为中心”作为支持服务的内涵，并以此为相关工作人员和教师提供便于开展支持服务的软硬件。监督—服务机制是指将监督和服务进行整合，使之发挥整体效用的办法。如重点关注支持服务的质量并围绕支持服务的质量提升软硬件条件的方式，使之发挥作用。

功能机制是指从功能上实现教育现象内部各要素之间相互关系及其运行方式的统一。[9]功能机制主要包括激励机制、制约机制和保障机制。激励机制指的是通过调动参与混合学习支持服务的积极性、主动性来促使支持服务的产生。其作用机制是通过激发参与者的内在需求，促使其产生参与支持服务的动机，从而实现参与混合学习支持服务的思想意识而起作用。制约机制是指通过规范混合学习支持服务的内容、形式和效果的评价，促使混合学习支持服务的发生和质量的保障，一般包括了行政制约、舆论制约和法律制约。保障机制是指为混合学习支持服务提供条件上的保障，使之维持特定的状态和发展的趋势。一般来说，保障机制包括三种形式，一种是提高经费和物质保障；一种是提高政策支持和制度保障；一种是提供管理和设置强制手段，促使支持服务行为的发生。

（三）混合学习视域下学习支持服务机制的特征

在混合学习环境下，教师与学生都面临全新的教育情境，混合学习中的学生通过与环境的交互，实现自身的意义构建；教师通过引导混合学习的参与时机，促使自身视域与学生视域的交融，提升自身专业能力，实现自身价值，这与传统的教与学有不一样的方式、运用不一样的技术、体现不一样的效果，教学过程并不完全由教师把控，从而超越了传统的学习支持服务机制范畴，出现了新的特征。

1. 系统性支持

系统性支持是指在混合学习中，支持服务机制作用的范围不是单一界面的支持，而是系统性的支持。混合学习过程的顺利开展涉及多个方面：整合或建设学习资源，协助教师进行内容设计；在学习过程中，对发生在网络交互环境的学生问题予以收集、解答和提交专业教师团队讨论；协助设计实践教学的环境；为学生的生活智慧、社会资源、人生引导和学习过程中的“失落”或“孤立感”提供支持和引导；等等。总之，在混合学习中，对学习者的支持涉及各个方面，体现了学习支持服务的系统性。

2. 全程性支持

全程性支持是指在混合学习中，学习支持服务机制作用的不只是学生学习过程，而是贯彻于包含学习前分析、学习后反馈和基于大数据的改进的全程。在近两年关于支持服务的研究中，大数据被教育研究者赋予了极大的期望，通过教育大数据进行学习特征分析，进行个性化学程设计，进行内容选择被广泛使用。[10]首先，学习支持服务机制需要提供有效的数据，支持教师为学生提供对应的资源，对应的教学内容，通过可视化的数据语言提供给教师和学生，帮助教师做好学习过程设计；其次，学习者在学习过程中会留下大量的数据，是支持教师提升教学效率的关键；再次，在学习过程中体现的数据，实际是学生学习成效的表现，比如在某门课程中出现的反复提问、资源的反复观看，实际上表明学生学习遇到了困难，是促使资源建设者降低所建资源理解难度的需求的激发点。同时，学习者在学习过程中遇到的各种情绪，需要不断通过引发注意、转移话题、改变方式等方法进行调节。总之，在混合学习视域下，对学生的学习支持服务是全程性的。

3. 智能化支持

智能化支持指的是学习支持服务具有智能特性。混合学习的本质是用最为便捷的通道实现信息的有效传播。[11]其支持服务首先要选择与所服务的学习者学习风格相适应的问题，这是混合学习有效性的关键，这对支持服务也提出了智能化的要求。学习支持服务机制的智能化首先体现在对学习者人性化的服务上，比如通过教育大数据将个体性格特征挖掘出来，根据个体性格特征提供支持。其次，体现在情境捕捉，以实现情绪上的支持。如在学习过程中由于急躁或者外在情绪的干预，使学习过程中出现发呆、抓狂等可以通过机器设备感知的特征，通过支持学习情感改变或者是直接的双向交互，引导学习者重新进入深入学习情境。再次，智能化还体现在对学习者学习需求的引导上。如会计学专业学生对考证的关注，实际上蕴含了对考证课程学习资源的学习需求，有效推送资源，可以促进其参与学习的体验感。

4. 个性化支持

从人的角度讲，混合学习是一种使人充满生命活力和人文关怀的环境创设。[12]其目标是人的发展，是由个体组建的群体的发展。在混合学习环境下学习的人，其学习能力、学习风格，甚至学习目标和学习需求都存在极大的差别，需要予以个性化的支持，以实现被支持者潜能的激发。个性化支持就是指在混合学习过程中，需要对学习者进行基于个体本身特性、禀赋发展等个性特征的支持。如对不同学习需求的学习者进行学习路径的设计、学习内容和学习方法的选择等。其目标是满足在混合学习的环境下，实现学习者的自由发展。

二、混合学习视域下学习支持服务机制的构建

混合学习在形式上是各类教育的混合，在深层次上是不同教学理论主导的学习环境、学习行为、学习媒体的混合。这就意味着学习支持服务需要找准混合学习的本质，从混合学习的起点入手，把握混合学习支持服务的范围，进行学习支持服务机制的构建。

（一）找到混合学习中的人是学习支持服务机制构建的起点

混合学习的根本属性是学习方式的优化，其优化的目的是人的发展。“从人的维度来看，混合学习是一种使人充满生命活力和人文关怀的环境创设，是提高学习主体生命质量的环境创设。”[13]学习支持服务机制建设首先必须找到学习环境中的人，根据人在学习过程中的独有品性来提供相应的支持服务。一般而言，混合学习中的人呈现了时代学习者的普遍特征，比如按照数字化进程进入学习场所的新时代学习者，他们善于思考，具有批判性思维，具有处理多头问题的能力。[14]同时，进入混合学习场域的学习者具有一些独有的个性特征，他们自主意识突出，学习目标明确，知道自己的学习需求，学习风格迥异，这些都是混合学习时代学习者的特征，也是建立支持服务机制的起点。这就要求我们通过情境感知工具和大数据手段，通过与学生的交互和对学习者相关数据的收集，准确地找到学习者。

（二）塑造便捷、开放、有序、智慧的学习场域

进入混合学习场域的学习者，最大的利好是充分利用了各种资源，释放自身的学习潜能和创造潜能。比如当遇到疑惑能迅速找到支持疑惑解答的在线资源、有动手愿望时能迅速找到实践场地，这种及时性能给学习和创新带来各种利好，是有效提升自我效能和构建完整知识体系的途径。因此，学习支持服务体系的构建需要塑造这样便捷、开放、有序和智慧的学习场域。便捷是指学习者在学习过程中，能便捷地使用自身知识构建所需要的资源（同样也包括教师在指导混合学习过程中对资源的便捷需求），以及便捷生师沟通、生生沟通、学习者与资源（平台）沟通。开放是指在理念上和环境上保持吸收外界能量的状态，需要保持不断与外界进行思想交流和能量交换，促使学习者的视野、知识、实践能力实现全方位的进步。“我们既需要灵感的火焰，同时也需要扎实推进工作的知识和方法。”[15]有序指的是混合学习的支持服务不是随意出现的，而是按照特有的逻辑需要和现实需要进行有效结合的体系，一方面是依托大数据预测

行为，按照以预防为目标的学习支持，比如对学习孤独感的预测，并根据预测结果实施引导；另一方面是根据现实需求进行学习支持服务，比如辅助学习的辅助性资源。智慧是指混合学习的学习支持服务因为在理解上呈现了新的特征，比如通过数据挖掘技术和分析机制，使原本的支持服务融入了关注人性的方面，同时通过数据收集，依托技术发生的学习支持服务过程具备了积累的功效，使之更加具有智慧性。比如混合学习过程中基于在线学习时，通过对学习者的判断，准确地找出对学习者更适宜的资源，提供给教师和学生。

（三）恰当使用技术

在传统远程教育中，学习支持服务与技术联系紧密，甚至在一定程度上出现了“只见技术不见人”的现象。毫无疑问，混合学习需要技术的支持，比如情感感知技术对学习者状态的把握、教育大数据对学习者行为的预测、智能交互技术对一般性问题的解答、智慧筛选体系对学习者重大问题的选择等，这些都是学习支持服务过程中需要借助的技术。但学习支持服务需要将技术和人很好地融合在一起才能更好地产生价值。要发挥技术的潜能，使学生和教师脱离机器的“生硬”，需要融合技术和理念的双重作用。混合学习借助情境感知、大数据等先进技术的应用，在一定程度上可以避免技术与人相脱离的现象，但学习支持服务工作者如果执迷于用技术解决学习过程中的所有问题，同样会使学习支持服务“见技术不见精神”[16]。要避免这种现象，需要将人的培养与技术的进步协同起来，使技术无缝嵌入学习过程并发生作用。同时，要注意到技术的局限性和技术应用的边界，尤其是在处理带有情感的人文社科性质课程的支持服务中，要考量教师的人格魅力对学习者的影响，使学习者在教师的感召下进行知识的进阶活动，而不是纯粹的与技术沟通。同样，理工类课程的学习也需要通过人以及人所组合的社会将理工世界的“公式美”“机械美”“材料美”等融入学生的心理，使之产生理解技术、利用技术、创造技术的欲望。

（四）构建大数据环境

数据给予了学习支持服务新的增长点，也使支持服务更加精确化、个性化、人性化和智能化。但数据并不会自我产生、建模和呈现结论，直接提供给学习支持服务机制使用。数据的使用需要进行布局，对显性的、标示性的、相关性的数据通过内嵌的软件和情境感知设备进行收集，既要关注结构化数据的特性，以及所说明的问题；也要关注非结构化数据对学习的预测作用，还需要建立利用数据的模型与算法，来解决混合学习支持服务中的问题，配合混合学习视域下的支持服务机制。大数据在塑造学习支持服务的智能化和个性化支持方面显得尤其重要。首先，在设计学习支持服务过程中，要有大数据意识，统整性地关注所有数据，并尝试建立各类数据的相关性。其次，要不断地构建算法、修正算法进行学习行为预测和学习状态掌握，并提供相应的支持服务，建立基于大数据的效能反馈，使学习支持服务过程更加精确化、个性化和智能化。当然，在人的培养过程中，还有大量数据不能体现的地方，如价值观的培养、科学精神的培养，需要在混合学习中结合实体教学场域，结合大数据情况，进行主观判断和人为干预。

（五）实施主动支持策略

混合学习将主体生命质量和人的全面发展置于教学过程的核心。在这个环境中，需要既满足知识构建的需要，又满足意义构建和社会智慧升华的需要，还需要关注人的和谐统一，培养完整人格。在混合学习环境下，学习者受到的外围干预情况变得复杂，各种价值观通过资源、双向交互软件和传统媒体话语权进行渗入，在未加干预的情况下，有可能使人的发展偏离方向。因此，学习支持服务机制不能成为被动的“修补”机制，而应该主动进行布局，让学习者的发展和支持服务的目标保持方向一致，并加以系统性和全程性的支持。

第一，不断地将优质资源从众多资源中遴选出来，提供给教师和学习者组建学习环境，使教师和学习者接触的都是优质资源。第二，不断地通过数据收集和情境感知，进行主动的行为干预，帮助学习者矫正注意力，驱使学习者回到学习过程中来。如当数据显示学习者偏离学习状态时，通过问题测试等方式，引导学习者回归。第三，对学习者的学习需求进行有效预测，并以此进行主动推动。在商业模式中，较多的电子商务网站开始预测消费者的消费需求，如亚马逊对进入网络的人进行购物需求的预测，甚至是怀孕的预测，取得了商业上的成就。在混合学习支持服务中，通过对支持服务对象的学习需求进行预测，引导学习者向更高级别的学习情境或者是学习者感兴趣的新领域进行转移。

（六）践行个性化学习支持服务理念

混合学习展示的是一种较之于传统学习更为自由的学习，学习者可以按照学习进程的节点安排进行灵活的学习安排。学习者学习风格不同、学习能力有区别，这就需要不同的学习材料支撑学习者的学习，同时也需要不同的评价引导。因此，个性化学习支持服务是混合学习支持服务的重要标志。

首先，支持服务人员需要依托大数据技术和情境感知系统等聚集混合学习所需要的个性化学习资源。在推动混合学习过程中，面对不同的学习者用相同的学习资源，会造成学习者的不适。即便是相同班级的学习者，不同学习风格也需要不同的资源：场独立型学习者比较适应较长时间的学习；场依存型学习者偏向微资源的学习；沉思型学习者可以呈现更多的文字材料；冲动型学习者可以呈现更多的视频材料；等等。

其次，不同学习者的学习进展也会存在差异，需要个性化的支持。在学习过程中，由于自身基础不同、学习能力和学习风格不同，学习者在学习过程中会遇到不同的问题，陷入不同的“危机”，有的是在学习过程中发生的，有的是因为场外因素导致的，这就需要支持服务人员针对不同情形，予以不同支持，保证混合学习绩效。

再次，不同的学习者，需要不同的评价反馈机制。如对于冲动型的学习者，需要通过反馈系统不断提醒学习者关注不同类型的资源，在面对现实情境时做全面充分的考量，并且考虑到冲动型学习者容易受到外界因素的干预，还需要对此提供相应的支持；对于沉思型学习者，需要对学习者的学习结果进行有引导的评价，促使其不断思考更高层次的资源，以实现自身更高层级的发展。当然，同样的学习者由于情境的转变，也需要不同的支持服务，如沉思型学习者也会遇到场外因素的干预，使其变得急躁不安，同样也需要相应的个性化支持。

（七）标准化与生成性结合的支持服务人员素质体系建设

在传统学习支持服务过程中，学习支持服务机制构建缺乏一支既懂技术又懂理念的支持服务人员，导致了“形式”和“实质”两方面人才的匮乏。首先，支持服务人员必须深入探索混合学习的本质，理解混合学习旨在培养完善人格的学习者的目标，理解支持服务的本质是协助构建学习者知识体系和价值观。其次，需要进行支持服务人员素质体系的构建。混合学习支持服务体系需要针对混合学习支持服务的目标对支持服务人员能力标准进行倒推，构建一定的支持服务人员素质标准，并有针对性地提供培训和学习。如混合学习的支持服务需要良好的数据收集、建模与应用能力，这就需要支持服务人员具有一定的大数据处理能力。当然，混合学习是关注人的主体性的学习，人的发展需要面对各种可能，需要学习支持服务人员处理生成性的情境，这就需要支持服务人员具备生成性支持服务的能力。

三、混合学习视域下学习过程支持服务的保障

（一）技术的发展

混合学习用开放的理念吸纳了各种学习方式，为支持服务的发展提供了更为广阔的空间。同样，支持服务由以往的简单支持向立体化支持发展，也就需要更多的技术来保障支持服务机制构建的有效性，其首要的发展就是技术的发展。在实际的学习支持服务机制的构建中我们发现，不管是我们现阶段所热论的数据技术还是情境感知技术，在参与支持服务的人群中使用起来都有现实的难度，需要涉及支持服务的各类技术通过不断简化操作流程，降低使用难度，提高使用效率，促使支持服务的发展。同样，支持服务活动本身也是一种技术，需要教育学、心理学、社会学和专业知识作为支持，尤其是将专业融入支持服

务技术，需要支持服务理论的发展。

（二）平台的建设

从现有平台来看，不管是学校广泛使用的 MOODLE 平台还是借鉴各类 MOOC 的学习平台，还不能很好地支持混合学习的发展，尤其是在物理学习场域向虚拟学习场域转化的过程中，存在较多的不流畅性，迫切需要加大基于混合学习的平台建设，前瞻性地布局支持服务的需求，形成既满足混合学习的学习过程开展，又满足支持服务的适时嵌入的平台，并提供给学校和教师使用。

（三）机制体制的理顺

从现行体制来看，支持服务人员被当成教学管理员或者实训支持人员来对待，其所产生的支持服务成果在量化以及在职位晋升上不具优势。如职称晋升中的工作量额定数量条款，在支持服务人员的工作中很难得到精确的量化，造成支持服务人员在晋升上的难度。除此之外，支持服务的管理、优化等机制的建设，需要做各方面的顶层设计，将机制体制问题进一步地理顺。

四、结　语

随着混合学习实践的推进，对混合学习中支持服务体系建设的需求会更加凸显，如何进行前瞻性的顶层设计和布局，促使混合学习成效的提升，还需要更多的理论与实践成果的支撑。混合学习环境下支持服务机制建设的需要及其特质得到了更多人的认可，在实践中也开始了探索，这对促进和深化教育领域改革，尤其是对推动学习方式转化，以适应终身学习社会发展的需要，有深远的现实意义和理论意义。

参考文献

[1] 何克抗．“混合”：通向未来之路——何克抗教授谈教育技术发展新动向 [N]．中国教育报，2004-1-5.

[2] 南国农．教育技术理论研究的新进展 [J]．电化教育研究，2010(1)：8-10.

[3] 吴若茜．比较视野的远程教育学习支持服务理论与实践 [J]．开放教育研究，2009 (4)：97-100.

[4] 张凤龙．学习支持服务的概念探索 [J]．现代远程教育研究，2001(4)：25-27.

[5] [英] 安东尼·凯．远距离高等教育 [M]．北京：中央广播电视大学出版社，1987.

[6] [16] 吴南中，南旭光．学习者需求导向下远程教育学习支持服务体

系的重构［J］．中国成人教育，2011（10）：34－36.

［7］［8］［9］孙绵涛．教育现象的基本范畴研究［J］．教育研究，2014（9）：4－15.

［10］吴南中．理解课程——MOOC 教学设计的内在逻辑［J］．电化教育研究，2015（3）：29－33.

［11］李克东，赵建华．混合学习的原理与应用模式［J］．电化教育研究，2004（7）：1－7.

［12］［13］陈卫东，刘欣红，王海燕．混合学习的本质探析［J］．现代远程教育，2010（5）：30－33.

［14］吴南中．数字化生活的教育意蕴［J］．现代教育技术，2015（7）：19－25.

［15］孙福万．中英远程开放教育理念比较——以我国“四个面向”和英国“四个开放”为例［J］．现代远程教育研究，2010（2）：18－23.

【作者简介】

江涛，教授，重庆广播电视大学/重庆工商职业学院副校长。

感　谢

本文是作者发表在《中国职业技术教育》2016 年第 11 期第 11－16 页上的文章。为此，作者对《中国职业技术教育》期刊社表示感谢。

“互联网+”创新创业教育的价值特征与推进策略*

南旭光

【摘　要】本文从夯实专业能力、塑造工匠精神、增强开放协同、促进全面发展四个角度，阐释了“互联网+”创新创业教育具有的价值特征，并在此基础上从构建发展战略和政策机制、变革教育体制和育人机制、创新培养模式和课程体系、建构支撑平台和服务体系等方面提出了“互联网+”创新创业教育的推进策略，以期为理论研究和实践操作提供借鉴，促进“互联网+”时代创新创业教育的健康发展。

【关键词】互联网+　创新创业教育　价值特征　推进路径

随着我国经济发展进入新常态，产业升级调整及结构性改革进入新的历史阶段，加之大数据、物联网、移动互联网等新一代信息技术的快速发展，我国正迈入“互联网+”时代。毋庸置疑，“互联网+”与传统产业的耦合升级必将成为我国经济最重要的新增长极和最大的创新创业空间，特别是李克强总理于2015年3月在政府工作报告中提出制订“互联网+”行动计划，且国务院于同年7月发布《关于积极推进“互联网+”行动的指导意见》，新一轮基于“互联网+”背景的创业浪潮正在形成。与此同时，“大众创业，万众创新”也被视作我国经济发展新常态下重要的动力引擎之一。得益于党在十八大之后对创新创业人才培养做出的重要部署，高校对创新创业教育的改革探索也呈现出向纵深发展的良好态势。

毋庸置疑，“互联网+”时代的到来，对我国高校创新创业人才培养提出了前所未有的要求、挑战。《国务院办公厅关于深化高等学校创新创业教育改革的实施意见》指出，创新创业教育是“国家实施创新驱动发展战略、促进经济

---

* 本文系2016年度教育部人文社会科学研究规划基金西部和边疆地区项目“我国在线教育体系建设研究”（项目编号：16XJA880004，项目主持人：南旭光）成果。

提质增效升级的迫切需要”。[1]《国务院关于大力推进大众创业万众创新若干政策措施的意见》也要求“健全创业人才培养与流动机制”，其后教育部颁布的《高等职业教育创新发展行动计划（2015—2018年）》则明确将“加强创新创业教育”作为主要任务与举措之一。然而，尽管我国高校的创新创业教育在各方推动下取得了一系列重要进展，但其针对性和实效性依然难如人意，创新创业教育体系还有待健全。究其原因，本文认为，这是对“互联网+”时代创新创业活动的特点及创新创业教育的价值特征认识不透，对其内在逻辑把握不清，对如何“打通阻碍创新人才培养系统的教育壁垒，推动创新人才培养模式和教育体制的改革”[2]的实施路径尚不明晰所致。基于此，本文试图回答这些问题，并对“互联网+”时代创业教育的办学实践提供路径参考，促进“互联网+”时代创新创业教育的健康发展。

一、“互联网+”创新创业教育的价值特征

不得不承认，任何教育理念或教育改革的推出都是基于问题导向的，有其特定的时代背景和现实针对性。当前，一方面，我国经济遭遇传统产业下行的压力，以创新创业推动经济社会转型升级、提升经济发展活力、再造新经济发展动力引擎、加快形成新动能迫在眉睫；另一方面，全球范围内都见证了新一轮产业技术革命的快速推进，“互联网+”作为一种发展范式全面渗透和改造着传统的生产与生活方式，不仅催生了难以估量的新生市场需求，还借由其强力的互动耦合性和互联互通性引导产业爆发式增长。这些不仅为创新创业活动提供了需求侧的巨大动力并引发新一轮创业高潮，也为创新创业教育供给侧改革提供了巨大空间。

所谓创新创业教育，是一种“试图影响人的创业行为的教育”[3]，是现代教育理念的特殊本质及规律与经济社会发展现实需求耦合后的反映。它承载着人们一定的价值倾向和价值选择并具有导向性、前瞻性和规范性的特征，其本质是通过创新创业教育活动培养从事创新创业实践所具备的理论知识、专业技能、创业能力、综合素质和心理品质等，使受教育者形成积极、正确的价值取向。在“互联网+”时代，创新创业教育的价值取向是什么呢？对这个问题的判断性陈述，相当于对这个时代创新创业教育的“纲领性定义”。本文认为，“互联网+”创新创业教育的价值目标应该顺应这个时代对“开放共享、跨界融合、互联互通、颠覆性或破坏性创新”的呼唤，让受教育者在“自我实现”基础上实现全面而自由的发展，成为具有开创精神和竞争能力的社会变革参与者。要实现这个目标，就要让创新创业成为一种学习方式、生活方式、文化、态度，让创新创业教育在受教育者身上烙下以下价值特征。

(一)夯实专业能力是"互联网+"创新创业教育的基础

作为"包含知识、技能、行为、态度与价值观等在内的一个复杂的综合体",能力是实现人类之所以存在和发展的根基之所在。高等院校培养人才的目的在于引导受教育者形成包含专业能力、方法能力和社会能力等在内的"能力综合体"[4],内蕴其中的则是人类与生俱来的创新性和能动性。所谓专业能力,就是劳动者从事所在职业或岗位工作所必需的能力,是个体赖以生存的核心本领。作为个体能力结构中的客观存在,专业能力强调"专业"的应用性及针对性,在遵循能力递进的原则并把握职业成长规律和逻辑的基础上,更加注重对专业知识和技能的掌握。实际上,学界对专业能力的认识不仅强调对环境适应的个人属性,还从社会建构性的角度强调它是在专业实践群体中涌现出的一种共同属性,蕴含着争夺"所有权"以及"合法性"的努力。"互联网+"时代的创新创业教育,要通过智能软硬件、互联网应用、大数据处理等技术手段和工具的学习应用,培养学生的专业能力,帮助其形成应对未来职业发展要求和社会现实需要的"关键能力"。这不仅能提高大学生解决复杂问题和应对社会多元挑战的能力,更能够有效激发个人或集体的潜力以及运用个人或集体智慧冲破种种发展"瓶颈"的能力。也就是说,要让学生在创新创业教育中真正夯实专业能力,并将专业能力运用到专业实践、资源获取、跨界融合、创业行动中去,从而在"实践场域"通过感知、模仿、练习、内化等,将隐性知识转化为自身的"立身之本",进而彰显精神能量、创新思维和专业智慧。

(二)塑造工匠精神是"互联网+"创新创业教育的核心

为适应经济新常态下我国经济社会发展与产业转型升级带来的新人才观,"工匠精神"被重新提出。所谓"工匠精神",原意指工人对生产、制造、加工的产品精雕细琢、精益求精。它代表着一种对卓越品质的追求,呈现出一种专业能力和专业实践下持续创新的精神,映衬出一种受人尊敬的职业价值取向和行为表现。从马克思主义实践观看,"工匠精神"就是工匠所具有的专业精神、职业态度及人文素养[5],其内涵除了持之以恒的信念、严谨细致的坚守、注重细节的品质、精益求精的追求外,还包括一丝不苟的专注和敬业乐群的态度,从而与人生观及价值观紧密相连。当前,在"互联网+"时代,不管是德国版的"工业4.0"还是中国版的"中国制造2025",都趋向于智能化制造、服务型制造、柔性化生产、个性化定制、参与式创新等,深刻反映了这个时代的特征,激发出整个社会的创新、创业激情,促进从传统的要素驱动加快向创新驱动转型。因此,"工匠精神"在更大程度上代表着新的生产理念、创新创业理念、社会共识与社会心理表达。所以,在"互联网+"创新创业教育中,必须注重让学生动手参与创新、创造,并鼓励他们在"做"的过程中追求极致。也只有在他们的亲身经历中，才能磨炼出“工匠精神”所指向的内生性品质。创新创业的过程就是一个解决复杂实践问题、开拓发展路径的过程，其中隐含着“工匠精神”的生成路径，从而可以真正让“工匠”专心于技术创新，产生创新创业的强大驱动力，促进我国“大众创业，万众创新”的健康发展。

（三）增强开放协同是“互联网+”创新创业教育的关键

“互联网+”及其所推动的产业变革，不仅为未来经济带来新的增长点，更会直接或间接地推动就业、创业、创新方式的变革。这是因为，一方面，“互联网+”其实就是“创新2.0时代”，以其用户创新、大众创新、开放创新、协同创新等特点促使经济发展模式朝着开放经济、共享经济、创新经济加速迈进，推动新业态、新模式、新技能的不断涌现；另一方面，“互联网+”时代我国教育的改革发展方向必然会呈现这样一种价值取向，即通过“互联网+”驱动人才培养，变信息技术利用的“工具”为教育与社会耦合联通的“范式”[6]，而且“开放化”与“协同化”将成为教育发展的显著外部特征。这也就意味着，“互联网+”时代的创新创业将是一种全新的开放式创新创业模式，增强开放协同意识和能力也就成为关键。为此，各类学校应主动适应科技创新、社会发展和产业升级的需要，更加注重开放协同，更加注重培养学生的能力，使其能够将不同人群、不同机构、不同资源整合到自己的创新创业过程中，从而形成协同效应。由此可见，“互联网+”创新创业教育必须突破现有的教育模式，破除校园教育相对封闭以及与社会发展相互隔离的状态，把创新创业教育体制机制作为深化创新创业教育改革的着力点和支撑点，推动校际协同、校企协同、校社协同、校政协同、校家协同等，集聚内外部多元化的创新创业教育要素与资源，形成一种多元主体相互沟通、优质资源相互共享、创新文化相互融合的良好的协同环链，形成协同、互补、共生的良好的创新创业教育生态环境。

（四）促进全面发展是“互联网+”创新创业教育的目标

为社会培养创新创业者是这个时代的需求，也是各类院校的新使命。尽管学术界和实务界对创新创业教育目的有不同认识，但是，培养具有社会责任感、创业精神、实践能力的社会公民是创新创业教育的基本功能。[7]笔者认为，“互联网+”时代创新创业教育的终极目标应为促进“全人发展”，充分激发潜能、培养完整个体。一方面，“互联网+”对创新创业教育所产生的影响，不仅是教育理念革新、教育形式重构、教育内容和学习方法变革，更主要的是对具有“跨界、融合、开放、共享”思维的未来劳动者提出了明确要求，要求学生应具有包括良好的协作沟通、诚实守信、批判思维、竞争意识、风险承担、职业规划以及专业技能等在内的综合素质和能力；另一方面，“互联网+”给学习者提供了更大的个人发展舞台，也提供了自我实现的综合杠杆。在此背景下，创新创业教育的直接目的在于唤醒学生潜在的创新创业意识，使他们可以积极、自觉地认识、经历、体验个人价值，从而最大限度地实现自我价值。因此，以“全人发展”作为“互联网 +”时代创新创业教育的根本目标，既符合学生自身发展的需要，又体现了“互联网 +”时代对人才的诉求方向，还顺应了未来社会发展的要求，直接凸显了创新创业教育的内在价值，与“互联网 +”所蕴含的逻辑内涵具有内在的一致性。当然，“互联网 +”时代创新创业教育的最高价值或许还可以更进一步，即让创新创业教育成为育人工作常态和基本教育形态，从“社会目标”的高度去实现每个人的全面自由发展。

二、“互联网 +”创新创业教育的推进策略

“互联网 +”时代与以往传统行业相比，在创新创业活动方面有一些明显不同，比如，“互联网 +”时代的创业与创新、创投密不可分；创业与最新科技联系紧密，对创新性要求高；创业产业链长、衍生性强；创业与多样化的商业模式相联系；创业创新以用户为导向，而非以生产为导向；等等。这就决定了“互联网 +”创新创业教育不可走传统的模式，必须基于上述四个方面的价值特征进行创新并实施以下推进策略。

（一）构建发展战略和政策机制

创新创业具有很强的环境依赖性和根植性，创新创业精神和意识蕴含于一个国家、民族的文化之中。一个创新能力较强的国家，其社会所呈现出的创新精神、创造力、企业家精神等必然是创新创业教育对年轻人潜移默化影响的结果，与该国发展战略、政策制度具有显著正向关系。美国是最早在校园内推行创业教育的国家，已经形成了一个小学、初中、高中、大学完备的创新创业教育体系，从而为一大批创新创业人士的涌现创造了条件，提供了土壤。从欧盟《行动计划：欧洲创业议程》等一系列文件来看，创新创业教育在欧盟整体发展战略和政策制定过程中也占据了重要位置。我国曾经在科技发展和创新突破方面领先于世界上其他国家，但如今在创新创业教育方面却明显滞后于经济社会发展，还无法满足“互联网 +”时代对创新创业人才的需求。尽管近年来在政府重视下出台了一系列利好政策，但仍然因“孤岛化”“悬浮化”“片段化”等而无法形成合力，在实施过程中面临不少阻力，制约了创新创业教育的实施。我国应将创新创业教育作为国家发展战略的内在组成部分，并将其融入终身教育或终身学习发展战略、经济增长战略、科技创新战略以及教育发展战略之中，将其视为保证我国经济发展活力、动力和竞争力的“基础性工作”，构建涵盖初等教育、中等教育、高等教育以及普通教育、职业教育、继续教育所有层次

和类型的终身创新创业教育体系。从小学、中学阶段开始，就要重点培养学生的创新创业精神、意识和能力。同时，要增强对创新创业教育的有效投入，建立广泛的社会参与机制，充分利用全社会的力量自下而上地形成重视创新创业、参与创新创业的社会氛围，从而推动创新创业教育与“互联网＋”时代社会变革的有效对接和发展。

（二）变革教育体制和育人机制

纵观以创新著称的国家或区域，其取得的发展成就肯定不是政府制造出来的，也不可能产生于僵化的体制之下。它们除了有完备的政策支持体系外，还拥有良好的教育体制与文化环境。只有自由的创新体制，才能激发不同的创新观点，形成良好的创业氛围。创新创业教育作为一国或区域的教育系统自组织形态的一个子系统，必然受制于社会其他各子系统的作用和影响，但凡遵循了创新创业教育自身的运行规律并理顺了涉及多方面的运行机制，便会促进创新创业教育的健康可持续发展。由此而言，推动创新创业教育发展应从变革教育体制和育人机制入手。在“互联网＋”时代，互联网已经成为一种基础性技术，不仅成为影响经济社会发展和国家创新驱动战略以及“大众创业，万众创新”的重要实践因素，而且它所推动的创新性跨界融合正处于爆发期，其蕴含的创新活力和应用潜力也正被加速释放。利用互联网与传统行业的耦合从而颠覆这些行业，不仅成为可能，而且还成为一种趋势。所以，“互联网＋”也正引发一场推动传统校园教育变革和重构的变革，基于新模式、新产业、新业态发展需要的教育体制正在择机而生，教育的重心正在“由教学向学习转移，由说教向创造性探究转移”[8]，教育的目标也比以往任何时候更加倾向于培养全面发展的人。事实上，创新创业教育是一项系统工程，要求各层级及各类型的创新创业教育相互协同，打破目前的割裂状态，在学校、政府和社会之间形成育人合力，特别是学校创新创业教育与社会创新创业教育相互衔接、有效沟通，以开放、合作、共享的方式推动形成多元协同发展的教育机制，开展多样化的创新创业教育活动，共同培养具有创新精神、专业能力、创意理念和可持续发展潜能的创新型人才。

（三）创新培养模式和课程体系

创新创业教育是将创新教育、创业教育以及专业教育有机结合之后而形成的具有广谱性、一体化的教育形式，旨在培养创新创业型人才。“互联网＋”时代教育的责任要从“学校时代”的国家层面回归到“学徒时代”的学习者身上，而且学习者将对自己的学习和教育享有更多自由并承担更大责任。[9]这种回归的实质在于响应时代呼唤，解放和发掘学习者自身所具有的自组织能力及自我成长动力，这就需要在实施创新创业教育时着力创新培养模式和课程体系。

第一，创新作为一种内在动力支撑创业的发展，而创业则是创新的外在表现形式和行动的具体化，这就要求从整体上把握创新创业教育的内容，推进创意、创新、创业相互融合的创新创业教育模式，将对知识、能力和素质的关注转向到对自我价值及全面发展的实现上来，真正提高人才培养质量。第二，创新创业教育要高度重视以“做中学”为主要推进路径，在“知行合一”教育理念的指导下，开展在各类真实环境中解决真实问题的探究性学习活动，推动创新创业教育、通识教育与专业教育的有机融合，强调在知识学习的过程中不断挖掘学生在创新创业方面的相关潜力，更加注重学生参与校内外专业实践的质量，更加注重培养学生的创新意识、创新精神和专业实践技能。第三，创新创业教育并不等同于“商业创业教育”，而是为多样性和异质性的学生群体设计的一种跨学科合作学习的过程。要着力构建以“人文通识+学科专业+跨学科交叉”为主线的课程体系，有效促进不同学科知识的融合，优化知识结构，获取涵盖几乎所有领域学科的理念、知识、技能和方法。当然，创新创业教育不能代替教育的全部，其根本目的也并非只是创新创业，还必须强调道德教育、同情心和责任感的培养，把创新精神与创新能力引向为人类谋福祉这一方向上来，以塑造学生的完美人性。

（四）建构支撑平台和服务体系

创新创业具有鲜明的社会属性，在“互联网+”时代则更需要多元主体的协同互动和多维范畴的社会支持。第一，需要建构一个由各级各类学校、政府、行业企业、社区、基金会、媒体等利益相关者组成的创新创业教育共同体，创新社会治理模式，在学校内部实现“学校—学院—学生”多层级有效协同，在外部则吸纳多元主体共同参与，推进创新创业教育走向专业化、体系化、广谱化、整体化，为创新创业教育的实施提供支撑性环境。第二，学校和教育者要建立一个多学科交叉的“互联网+”创新创业体验学习平台，建构开放、多元、专业、灵活的学习环境，引领学生广泛参加服务性社会实践，帮助学生参与相关素质训练，提升创新创业能力，培养学生的社会责任感以及利用创业思维与行动解决社会问题的能力。第三，要成立各种创新创业教育学院、创新创业教育研究中心等，不仅在政策、资源、制度方面保证创新创业教育的顺利开展，还要研究开发基于人的“全面发展”目标的创新创业实践教学方式，开展创新创业研究和商业理念及商业模式创新的探索，建立科学的效能评价指标体系等。第四，要积极发挥政府资金的引导作用，构建并完善创新创业服务体系建设，大力推动创新创业服务企业的发展，大力发展风险投资、天使投资等股权投资，并通过建立各种形式的政府引导基金，建立完善的“教育+孵化+投资+服务”的新型创新创业平台，支持优质的专业化的创新创业服务人才快速聚集。另外，创新创业教育在我国面临的最现实挑战，可能是专业师资队伍的缺失以及如何使其他学科领域的教师对创新创业教育产生热情并广泛认同，为此，可以集合创业家、实业家、投资家、高管人员、研究者等共同参与创新创业教育的教学实践，并通过学科交融的模式重组组织架构与职能，促进全校创新创业教育的实施。

三、结　语

我们必须重新认识“互联网＋”创新创业教育所具有的价值特征，即这是“创新2.0时代”对教育创新诉求的一种具体形式，其重要意义在于能够明晰当前时代背景下创新创业教育变革的方向。如果我们对创新创业教育的认识仅仅止于政策执行和课程建设层面，而不从内在逻辑上深入思考并创新实施路径，那么创新创业教育只会流于形式，无法真正回应“互联网＋”对创新创业人才的内在本质诉求。事实上，不管是对创新创业人才的需求明显激增，还是为保持经济健康稳定发展而大力推动供给侧结构性改革，都要求我们深刻把握“互联网＋”与经济社会耦合发展的内涵和模式，紧跟“大众创业，万众创新”的战略要求，构建中国特色的“互联网＋”创新创业教育体系，加速调整存量、做优增量，释放创新创业教育的活力，成为推动经济社会创新驱动发展的坚强支撑。

【参考文献】

［1］国务院办公厅关于深化高等学校创新创业教育改革的实施意见（国办发〔2015〕36号）［Z］. 2015－05－04.

［2］杨刚. 创客教育：我国创新教育发展的新路径［J］. 中国电化教育，2016（3）：12.

［3］杨晓慧. 创业教育的价值取向、知识结构与实施策略［J］. 教育研究，2012（9）：73.

［4］杨洁. 能力本位：当代教师专业标准建设的基石［J］. 教育研究，2014（10）：80.

［5］胡冰，李小鲁. 论高职院校思想政治教育的新使命——对理性缺失下培育“工匠精神”的反思［J］. 高教探索，2016（5）：86.

［6］南旭光，张培. “互联网＋”时代职业教育的价值取向与实现路径［J］. 教育与职业，2016（8）：9.

［7］徐小洲，倪好. 社会创业教育：哈佛大学的经验与启示［J］. 教育研究，2016（1）：144.

[8] [美] 阿兰·克林斯，[美] 理查德·哈尔弗森. 技术时代重新思考教育 [M]. 陈家刚，程佳铭，译. 上海：华东师范大学出版社，2012：9.

[9] 谭维智. 不教的教育学——"互联网+"时代教育学的颠覆性创新 [J]. 教育研究，2016 (2)：47.

【作者简介】

南旭光，教授，重庆广播电视大学/重庆工商职业学院党政办公室主任。

感　谢

本文是作者发表在《教育与职业》2017 年第 2 期第 37 – 42 页上的文章。为此，作者对《教育与职业》期刊社表示感谢。该文被人大复印报刊资料《职业技术教育》2017 年第 7 期全文转载。

混合学习空间：内涵、效用表征与形成机制*

吴南中

【摘　要】混合学习在在线学习的资源支撑和学习方式培育下进入教育本体，成为主要学习方式之一，也形成了混合学习空间概念。本文基于归纳法和演绎法，认为混合学习空间不仅强化了原有学习空间中对学习者“主动性、社会性和个性化”的隐喻，更蕴含了“数据支持、非线性、智慧性、碎片性”等新特性。同时，本文认为“有序”“开放”“个性化”“高效率”学习场景是其形成的效用表征。结合实践情况，本文提出了混合学习空间的形成需要以理论深化为支撑，技术应用为依托，发挥管理体制与舆论体系的协同作用，整合物质资源和传统文化要素，使用大数据的反馈与改进功能等多种因素协作完成。

【关键词】混合学习空间　内涵　效用表征　形成机制

教育是一种言传身教的行为，其中学习空间表现出一种潜移默化的作用，受到教育研究者关注。随着教育理念的更迭，学习空间从物理空间向蕴含虚拟学习的混合学习空间发展。尤其是在2012年以来的MOOC（大规模免费开放在线课程）运动推动下，在线教育逐渐进入教育本体，改变了教育体系中的学习方式，混合学习逐渐被接受。现在，对混合学习的定义和内涵的梳理逐渐成形，相关的实践与理论研究逐渐深入，同时也拓展了学习空间的内涵：包含课堂物理学习空间和虚拟学习空间的混合学习空间成为师生开展学习活动的场所，进一步满足了学习空间促进学习者学习的根本隐喻。同时，混合学习方式接入了以数字为基本运行方式的虚拟环境，为数据收集、分析、理解和应用的大数据技术应用于支持学习者学习行为和偏好、改善学习模式、提供精准的学习支持服务提供了可能。本文基于一定的实践，尝试对混合学习视域下学习空间的内涵、效用表征与形成机制进行一些有益的探索。

---

* 本文系教育部人文社科项目西部项目“我国在线教育体系建设研究”（项目编号：16XJA880004）成果。

一、从学习空间到混合学习空间

（一）学习空间

按照《辞海》的定义，空间指的是“物质存在的广延性”，“通常利用某些物质原子的内部振荡过程作为空间的量度标准”[1]。因此，“空间”的最初意义是物理空间，可以感知和客观存在是其主要特征。学习空间蕴含了学习的发生场所、场景，以及其背后关于学习者学习的设计与信息技术增强等隐喻[2]，将开放获取、自由参与、互动交流等特性纳入其中，并实现了对学习者的最大关注，将学习、信息、技术、设备、人力等资源和相关因素纳入一个整体进行组织，实现对学习者学习过程的全方位支持，以适应学生的学习需求。这些理念与建构主义学习理论、情境主义、后现代学习理论等思想不谋而合，逐渐兴起了一股热潮。在美国，EDUCAUSE 出版了由戴安娜·奥布林格（Diana Oblinger）主编的《学习空间》一书[3]，引发了学习空间研究的热潮。2011 年，北卡罗来纳大学主办了一本名为《学习空间杂志》的期刊，标志着学习空间成为一个重要的研究领域，受到广泛的关注。

（二）混合学习空间

混合学习空间是指物理空间和虚拟空间的组合，蕴含了混合学习课堂中根据学习者变化、技术变化和对学习理解变化的隐喻。针对混合学习这种特殊的学习形态，按照开放获取、自由参与、互动交流等特色，考虑混合学习相关因素的混合学习空间，是学习空间在特定场域的拓展，也是学习空间内涵的进阶。混合学习空间不仅强化了原有学习空间中对学习者“主动性、社会性和个性化”的学习空间隐喻[4]，更蕴含了数据支持、非线性、智慧性、碎片性等新的特性。

数据支持是指混合学习空间构建通过接入网络实现了对学习者学习过程的数据捕捉，通过数据的“相关”关系替代“因果”关系实现学习空间对学习效果的最大化促进，完成混合学习空间的更迭。举例来说，配有 17 英寸显示屏的教室较之于 19 英寸显示屏的教室的学习者学习效果要好，这种无法解释却真实存在的现象只能用“相关”关系来理解。在实践中，存在大量的这种相关关系无法用普通逻辑所蕴含的“因果”来阐释。在不能深究其内在关系的前提下，按照大数据思维进行学习空间布局，将关注点置于学习效果能显著提高学习效率、并且可以有效观测和反复验证的学习空间构建上。

非线性是混合学习通过对学习过程的改变，脱离了原有的线性关系，使课堂体现了更多的“随机性”“生成性”“可变性”。在传统的课堂中，教师按照预定的教学目标开展教学，代表了知识权威和最主要的知识通道，课程成为

“轨道”，学习是按照课程的逻辑运行的师生交互行为。但混合学习通过对优质网上资源的接入，使学习者能充分按照自定步调和学习风格开展学习，教师在课堂中的知识传授任务也发生了改变，教师将更多的时间用于资源的收集、整理和组合，以及课堂学习活动的设计、组织与评价。教师的这种转变使课堂充满了“张力”，让学习者的主观能动性得到了提高，同时各种不确定性也在提高，非线性的复杂性特征明显。

智慧性是指混合学习空间，通过感知、记忆和行为表述过程的实现，体现了空间的智慧特征。这种智慧性特征的体现，主要是针对在线环境而言的。相对于传统学习空间而言，在线学习系统通过对学习者的主动感知，改变学习者的学习知识内容、学习情境和学习氛围，提高学习者参与学习的适应性和舒适度，体现了学习的智慧性。比如，当在线学习系统感知到所面对的学习者在学习过程中的焦躁、无助等信息时，可以通过提供一定程度上的情感支持、问题提示、降低负荷等方式，引导学习者重新进入学习状态。

碎片性是指混合学习空间需要支持学习者的碎片化学习。在“数字土著”的原生生活环境中[5]，“微”是重要特征，混合学习顺应了“数字土著”的生活，按照学习目的，打破了整块的学习时间，通过不同场域之间便捷的转化方式，塑造了以“微”为特性的空间形态，也塑造了自身碎片性的特性。

在已有的学习空间的案例中，有的具备了混合学习空间的雏形。比如苹果公司的“明日教室”，就是基于“如果教师和学生在需要的时候，计算机总能得到满足”的情景下探索学习空间对学习成效的改变[6]。在阿奇伯德布什基金会资助下的明尼苏达大学开展的“活动学习教室”研究，通过笔记本沟通学习者，实现学习同伴之间的协作[7]，实际上也是体现了线上线下的混合环境的构建，具有部分混合学习空间的特征。不管是“明日教室”还是同期的其他学习空间案例，设置的都是一种“可能性”思维下的学习空间，在线学习有可能发生，但也有可能不发生，与深度融入教育技术的混合学习课堂结构有着极大的差别。混合学习中的在线学习不是“可能”发生，而是其基本组成部分，是建构主义理论、行为主义理论、认知主义理论在教学方式上的融合所支撑的学习空间形态，将媒体、学生、教师、环境等各个要素通过各种技术和各种教学方式加以融合，实现学习与信息技术直接相关。总之，混合学习空间体现了技术融入整个过程、在线成为必然的建构要素，是一种建立在混合学习之上、支持混合学习的学习空间。

二、混合学习空间的效用表征

混合学习空间不是要塑造一个概念，而是要形成对现实学习空间优化的有效指引，从而必然会形成取得成效的一些表征，这就是我们要讨论的混合学习空间的效用表征。

（一）混合学习空间构建了一种“有序”的学习场景

在以往的学习空间的研究中，技术是对立于人而存在的，技术是为了“有可能的问题”的需要而存在的。而混合学习是各种学习方式的融合，游刃于各类学习方式之间。混合学习空间塑造，降低了情境转移和变迁的关注度和不舒适度，是技术融入混合学习的过程。空间蕴含技术的外在价值和内在价值，混合学习空间所使用的技术不再被当作工具的价值存在，而是被当作构成要件的价值存在。这就要求在混合学习空间构建中深度理解技术的用途，消弭各种技术及其技术载体与空间塑造存在的隔阂。

从混合学习实施的实践来看，将普通教室与实训室混合不存在技术上的难度，桌椅摆放的方式也很容易按照混合学习所需要的效果来执行。反倒是给代表未来趋势的在线学习平台设置了太多障碍，比如虚拟实训平台、在线视频平台、在线交互工具等，由于分属于不同的机构，或者需要借助外部独立企业——即使是通过垂直整合的平台，也往往因为各种下级平台基于不同理念与技术标准而导致内部沟通存在问题。这种状态割裂了技术与人的无缝连接，给“有序”学习场景的塑造带来了难度。

要实现混合学习的价值，必然需要搭建“有序”的学习场景，这种“有序”体现在通过混合学习空间实现统一友好的界面，有效要素实现自然融入，在线学习是自然仿真接入课堂，物理空间与虚拟空间的“有序”切换并不会带来障碍。

需要指出的是，这种“有序”并不是课堂实践过程的“有序”。在混合学习过程中，学习不再按照特定的学习程序进行，也就脱离了以重难点突破为主要步骤的传统课堂形态，课堂的“生成性”取代“预设性”。因此，这种“有序”强调的是实现各类技术在学习空间塑造的融入，就是如生活空间中的水、空气等一样的和谐共处。

（二）混合学习空间构建一种“开放”的学习场景

混合学习的开放特性呼吁混合学习空间满足开放学习场景的需求。混合学习的开放性体现在对教师知识传授的功能释放、外部信息的便利接入和各类学习活动对学生探索欲和求知欲的释放。要实现这样的学习过程和功能，需要在学习空间的构建中明确这种目标，并贯彻到学习空间构建的过程中。

首先，混合学习空间需要构建成开放性的学习空间。在混合学习空间中，网络是获取外界知识的“生命通道”。混合学习空间的打造首先要满足网络的接入要求，满足开放学习环境对各种在线资源的“无缝”接入。

其次，混合学习空间是一种“灵动”的文化空间。根据不同的学习目标，学习者可能拥有不同场景，这样的场景应该有“灵动”的特征，体现为一种开放的文化特质，既能自由开展自定步调的学习，同时又具有一定的灵活性。其核心标志是与学习者视界融合的环境，比如对中小学生设置可爱的卡通环境，给大学生设置一些游戏标志等，以破除传统教室对学生思维的束缚，引入生活元素，使空间具有生命的张力。按照实践过程中学习者的反馈，就是要实现“一进来就觉得轻松”。理想的“灵动”环境，除了轻松之外，还需要一种促进安静思考的场域，空间文化应该向促进安静思考的方向构建。

最后，混合学习空间要体现学习者的主体身份。学习者探索欲和求知欲的激发，除了顺应学习者自身成长动力之外，还需要有一个开放的学习空间，保持心理上的安全感和舒适感，保持学习中的主体性。比如允许学习者失败，是体现学习者学习过程中主体地位的重要方面。对“数字土著”这一代学习者而言，建立在隐匿个人身份的网络环境中成长的批判性能力显著高于以往的学习者，就是网络赖以生成的开放性和对参与者体验的关注。混合学习空间需要以开放的姿态建立一个体现学习者主体身份的学习空间，自由的思想、实践的环境、相应的指导，缺一不可。

（三）混合学习空间构建一种“个性化”的学习场景

混合学习是“个性化”的学习。这种“个性化”体现在学习者能较为自如地安排自身的学习进度，允许一定的“超前”，也接纳一定的“滞后”。正是这种“个性化”，需要混合学习空间的“个性化”支撑。

首先，平台要实现对“人”的关注。通过设备、大数据、自身提供的信息找到学习者是“个性化”的起点。比如，进入学习的登录账号，对学习者的学习档案进行分析，进行智能化环境支撑。

其次，给学习者充分的自主选择权。混合学习提供的是统一平台，但统一平台并不意味着统一内容，学习者是有自主选择或者是留有选择余地的。这种可操纵感是提升学习者学习主动性的一个重要的积极因素。比如，某校在“心理学与健康生活”的在线课程界面，给了一些按照课程标准必须学习的内容，同样也给了学习者自主学习的内容。当学习者选择了想要的学习内容之后，后续内容和评价就围绕这些内容展开，在既满足课程的基本标准的同时，也满足了学习者个性化的需求，这种方式极大地提升了学习者的积极性。

再次，要给学习者学习过程的个性化支持提供方便。混合学习课堂是知识内化的课堂，是创造性得到释放的课堂，需要教师解答知识学习过程中的困惑，指导实践过程中的困境，分析实验失败的原因和实践成果的缺陷等。传统桌椅摆放导致教师进入学习者个人空间和不允许教师旁观的虚拟在线空间都不是混合学习有效的学习空间形态。需要指出的是，这种便利是建立在尊重学习者学习习惯基础之上的，比如虚拟空间的旁观问题，应该是学习者可以自由选择的。

最后，混合学习空间的构建需要依托层次性的资源来满足学习者的个性化需求。个体差异是一种常态，有的学习者需要长视频来开展深度学习；有的学习者需要难视频保持关注力；有的学习者需要短视频的不断切换保持学习专注性等等，这就要求在设置混合学习场域的时候，为学习者提供各种层次的资源，以适应不同风格、不同状态、不同进度的学习者，并依托学习者自主选择和系统与教师对学习者自身条件的捕捉主动推送进行个性化的安排。

(四) 混合学习空间构建一种“高效率”的学习场景

按照混合学习的定义，不管是何克抗教授提出的“结合传统学习方式的优势和 e - Learning 的优势”[8]，还是 Driscoll 提出的“多种教学方式和技术的结合，实现更理想的教学效果”[9]，以及其他人的定义，混合学习都是强调学习效率的学习方式。混合学习空间构建需要应对混合学习“高效率”的要求。

首先，技术在混合学习空间中是一种便利的存在。便利是高效率的基础，技术的使用是服务于效率提高的价值取向的。这里的技术是指用于学习过程中的各种技术，比如大数据挖掘技术，需要能够很快地捕捉学习者状态，通过空间调整满足学习者学习的舒适性要求。同样，学习者在使用各类资源中，也需要技术破解繁杂的使用程序。比如，在线学习视频应该是支持市面主流浏览器和播放器的视频格式，而不是另辟蹊径做一些需要单独下载软件才能支持的格式。

其次，要充分发挥各类增强现实技术、富媒体技术、情感感知技术在塑造学习情境中的价值，努力将混合学习空间塑造为学习体验好、学习效果优的学习空间。

最后，混合学习空间的设计，需要考虑混合学习过程中多变的学习方式。混合学习是一个旨在提升效率的学习模式，其核心价值是拓展了媒介的传输空间，促进了人的整体性发展和完满人格的形成。这就需要混合学习空间支持混合学习过程的多变学习方式，满足讨论、探究、协作等需求，实现课堂的高效。

三、混合学习空间构建的形成机制

教育机制是教育现象各部分之间的相互关系及其运行方式。[10]混合学习空间构建效能的实现，既要考虑理论层面上的支撑因素，也要考虑技术实现层面的支持因素；要考虑管理体制和价值层面的协同因素，还需要考虑物质基础和文化环境的影响因素。

（一）以混合学习理论深化为支持的理论基础

教育理论的价值或生命力取决于是否来自于教育实践，亦取决于能否持续地作用于教育实践。[11]混合学习空间在构建中，要实现对混合学习实践的持续支持，需要相关理论自身不断地更新迭代。即依靠科研工作者和实践工作者通过科学方法、针对性批评、带反思的工作等方式，建设蕴含先进教育理念、有良好实践基础的理论引导混合学习。在实践中我们可以发现，有的理论转化为实践的程度和层次较高，也比较容易，比如物理空间的设计。有的理念在转化过程中存在一定的现实难题，比如体现对人的尊重，很难还原为相应的标准。这就要求教育实践者能在理解理论的基础上，根据现有物质基础和占有的资源，指导和实践混合学习空间的构建，实现理论指导实践，减少工作开展的盲目性。

（二）技术实现层面的支持

1. 以大数据技术为支撑的外围技术环境

混合学习空间的构建目标是搭建一个适应混合学习的环境。展示什么、呈现什么、强调什么、表达什么，不能完全依靠经验和不全面的理论，还需树立数据意识，通过混合学习空间构建与使用过程的大数据以支持混合学习空间构建。比如，英语混合学习空间的构建需要考虑英语学习特征甚至是国家的独有文化元素，这些因素的植入是否有效，可以通过大数据的捕捉与处理形成结论。同样，在处理混合学习空间元素时，需要关注大数据效益。比如，笔者在设置“心理学与健康生活”的在线学习环境时，发现有导图的新课程较之于以往的旧课程有更多的停留时间，这种相关性体现了导图在在线学习中的价值，是有效因素。在混合学习空间的设置中，有些技术是不能用大数据来描述的，比如，上文我们谈到的物理学习空间的形成中，需要形成便于教师走动、方便指导的空间，就需要时刻树立学习者中心意识，把握混合学习过程技巧，以知识分享、反思等渠道实现混合学习空间的构建。需要指出的是，笔者在实践和观察中发现，很多实践者和研究者在利用大数据技术的同时，忽视了大数据对观念更新的作用，教师需要自觉植入大数据意识。

2. 以情境感知技术为基础的支持服务技术

在混合学习环境中，有条件的学校或者部分教室，可以使用各种情境感知技术，通过情境感知学习者的学习状态，提升支持服务水平。情境感知技术指的是通过传感设备以及计算机设备获取情境感知的技术，并按照各类参数进行加工和处理，以获取相应信息的办法。情境感知技术获取的是学习者自身情境、物理情境、计算机系统情境、人机交互情境信息，以此进行建模处理，适应学习者需求。在混合学习空间构建中，情境感知技术具有调适功能，能满足混合学习空间的智慧效能。从现实意义上来讲，虽然情感感知技术在混合学习空间构建中的价值是巨大的，但各种设备和技术还显得较为缺乏。笔者在构建“心理学与健康生活”的在线课程时，曾经希望将根据学习者移动鼠标情况以跟踪学习者思维状态的算法与模型能介入课程，在实践中因遇到了技术人员缺乏的难题而未能实现。但作为一种趋势，尤其是随着穿戴设备融入生活，这种困境会有所改善。

（三）管理体制和舆论价值引导的协同支持

混合学习空间的塑造涉及许多管理问题和资源分配问题，比如将传统教室改造为适应混合学习的混合学习空间，需要加大无线网络热点的接入；需要对以往固定的桌椅板凳进行拆解，满足各种教学形式的组合，这些改造都需要耗费一定的教学资源。混合学习空间塑造的大规模推广，就更加需要依靠管理体制对教师参与混合学习的鼓励。比如在工作量上，混合学习需要教师在资源收集和整合中耗费大量时间；在教学实施过程中，需要教师准备生成性的活动；有的教师还会在思想上遇到一些传统力量的阻碍，这就更需要管理体制和舆论引导的协同。

首先，混合学习空间的构建需要管理者通过计划、指导和监督，促进其发展。计划是指学校需要制订相应的推进计划，将混合学习空间建设与混合学习推进通过立体化的方式，制订行动框架。从国内外各类教育变革中来看，这种始于政府层面，着力于学校层面的计划是推进项目进展较为顺利的有效办法，尤其是带有一定物质支持的各类计划项目。指导是指在混合学习空间构建中，行政部门需要对如何推进做出有效的指导。行政部门可以依托专家学者的智慧，整合有利资源，形成既有一定标准又有充分弹性的执行方案，指导学院、系（高校）、学科教研中心、年级组（中小学）开展混合学习空间的构建。监督指的是行政机制需要对空间构建执行情况进行督查，分析其执行完成情况，在安全与舒适的基础上充分考虑混合学习空间的学习促进本性，并探索长效管理机制。

其次，混合学习空间的构建需要形成层次性的推进方式。通过建立框架性的政策系统，将混合学习空间构建的相关要素进行统整，以制度性的文件规定服务于混合学习空间的各类政策。比如，给混合学习空间构建的课题项目指引、工作量认定；然后通过培训、管理和监督，促进混合学习空间的构建围绕学者专家对混合学习空间制定的效用特征进行建设，促进教师和相关工作人员将混合学习及混合学习空间的理解转化为混合学习空间构建的实践，实现混合学习所需要的体验、意义、认同与效用，实现制度层面、理论与实践层面、体验与改善层面的分层次推进。

最后，要充分发挥舆论的协同作用。舆论具有一定的保障、制约与激励功效，是社会治理的重要手段。学校生活如社会生活一样受到舆论的制约[12]，教师通常会屈从于舆论，改变自身的一些做法[13]。混合学习空间的构建需要巧妙地使用舆论协同，使之发挥保障、制约和激励作用：保障作用的发挥，主要是通过积极的舆论引导，促进教师确信自身参与混合学习空间构建的价值与意义；制约作用的发挥，主要是通过舆论对混合学习空间构建的必要性宣传，促进教师克服现实困难的手段；激励作用的发挥，主要是通过舆论对混合学习空间构建者或者使用者的鼓励、身份认可、效果表彰等形式进行激励。

（四）调动物质资源和挖掘传统文化要素进行推动

混合学习空间构建依赖较为丰富的物质资源，比如，物理空间的打造需要教学楼、教室以及与混合学习相符合的教室布局；混合学习空间还需要打造虚拟空间以及满足虚拟空间运行所需要的条件，就以教室来说，打造混合学习空间需要 WiFi 的覆盖，满足互联网接入的需求；需要打造一个自由获取资源的终端系统；需要适合拼装的桌椅，等等。除此之外，合适的学习平台用于教师整合数字化资源更是需要大量的投入，这些都需要调动大量资源进行建设。

文化在教育系统中所起的作用是潜移默化的。传统文化中有很多做法，可以促进学习本体更好地开展工作。比如，有的教室将名人名言置于墙壁，通过名人的典型示范和名言的激励作用支持教育的效能激发；比如，在汽车学院的混合学习空间打造中，设置了一块展示汽车形成历史的显示屏，经常是教师讲解汽车发展历史等课程的常用材料。混合学习环境的构建需要挖掘激发学习者学习动力的内隐元素和外显元素，可以是贯彻整个过程的文化符号展示，也可以是围绕特定目标的临时性环境；可以是呈现在虚拟在线学习系统的“知识召唤”，也可以是传统教室的“豪言引导”。总之，要形成适合混合学习开展的文化环境，不能只有技术，不见技术中的人；也不能只有教室，不见混合学习需要的文化。在实践的混合学习空间打造中，很多文化符号容易变成突兀的存在，缺乏促成效果实现的标识。这需要深入理解混合学习的本真意蕴，从教育学、心理学的支持作用出发，来布置各类文化符号。

（五）形成以大数据反馈为指引的改进机制

混合学习空间的构建不是一个静止的终止形态，而是一个不断生长的、蕴含温度的“生长体”。促使其不断完善的因素一方面来自教育实践者的反思，逐步形成混合学习空间构建的“实践智慧”；另一方面需要通过内嵌于混合学习空间的数据收集系统。在混合学习空间构建中，需要通过有目的地使用大数据技术，将不同学习者在混合学习空间的具体表现，通过数据整理出来的关键性、高敏度性、高显示性的数据进行收集，通过数据揭示混合学习空间中促进学习者学习的方面和阻碍学习者学习的方面，进而将其结论提供给教育工作者，以此不断地改善混合学习空间。

四、结　语

在数字化时代和面向“数字土著”的教学中，混合学习空间的构建是教育主动适应数字化时代特征的途径。混合学习空间是学习空间演化和变革的新特征，体现了混合学习在学校教育情境中大规模推广和应用的需求，是发挥混合学习独特优势，实现混合学习预设效能的环境基础。混合学习空间的构建实践展示了其独有的魅力。从现实运行的角度来看，混合学习空间打造的效果并不完全如意，甚至出现了各种问题。比如，对混合学习过程支持的不足、在线学习与传统学习转换不畅，这显示了教育工作者对其探索的不足，也客观反映了混合学习空间构建的复杂性和情境性。深入研究混合学习空间构建的技术，尤其是借助大数据技术进行科学分析，是更好地优化学习环境的基础，更是一项新的教育创新措施，需要不断地努力。

【参考文献】

［1］辞海编辑委员会．辞海［M］．上海：上海辞书出版社，1999：931.

［2］许亚峰，赵博．教师使用学习空间的影响因素研究［J］．开放教育研究，2014（10）：102－109.

［3］OBLINGER D G. Learning space［EB/OL］．［2012－04－20］．http：//www. educause. edu/research－and－publications/books/learning－spaces.

［4］陈卫东．未来课堂的空间设计：以学习者为中心［J］．中国信息技术教育，2012（10）：76－81.

［5］吴南中．数字化生活的教育意蕴［J］．现代教育技术，2015（7）：20－25.

［6］杨俊峰，黄荣怀，刘斌．国外学习空间研究综述［J］．中国电化教育，2013（6）：15－20.

［7］WHITESIDE A，BROOKS D C，WALKER J D. Making the case for space：three years of empirical research on formal and informal learning environments［J/OL］．Educausequarterly，2010，33（3）：3－17.

［8］何克抗．“混合”：通向未来之路——何克抗教授谈教育技术发展新动向［N］．中国教育报，2004－01－05.

［9］DRISCOLL M. Blended learning：Let’s get beyond the hype［EB/OL］．(2002－03－01)［2016－04－12］．http：//www. elearningmag. com/elearning/article/article Detail. jip？id＝11755.

[10] 孙绵涛，康翠萍．教育机制理论的新诠释 [J]．教育研究，2006 (12)：22－28.

[11] 林丹．实践导引：教育基本理论的存在价值 [J]．教育研究，2013 (2)：41－43.

[12] 吴南中．在线学习培养的顶层设计与推进机制研究 [J]．电化教育研究，2015 (1)：45－50.

[13] 石兴中，李硕豪．大学教师权力的制约与保护 [J]．黑龙江高教研究，2005 (12)：105－107.

【作者简介】

吴南中，副教授，重庆广播电视大学/重庆工商职业学院大数据应用研究院学分银行中心主任。

感　谢

本文是作者发表在《电化教育研究》2017 年第 1 期第 21－27 页上的文章。为此，作者对《电化教育研究》期刊社表示感谢。

“互联网+”高职教育人才培养价值取向及路径研究

——基于“中国制造2025”的逻辑

张　培

【摘　要】在新一轮科技革命和产业变革冲击下，制造业迎来国际性的全面转型升级，而“中国制造2025”计划的提出，无疑为我国制造业转型升级增添了新的发展动力，也对我国高职教育人才培养提出更高的要求。基于“中国制造2025”的逻辑，“互联网+”时代的高职教育人才培养应具备专业养成、综合集成、理实一体、创新驱动的价值取向。为推动我国高职教育的供给侧结构性改革和适应性可持续发展，应该从明确人才培养方向、创新人才培养方式、重构专业知识结构、优化综合育人环境等维度，探索“互联网+”时代高职教育人才培养的创新路径和发展方向。

【关键词】“互联网+”　高职教育　价值取向　发展路径　中国制造2025

一、引　言

进入21世纪，全球科技革命呈现出新的发展态势，大数据、云计算、移动互联网、物联网等信息技术广泛渗透到各个领域，新能源技术、新材料技术、智能制造技术等推动产业革命纵深发展。新一轮科技革命正在重塑着国际产业格局，国际产业分工也正在发生变化。无论是发达国家还是发展中国家，显然意识到了新一轮科技革命和产业变革对制造业的重大影响。比如，德国提出了“工业4.0”计划，试图将信息物理系统（CPS）融入制造和物流行业，主导智能制造，从而完成智能控制生产过程和差异化管理，力求强化国家竞争优势，抢占高端制造业市场；美国在“再工业化战略”的基础上提出“先进制造战略”，并立足其基础学科研究和产业技术优势，主要着眼于信息技术、绿色能源、生物产业等高科技高附加值制造领域；法国的“新工业战略”、英国的

“工业2050战略”，也将新兴信息技术转型、新材料和新能源发展作为发展新兴产业的主导力量，并力求通过一系列改革重拾工业辉煌；同时，一些新兴发展中国家也在积极谋划布局自己在全球产业分工体系中的位置，希望通过承接发达国家的产业和资本转移，拓展市场空间。

我国的制造业经过若干年的发展，到2014年首次超过美国成为世界第一制造大国，现已形成了种类齐全、独立完备的产业体系和创新体系，成为支撑我国经济社会发展、增强综合国力、保障国家安全的重要力量。然而我国制造业发展的问题还很多，加上近年来，我国人工、材料、能源、土地等生产要素成本不断上升，一些低端制造业正在向东南亚、巴西、墨西哥等劳动力成本较低的国家和地区转移，与新兴发展中国家相比，我国在中低端制造领域优势正在逐渐丧失。在全球化产业升级的浪潮中，面对着发达国家和新兴发展中国家“双向挤压”的严峻挑战，2015年5月19日，国务院印发了《中国制造2025（国发〔2015〕28号)》，提出建立“制造强国”，这是国家关于全面提升我国制造业发展质量和水平的重大战略部署。事实上，该战略既是瞄准世界制造业未来发展大趋势提出的升级标准，也是针对我国制造业目前存在问题提出的转型要求。

“中国制造2025”提出以“创新发展”为主题，以“两化融合”为主线，以“绿色发展”为导向，以“智能制造”为核心，以“提质增效”为基本要求，建设5大工程，着力提升“中国制造”软实力以满足经济社会发展需求。而要实现国家规划的“中国制造2025”发展蓝图，需要基于“互联网+”思维，推动形成基于市场消费需求、用户个性化、柔性化的研发、制造方式及产业组织方式，[1]从而提升我国制造业的整体竞争力。2016年5月20日，国务院印发《关于深化制造业与互联网融合发展的指导意见（国发〔2016〕28号)》提出“制造业是国民经济的主体，是实施‘互联网+’行动的主战场，推动制造业与互联网融合，有利于形成叠加效应、聚合效应、倍增效应”。事实上，这对高等职业教育提出了巨大的挑战，因为当前我国高等职业教育体系及其人才培养模式明显还不太适应“互联网+”时代的制造业新发展模式，在推动制造业转型升级和经济发展方式转变的进程中还存在着诸多障碍。对此，教育部《高等职业教育创新发展行动计划（2015—2018年)》提出“重点服务中国制造2025，主动适应数字化网络化智能化制造需要”，“将专科高等职业院校建设成为区域内技术技能积累的重要资源集聚地”等要求。但是，一方面，当前高等职业教育的发展还没有很好嵌入经济社会环境，尤其是高职教育人才培养模式还不能很好地满足“互联网+”加速制造业耦合创新的现实需要；另一方面，国家关于高职教育加强技术技能积累服务“中国制造2025”的制度设计还很宏观，一些改革措施未真正落地，尚无法破解高职教育发展的现实困难。因此，在新一轮科技革命和产业变革新浪潮和时代背景下，基于“中国制造2025”的逻辑，探讨高等职业教育人才培养问题，是促进职业院校可持续发展、提升服务“中国制造2025”战略能力的必然要求，也是当前构建我国多层次人才培养体系中必须面临的重要课题。

二、面向“中国制造2025”的“互联网+”高职人才培养价值取向

以数字化、网络化、智能化为标志的新一轮科技革命催生出了新的生产方式、商业模式和产业形态，制造业领域正从大批量流水线生产转化为大规模定制化的规模生产，生产型制造业也在向服务型制造业转变。毋庸置疑，“互联网+”时代，高等职业教育正面临着新的挑战，传统的应用型技术技能人才培养的价值取向将顺势发生改变。着眼于对“工业4.0”及“中国制造2025”背景下产业发展规律和“互联网+”职业教育人才培养规律的认识，我们认为，高等职业教育更加注重对学生的专业技术能力、协同能力、基础能力与实践能力、创新能力的培养，更加强调专业养成、综合集成、理实一体、创新驱动。

（一）专业养成

“互联网+”时代下，为满足经济社会发展和个性化消费需要，制造业的劳动分工更加细化，生产方式也已经向大规模定制逐渐转变，而这种生产方式必然要求在客户群体体量较大时，企业采用模块化的设计及运行方式，即将制造产品的研发、生产、销售、服务等同处一个价值链中，而针对不同客户需要将重心放在全产业链的某一个环节，促成独立模块优势最大化的发挥。在模块化的同时，也要注重每个环节的融合互动。相应地，这就需要高职教育人才培养紧密追踪并适应经济发展的需要，以某一环节的专业能力为核心，并对该专业技能基础上的关键能力加以关注。而高职教育实施主体需要结合自身的培养优势和区域产业结构特征，以创新链打造专业链，以专业链服务产业链，并设计布局相对开放的专业设置环境，合理构建较为完整的制造专业体系。与此同时，从人才的规格构成上看，高职教育学生普遍需要加强信息技术的学习，以更好地理解和掌控在智能制造时代的数字化和智能化设备。这就要求各高职院校要加强与制造企业之间的产、学、研有机合作，以明确的分工为特征将传统的制造工艺或专业技能嵌入新的组织和运营结构，探索建立互联互通、动态有效的专业调整机制，从而在形成对接产业链以创新人才培养的基础上，充分发挥专业集聚效应，根植于区域经济社会形态，促进专业集群发展。

（二）综合集成

“互联网+”正在重构新的制造业组织体系、生产方式及运行模式，特别

是以“智能化”“数字化”为特征的生产方式迫切需要大量的既懂互联网技术又熟悉专业技能的复合型人才，这就对高职教育人才培养提出了综合化的新内涵。综合化是基于新时代背景下全新的生产制造体系特征提出的，在“大规模定制化”成为制造业基本方向的前提下，未来的产业工人要顺应“工业4.0”及“中国制造2025”带来的横向、纵向、端对端的高度集成化，不能仅仅活跃在制造的第一线，还有可能参与到产品的研发、销售及服务等各个环节。[2]这就强调了人才是综合型的，在具有专业核心技术能力的基础上还要具备全产业链的相关知识以及熟悉互联网技术的操作技能，也就必然要求高职教育打破传统单一的技能培训方式，在传授学生专业核心技能的基础上，让学生了解全产业链其他环节的生产流程，并加强关注相关产业行业的发展动态及技术成果等方面的引导。事实上，培养高层次复合型人才就是要突破学科、专业之间的界限，既要强调学生对某一个专业环节的精准投入，又必须要求其具备复合的知识结构和协作能力，这样才能满足在知识融合和技术集成等综合因素作用下的制造业升级要求，同时要建立学校和企业之间的培训伙伴关系，实现跨学科、跨专业、跨行业、跨区域的交流合作，为重构产业链各环节的价值体系提供人才支撑。

（三）理实一体

在“互联网+”的冲击下，对于每一个学生来说，想要在学习期间掌握与专业相关的全部知识、技能几乎是不可能的，而理论基础知识是全部知识中最稳定、核心、持久的部分。因此，核心理论知识的学习就逐渐成为高等职业教育教学过程中的重要环节。特别是随着科学原理转化为技术应用的水平和领域不断深化和扩展，技术理论知识的习得更是成为先进制造业从业人员胜任岗位工作的必然要求。然而，如果高职院校过度对学生传授理论知识，而忽略对实践操作的引导，结果可能导致学生在毕业后无法胜任岗位工作任务。这就要求高职院校应围绕诸如智能工厂、智能服务等开展前瞻性培训和教学设计，并组织学生参与到“中国制造2025”平台工作体系中去。事实上，制造业相对于其他产业来说，对熟练的技术操作需求更强，加上不断变化的生产环境、操作设备、服务对象等都需要一个真实的应用场景来对学生的理论知识技术进行检验，因此理论与实践相结合的培养模式非常重要。基于真实应用场景，学生才能在实践操作中发现理论知识的价值，并通过进一步学习理论知识提升实践水平，并且“理实一体化”的教学模式并不强调先后顺序，理论与实践的融合应该体现在教学的每一个环节，通过目标导向、问题导向、行动导向等引导整个教学过程的进行，最终让学生获得完成相关职业所需的知识、能力、素质。

（四）创新驱动

“中国制造 2025”特别强调把“创新”放在驱动现代制造业中的重要位置，指出要加强关键核心技术的研发、提高创新设计能力、推进科技成果的转化、完善国家制造业创新体系，这是基于我国当前制造业自主创新能力不强、高端制造整体竞争力偏低的现实背景提出的，也是对“只有创新才能支撑制造业的深层次和规模化发展”规律的深刻把握。当前，互联网、物联网等新科技革命的发生对我国制造业升级既提供了创新的可能又提出了创新的要求。一方面，人在未来的产业中所从事的工作内容将不同于现在，体力劳动正显而易见地处于减少态势，工作内容将集中于创新与决策领域，主要负责在生产管理系统中行使创新与决策的权力；另一方面，在“大众创业，万众创新”的今天，产业工人在具备基本操作技能的基础上，应具有开放式的创新思维和能力，唯有如此，才能创造出具有高科技含量和高质量的技术和产品，从而突破我国制造业大量核心技术依赖国外引进的“瓶颈”。事实上，我国现有的人才培养现状确实难以满足高端制造业在科研、生产、管理等方面的需求，制造业领军人才十分匮乏。我国高等职业教育在高技能人才培养中扮演着关键的角色，这也要求高等职业教育必须关注创新驱动问题，在具体的教学环节，要为学生提供创造新元素所需的时间、空间条件，引导和鼓励学生超越式学习，激发他们的创新思维和行为。

三、“中国制造 2025”逻辑下“互联网＋”高等职业人才培养优化路径

中国的制造业市场及潜力巨大，制造业与互联网的耦合也势不可挡，然而相关的人才却十分紧缺。作为制造业技术工人培养主渠道的高等职业教育由于相关教学资源和政策的限制，并不能很好地满足制造企业对高端专业技术技能工人的需要，这在一定程度上影响了我国制造业的发展速度和质量。在国家关于“中国制造 2025”的宏观布局下，面对智能化时代的要求，必将带来高等职业教育人才培养模式的根本性变革，[3]提供更加专业化、职业化、高技能的劳动力，事实上这对高等职业教育发展和升级来说也是一个很好的契机。有鉴于此，要助力“中国制造 2025”的目标实现，高等职业院校要把优秀的技术技能人才作为培养目标，进一步明确人才培养方向、创新人才培养方式、重构专业知识结构、优化综合育人环境，适应“互联网＋”时代高等职业教育人才培养新模式的要求。

（一）明确人才培养方向

每一次产业革命的演进，都是人类将自身的创造力转变为提升生产效率的过程。也就是说，每个时期都拥有掌握核心生产技术的创新型人才。随着制造

业从“自动化”向“数字化”“网络化”和“智能化”转变，数字化制造、智能化制造以及网络化制造模式等都迫切需要创新思维的助力。要实现“中国制造2025”的宏伟目标需要一大批高端创新型人才队伍来推动技术创新，提高自主创新能力，支撑自主产品研发和自主品牌建设，从而转变对国外关键生产技术的依赖劣势。一般来讲，对高端科研技术的掌握和技术创新都需要以系统的专业理论知识作为基础，并以高度专业化的技术技能为支撑来解决产品研发或生产过程中遇到的实际问题，并需要与新技术体系融合发展以适应制造业新业态，这就必然要求高职教育转变传统的人才培养定位，把重心放到具备创新思维的、复合知识结构的专业人才培养上来。与此同时，在“大众创业，万众创新”已成为推动经济社会转型发展的重要动力引擎之一，并作为这个时代特有呼唤的背景下，加强创新创业能力培养，让受教育者“实现全面而自由的发展、成为具有创新精神和综合竞争力的社会变革参与者”[4]是当前高职教育人才培养需要关注的。高职院校除了设置特定专业必须具备的知识模块和核心课程以外，还要考虑全产业链的相关知识以及在核心技术上的操作技能，结合智能制造对生产管理服务人员提出的多学科、跨地域、复合型等要求，在通识课基础上的专业教育应该成为“互联网 +”时代高职教育人才培养模式发展的新方向。这符合“互联网 +”时代要求的现代制造业的职业人必须具备强大的综合能力，如操作自动化设备的专业技能、计算机软硬件能力、跨学科的产品研发能力等。事实上，这样的培养方向并不是对传统专业化的摒弃，而是对专业化培养的巩固和优化，之所以这样说，是因为专业的融合和学科的交叉正是经济社会发展所推动的，也是现代制造业开展创新所必需的。

（二）创新人才培养方式

基于现代经济增长理论，人力资源的创新性和积累性对于经济社会发展具有先导作用。一般来讲，人力资源积累到一定的程度必然会内生地推动产业结构升级，也可以借由产业结构调整升级而引起人力资源汇聚的结果，因此两者存在互动的关系。而与产业发展联系最为紧密的高等职业教育人才培养与经济增长、产业结构升级之间自然存在着“引领和适应”的对应关系，高等职业院校扮演着智力和人力资源提供者的角色，包括为企业输送人才，解决生产技术问题等，同时可以利用企业资源和优势提升自身的人才培养质量，与企业形成长效的良性互动格局。因此，高职院校在开展人才培养过程中，需要强调基于产业的校企合作长效机制的建立，在制造业发展新格局中抢占有利位置。从宏观上讲，学校和企业应在一个共同的战略协同框架下构建发展格局，设计并完善企业参与办学的组织体系、制度体系和运行机制，最终达成在共同参与人才培养全过程中实现自己的价值主张和利益诉求的结果。[5]微观层面，强化企业参与教学全过程，高职院校在传授全产业链上相关知识和核心技术操作技能的时候要与企业实现高度、高效对接，促成学生获得研发、生产、制造、供应、售后等各个业务流程环节的技术知识和组织能力。事实上，“中国制造2025”的创新发展不仅要求高职院校提供具有基础智力和人力的资源，还要求基于工作岗位开展创新，这就要求高职院校突破传统的制造业人才培养方式。学校和企业共同参与人才培养可以将理论教育与实境化历练很好地结合，碰撞出创新的火花，在校企长期合作中很可能会创造和巩固一些共性技术。由于某些技术能力与行业创新能力有很强的关联性，对经济发展发挥着关键性的枢纽作用，这就在客观上造成高等职业教育人才培养层次的上移，也有利于人才培养结构的优化，尤其是可培养出现代制造业迫切需要的高端技能人才和技术领军人物。

（三）重构专业知识结构

职业教育为现代制造业做出的最大贡献就是在每一个阶段都围绕国家经济社会发展战略要求提供大量的技术技能人才。传统的职业教育主要采用“顶岗实习”“学徒制”“订单式培养”“校中厂”等模式，这就让很多人产生了一种误解，认为职业教育定位于培养低端的劳动力。事实上这是不客观的，尤其是在当前面向“互联网+”时代的“中国制造2025”格局下。原教育部副部长鲁昕就曾指出：“职业教育瞄准的是产业链的中高端，要培训的是中高端的技术人才，而不是培养‘一技之长’，‘一技之长’是职业培训，而不是学校教育。”[6]随着产业结构升级和科技进步的发展，经济增长的动力正在从要素驱动转换为创新驱动，制造业的从业者内涵也在发生变化，这需要高等职业教育着眼于包括职业技能、文化素养、组织能力、创新精神、社会责任感、新技术运用能力等在内的学生综合能力的培养，为人的全面发展夯实基础。不可否认，现在高等职业院校的人才培养依然带有浓厚的传统普通高等教育的烙印，更多关注的是对认知性的知识和可培训的技能等投入，而对非认知能力的关注还比较欠缺。实际上“互联网+”背景下的高职教育除了要开展“以知识、技能传授为中心”的专业化教学，还应该以学习者的需求为导向、以课程设计为核心，[7]建立激发学生创新潜力、培养合作能力，以提高他们发现、解决问题的能力为主要目标的人才培养模式。在“互联网+”时代，技术的变化速度非常快，制造业从业人员面对的可能是在较短的周期要去适应新的技术和形式，不仅只掌握“一技之长”已经行不通，而且底层认知和知识结构都需要不断重构。对于高职院校，只有提供跨领域、跨学科、跨专业的综合性专业知识，才能适应大数据技术快速发展背景下的智能制造业发展需要，同时又需要合理界定专业教育和通识教育的比例，通识教育可能并非专业，但是更具基础性，它对人的创新思维和整体能力、素质的提升意义重大。

（四）优化综合育人环境

建立以通识教育为基础的创新型专业教育人才培养模式，需要有相应的“场域”支撑，需要高职院校在综合化育人环境中培养人才。这是由“互联网+”时代下专业技术人员必须适应不断变化的企业技术需要，熟练解决本领域专业化问题，将更多精力放在创新业务等方面所决定的。未来的智能制造可能使机器和人之间形成新的分工，大多数工人不再从事程式化、单一化的工作，而是转向对机器的操作、控制和协调，以及从事更加复杂的工作，掌握更多的决策权力。因此，未来的人才无法由单一化的专业教育造就，综合化将成为高职教育的发展趋势。值得一提的是，综合化并不要求各个高职院校都要设立一个非常完整的专业体系，让每一个专业门类一应俱全，其实质应该是为促进各专业间的交叉融合以及新一代信息技术与制造业融合发展提供一个良好的环境。要在学校各院系、各专业间建立起有效的沟通机制，实现课程资源和教师资源的共享，可考虑“学习平台+模块教学”的项目化教学体系。互联网的发展给高职院校创新教学方式提供了良机，通过开发新的在线教学技术，可以将通识教育课程上载到学习平台供全校的学生在移动客户端上下载学习，这样可以弥补“一次性课堂教学”内容不足的劣势。在智能化、网络化和数字化教学工具的帮助下，学生可以形成在线学习共同体，学习在线资料，教师在线研讨组织大家发送即时信息，这样就提升了学生对通识课的参与度；而模块教学则是教学定制化的思维，教师在设计教学项目时设定不同的教学模块，并确保各个模块之间有紧密的衔接，学生需要按照学分标准每年选择学习几个模块，而老师则通过合理安排模块的顺序和时长，确保学生在学习中能够提升自己的技术能力和专业素养。事实上，这样基于不同模块基础上的以项目为导向的模式可以促成高职院校内部各专业达到了真正的开放、融合与协同，真正地去适应“互联网+”时代的人才培养新模式。

四、结　语

与经济社会发展密切相关的高等职业教育，其人才培养模式是动态演进的，既要遵循高等教育的发展规律，又要根据时代要求和环境因素做出及时有效的调整。这就要求高职教育的人才培养模式要进一步明确人才培养方向、加大力度创新人才培养方式、多角度重构专业知识结构、全方位优化综合育人环境，让高职教育主动嵌入经济社会发展环境，提升高职教育人才培养的适应性、能动性和精准性，促进高职教育的健康可持续发展。

【参考文献】

［1］习凌冰，沈小碚．中国制造2025背景下职业教育体系创新［J］．教育

与职业，2016（9）：9－13.

［2］李政．“中国制造2025”与职业教育发展观念的转轨［J］．中国职业技术教育，2015（33）：38－44.

［3］徐国庆．智能化时代职业教育人才培养模式的根本转型［J］．教育研究，2016（3）：72－78.

［4］南旭光．“互联网+”创新创业教育的价值特征与推进策略［J］．教育与职业，2017（2）：37－42.

［5］南旭光．“互联网+”职业教育：逻辑内涵、形成机制及发展路径［J］．职教论坛，2016（1）：5－11.

［6］张金英．新常态下职业教育应培养什么［N］．光明日报，2015－09－15（4）.

［7］张岩．“互联网+教育”理念及模式探析［J］．中国高教研究，2016（2）：70－73.

【作者简介】

张培，讲师，重庆广播电视大学/重庆工商职业学院发展规划处。

感　谢

本文是作者发表在《成人教育》2017年第10期第53－57页上的文章。为此，作者对《成人教育》期刊社表示感谢。

混合学习如何加深学习深度

——兼及教育大数据如何支持学习分析*

彭飞霞　阳　雯

【摘　要】 加深混合学习的学习深度是社会经济发展的客观需求，也是数字化时代和终身学习能力培养的现实需要。要加深混合学习的学习深度，需要从混合学习场域构建、教师教学设计能力提升和混合学习把控能力培养的多方位入手，形成协同效应。同时，还要发挥教育大数据对学习分析的支持工作，通过大数据挖掘混合学习各要素之间的相关关系，支持混合学习场域建构并发挥作用，促进混合学习成为一个有深度、有效率、有创新的学习新形态。

【关键词】 混合学习　学习深度　教育大数据　学习分析

自2012年MOOC兴起以来，MOOC、SPOC等在线学习以及围绕在线学习的教育教学改革研究与实践成为教育领域一个不可逆转的趋势。混合学习整合了在线学习和课堂学习两种学习方式的优势，得到教育研究者和实践者的热衷，从零星的浅尝辄止、走马观花式的探索进入遍地开花、静观默察、举一反三的深入境地。但由于理论储备不足、制度环境不符合要求、教师能力不够、数据捕捉与挖掘技术运用不充分等现实原因，造成了部分改革陷入了“外表热闹，实质无效”的困境。部分参与者在反思混合学习效果时，认为混合学习形式接入了在线学习资源，同时也造成学习场域多元素的参与，尤其不太可控的手机、iPad等工具被广泛使用，打破了原来客观、机械、封闭、稳定的学习场城，破坏了原有课堂凝聚沉思的课堂价值，肢解了原有清晰、明了、独立、完整的知识结构体系，造成了更多的浅显学习、游离学习、目标分散学习等。虽然有研究者有证据支持混合学习并没有降低学习质量[1][2][3][4]，但从实践来看，的确存在部分应用混合学习的教师并没有深入领悟混合学习教学设计的内在价值和要领，不能把握虚拟与面对面学习情境的无缝衔接，不足以主导混合学习，产

* 本文系2016年度重庆市教委教改重点项目（编号：162099）“基于‘三融合’的混合学习课堂形态特征与应用模式研究——以《演讲与口才》为例”成果。

生了低效课堂和学习者的"浅层"学习。那么，混合学习如何加深学习者学习深度，大数据如何支持和帮助教师开展学习分析，这是本文需要探讨的问题。

一、混合学习是否影响了学习深度？

（一）问题的起因

由于混合学习接入了在线学习环境，实现了柯蒂斯·邦克（Curtis J. Bonk）所定义的"面对面教学和在线学习的结合"[5]，并有效地整合各个教学要素，实现"根据不同问题和要求，采用不同的方式解决问题"[6]，按照方法论和学习理论的内在逻辑，通过融合媒体、学生、教师和环境等各个要素，优化传播通道，实现知识的有效传递[7]。不管混合学习涉及的是技术、过程，还是价值取向，其落地的价值核心都是知识的有效传达。当教师在理论、技术和过程控制中的任何环节出现问题的时候，或者是出现"文化孤立"、制度缺乏、体系不完善、资源不合适、学习支持服务力度不够、数据捕捉与挖掘能力不强等现实问题时，混合学习容易陷入为"知识习得"的学习、"场面热闹，内涵不足"的学习等，造成了混合学习的学习深度不够。在线学习本身较容易受到各类信息干扰，再加上对混合学习评价的制度体系不完善，部分教师借混合学习的"幌子"，行"偷工减料"的实质，更是降低了混合学习的效用，影响了教育决策者倡导混合学习模式的决心与动力。要不要混合学习，如何提升混合学习的深度，这些问题考量着教育管理者的教学智慧。

（二）混合学习的"浅层性"原因

那么，南国农①、何克抗②等教育技术泰斗级人物所推崇的混合学习方式陷入"浅层"身份标签的尴尬的原因是什么？通过梳理各类原因，可以总结为以下三个方面。

首先，混合学习之所以被认为是"浅层"，最直接的原因是教师对混合学习要素调动和整合能力不够。混合学习教学设计的核心要素是人、技术、环境、目标、内容和方法，要实现混合学习的价值，需要把握混合学习教学设计的统整性、系统性、开放性、生成性、协同性、成长性等基本特性，实现各类要素的协同创造和整合创新。[8]也就是说，混合学习提升了教师教学设计的能力，以往按照知识结构进行教学秩序设计的方式需要按照学习者个性化学习需求进行；

---

① 2010年南国农先生在《电化教育研究》撰文提出："混合学习理论符合学与教规律，适合我国国情，对当今教育信息化建设和深化改革具有现实意义"。

② 2003年，何克抗教授在第七届全球华人计算机教育应用大会上提出混合学习的概念，认为它是"网络学习与传统学习两者优势的结合，是未来教育技术的发展趋势""是当代教育技术理论的回归，是一种螺旋式上升"。

以往按照知识习得的逻辑生成方式要按照学习者不同通道的学习效果进行调整；以往面对面学习场域塑造的学习氛围要被虚实相互支持的学习场域塑造氛围所替代；以往以教为主的课程内容结构被交互性活动和自主性活动有机结合的形式所取代。再加上受在线学习打开的学习封闭通道、使用多种媒体介入技术、多种内容呈现方式的学习者心态影响，教师把握和设计学习过程的能力受到威胁，教师合理处置各个要素及其关系的素质受到考验。因此，我们对很多标榜混合学习的课堂进行田野考察时，往往发现其场景就是虚实结合的学习场域、忙乱的教师和不知所措的学生。

其次，混合学习之所以被认为是“浅层”，根本原因是冲击了分割理论视域下的课程观念。分割理论是建立在以培根、笛卡尔、牛顿等代表的，以确信物质世界是决定性、必然性和静态性存在为核心观点的确定论和绝对论思想体系[9]之上的。在这种理论体系影响下，课程是一个机械的、封闭的、稳定的知识场域，并通过固定化、逻辑化、边界清晰化使课程管理、建设、使用方便。“学校教育如果排除了专门化，就毁灭了生活。”[10]在这样的理念下，人类将相互联系的知识切割成为独立的小整体[11]，工具知识和价值知识分离，自然科学与人文科学分割，形成了各类对立的狭隘课程形式，决定了其格式化的课程结构，其裹挟而至的逻辑主义和功利主义与混合学习所倡导的“完善人格”形成了隐性的冲突，在混合学习情境中所产生的创造和想象的自由受到教师权威的操纵，深度学习所需要的绵延创新需求无法得到充分释放，而适应分割理论的凝聚沉思课堂也因为学习者通过在线学习概念的学习基础和学习期待受到冲击，教师所面对的是迥异的学习群体，无法以一种真实世界相互关系的逻辑知识体系引导学习者进行能力的构建。

再次，混合学习之所以被认为是“浅层”，现实原因是“数字土著”一代的认知方式的助推。数字技术的广泛使用塑造了数字化生活，也塑造了全新意识形态和行为方式的新一代。按照普林斯基（Prensky M）所提出的词汇，这一代人被称为“数字土著”[12]，这代人以“碎片化”学习和“多头学习任务”为行为标签，以独立思考、批判性思维为身份特征，以个人行为中心和意识为人格特征，展现了新的学习需求，[13]他们以能否满足自身的学习诉求为参与学习的基本出发点。他们乐于表现自我、体验生活、接受多元信息，思维不容易按照知识逻辑进行探索，而是展现出不太可控的自由发挥。在表现形态上，就是传统教师所以为的“学生越来越难以管理”。回到混合学习的学习者，由于课堂的参与元素更加多元、交互渠道更加广泛、思想知识来源更加宽广，与自由迸发的“数字土著”特征融合，当遇到自身体验不佳、参与欲不强或者是能力不匹配的学习活动时，就容易在课堂中展现其“不遵守课堂规则”的一面，影响了课堂学习的深度。同时，由于"数字土著"自身更容易被周围信息干预，更乐意去接受各种信息，对隐匿在信息后面的真相和原因似乎失去了天然的探索欲，"知道更多"比"知道更深"更能在同伴中展现魅力，也容易在设计不佳的混合学习中得到更多的表现机会，导致了混合学习不支持沉浸，反而显示出"浅层"的学习特质。

二、加深混合学习的学习深度：时代境遇与现实诉求

深度学习是对学习状态的质性描述，强调的是学习者在学习中的投入情况、思维层次和认知体验等诸多层面，强调对知识本质的理解和学习内容的批评性利用，追求有效的学习迁移和真实问题的解决，属于高阶思维为主要认知活动的高投入性学习。[14]深度学习最早的研究出现在题为《学习的本质区别：结果与过程》的书籍中[15]，后逐渐发展成为学习理论研究的重要课题。深度学习因被认为具备激活原有知识、提升批判性思维水平、创新与应用知识、提升学习体验特点而受到关注，这些特点是任何时代学习的本质追求。混合学习要真正实现对学习方式的变革，同样需要加深学习深度。

（一）加深混合学习的深度是社会发展向知识经济转变的客观要求

知识经济是以知识（智力）资源的占有、配置、生产和使用（消费）为最重要因素的经济。[16]知识经济建立的基础是基本资源和生产要素从对土地、资本等要素的依赖转向对知识的依赖，是具有促进现代生产发展的高新技术和高深理论知识，是以知识架构为基础、创新为灵魂的知识。在知识经济建立过程中探索欲是基础，探索能力是支柱。而学习者的探索，是在广袤的学习场域中思维和行动上的不断深入，是在教师引导下、教学场域助推下的体验性学习。通过不断地批判旧知识、创造新知识，找出技术问题、提出新的技术解决方案等逻辑，实现探索能力的淬炼。而这个发生过程，就是需要对原有知识体系的激活、批判思维水平的提升和创新与应用知识的能力所标识的深度学习。在传统的课堂中，深度学习本身就是一个问题，促进深度学习需要教师有目的的引导，需要心理学、教育学、社会学等多学科理论支持，更需要学习者本身心力的聚焦。而混合学习接入的多种资源，在事实上容易导致精力的分散，"浅阅读""浅学习""浅交互"等在课堂中时常发生，与知识经济对人才的要求格格不入。因此，混合学习要得到发展，首先必须解决学习的深度不足问题。

（二）数字化时代学习方式转变是提升深度学习水平的现实依据

人类学习行为受到信息化程度和知识来源的影响。电影时代学习者通过观看电影学习外域技能，电视时代学习者容易通过模仿电视人物形象和内容情节学习知识，数字化时代学习者理所当然地通过数字化内容学习知识。基于互联

网的学习，尤其是基于移动互联网的学习成为青少年接受新知识的主要渠道之一。按照2016年的中国互联网发展状况统计，手机阅读和微信阅读是数字化阅读方式的主要渠道。[17]在这种情形下，接入互联网资源，开展混合学习是顺应学习者的时代需求。MOOC兴起之后之所以受到大学生的追捧，也是因为MOOC的在线学习形式与学习上的日常生活无缝对接。在这种环境下，学习者利用零碎时间享受零碎信息的广度，自然就破坏了原有规则性的、整体性的、系统性的学习习惯。多头任务、浅层阅读、快餐课堂变成了一种常态。由于不能沉下心理解和探索所接触知识，学习者自然也与深度学习的探究、批判、迁移与创新等思维特质渐行渐远。混合学习在传统课堂形式上加上了在线学习环节，实现了多种情境的不断转换，当环节与教学活动并没有实现环环相扣的层次递进时，混合学习就与学习者日常生活的多头任务处置态度和思维契合，不能激活学习者进行反思、探究和需求等深度学习的必备条件。

（三）终身学习能力的构建要求需要在混合学习过程中提升深度学习能力

自终身教育概念提出以来，构建学习型社会以满足社会日益发展的需求成为各国政府的关注点。我国《国家中长期教育改革和发展规划纲要（2010—2020年）》中提出的重要内容就是要构建终身学习通道，实现个人发展。有学者研究发现，自主学习能力、信息素养、问题解决能力、批判性思维、持之以恒的能力以及自我评价能力是终身学习能力的核心要素，其相互关系和相互影响构建了终身学习能力的内在结构。[18]学习能力是内部心理活动和外部实践活动的相互促进，通过学习活动的发生得已形成和发展。[19]循此理路，什么样的学习活动也支持了什么形态的终身学习能力，要顺应终身学习社会的需求，混合学习课堂仍然需要按照终身学习能力构建的要求创造促进自主学习能力、信息素养、问题解决能力等各个维度的提升。良好的混合学习教学设计实际上是各个元素对学习过程支持力度的增加，在本质上是促进终身学习能力提升的，比如其通过视频学习、课前的基础性学习、课中的探索性学习与实践等，其活动目的都是提升学习者的自主学习能力、信息素养、问题解决能力和批判性思维等。提升混合学习深度，关键不在于混合学习本身，而是在于内容设计上要契合深度学习的需求，在形式上需要按照深度学习的要求开展，尤其是需要发挥教育大数据在学习分析上的价值。从终身学习能力培育的角度来思考深度学习的必要性，是有意义而且是必需的。

三、加深混合学习深度的策略

混合学习成为各级各类教育机构深化教学改革的重要抓手，冲击了现有教学体系的严格程序性、高度稳定性和绝对性。探索如何通过在线学习的接入，实现优质资源的共享，以此改变课堂教学环境，使课堂教学中充满对话的朝气、思维的灵性和探究的积极性，实现一个从点至面、从部分到整体的认识方式的改变，指向经济转型、数字化时代和终身教育的要求。那么，如何才能调动混合学习相关的外部条件和内部作用因素，实现从支持性环境到内生性课堂的全方位变革，来加深混合学习的深度呢？

（一）加深混合学习深度的学习场域构建

场域是一种具有相对空间和自身运行法则的小世界，不具有完全的一致性，受到社会法则的制约。[20]场域的参与者通过场域特有形式和力量中介发生作用，通过有规则的斗争和开放的空间完成形塑。[21]要促进混合学习的深度，需要在学习理论的指导下，对学习场域形成积极构建，形成各个相关因素配合的学习场，支持学习者在学习过程中实现深度学习的状态。

1. 混合学习文化

加深混合学习深度需要有强有力的混合学习文化支持。混合学习需要将原有固定的教学进程和规则的学习路径进行改造，通过实现共同信息形成整体学习场的变迁，完成自我存在空间的建构。还需要文化环境提供“精神支持”，渗透学校对学习的认知和理念，蕴含了群体学习心理，具有潜在的精神引领价值。[22]在现代信息技术中产生的在线学习需要通过输出文化符号、行为活动、价值理念支持混合学习文化的构建。同时，混合学习文化的形成不能与传统的学习文化中的积极因素脱离。比如，潜心学习的学习者姿态、明确的志向文化、坚强的意志培养以及对知识的探索欲，这是混合学习加深学习深度的基本要素，也是混合学习不流于“轻浮”“表演”“虚假”的关键。因此，混合学习文化的构建不仅要强化传统学习场域中对主动性、社会性和个性化的基本隐喻，构建利用学习者学习的专注文化、积极向上文化、主动进取文化和自我超越文化，还需要借助大数据技术，强化数据支持，提供智慧化学习技术，基于并超越碎片化知识的组织文化，注重支持性学习环境的构建，形成“可理解和经历的隐性课程和追求卓越的学习给养”。[23]发挥混合学习对学习共同体构建、实践性任务的完成等方面的文化价值，促进批评性思维、协同创新能力等构件在文化环境中的建设。总之，要深化混合学习的深度，需要混合学习文化多要素系统优化的“文化基因”，作用于混合学习场域的塑造，实现浓厚学习氛围的营造，形成适合在混合学习条件下深度学习的生态环境，以文化的涵养功效促进学习者深度学习习惯的养成。

2. 混合学习制度

混合学习要防止学习的“浅层化”、流于形式，实现在学习过程中强化学习者的学习认知、意志和行为等综合素质，鼓励教师优化教学设计和学习支持服务，需要建立和实施有效的学习制度。学习制度指的是在价值信念、制定规则和共同认可的前提下建立起来的行为规范，规范相关个体的行为，实现激励和促进，进而达成自觉行为的制度体系。我们研究现行学习制度发现，学校往往并没有为混合学习的开展建立制度支持，甚至存在大量阻碍混合学习推进的制度。比如，针对手机进课堂的一些简单粗暴的剥夺制度、教学管理中关于观看视频的禁止制度，还有对教师研修的制度、在线学习成果的转化制度、教师参与混合学习的工作量核算、学习支持服务的工作量标准等配合制度的支持等。总之，支持混合学习系统化的制度体系建设还有很长的路要走。系统的制度不仅要保障混合学习基本运行的制度框架，还要在深入制度建设的框架下，形成导向创新的激励制度、鼓励批判的创新制度、支持教师参与现代教育理念更迭和信息技术能力培育的教师培训制度，促进教师理解数字化时代的学习者、学习大数据等支持教育教学的相关技术，为混合学习进行资源整合利用和一系列深入活动创造条件。要促进混合学习的有效推进，促进混合学习方式中深度学习比例的提高，需要的是系统的制度，塑造混合学习文化，探索混合学习效用，产生整体的效能。制度建设的最终效果是实现通过制度引导学习者和教师实现自我超越，形成追求卓越课堂的自觉行动。

3. 混合学习空间

学习空间蕴含了学习的发生场所、场景以及背后关于学习的设计与信息增强等隐喻[24]，它因具备将各类学习相关要素纳入整体进行组织，实现对学习全过程的支持，适应学生的学习需求等内涵而受到研究者关注。混合学习空间是学习空间在意涵上的进阶，不仅强化了学习空间对学习者“主动性、社会性和个性化”的空间隐喻，更强调了数据的支持、非线性、环境的智慧性等特性。混合学习空间要促进深度学习，需要塑造更为有序、开放、个性化、数据化的学习场景。

有序指的是不同情境学习转换的有序，技术不再是凸显在混合空间构建上的元素，而是融入空间建设本身，呈现事实上的融合。教室、在线学习场景通过友好交互场景，圆润而不冲突，引导学习者处于平和的环境中沉浸并聚集心力，实现知识的理解内化与整合创新。

开放指的是实现教师知识传授的功能释放而不是禁止，外部信息的便利接入而不是难以接入，满足学习者探索条件而不是阻碍。教师通过开放的课堂，便利的信息接入，引导学习者进行探索，并布置方便学习者探索的环境，实现深度学习所需要的浸入感、参与感和创造感。

个性化指的是学习进度的安排自如，允许“超前”，也接纳“滞后”。要实现这种个性化，需要大数据技术对学习者信息全方位的收集，并通过有序的预测、个性化的学习路径设计、便利的交互条件、层次化的资源来支持不同学习者的学习，促进不同学习者加深混合学习的深度。

数据化指的是对学习环境进行基于大数据的布局。通过情景捕捉技术将环境中的各类数据进行全方位的捕捉、读取、清洗、建模，实现学习空间的数据挖掘功效，帮助教师和研究者观测学习者的各类学习表现、学习基础和学习成效，为引导学习者进入更高层次深度学习做数据支持。

4. 混合学习支持技术

技术对教育的支持在教育学科与教育实践的形成和发展过程中始终占非常重要的地位，混合学习的推进正是学校发展依赖新技术的变化，回应《教育信息化十年发展规划（2010—2020年）》所提出的“教育与信息技术的深度融合支撑和引领教育创新发展”的需求。[25]技术在优化学习环境（如VR/AR等技术）、开展学习分析（如大数据技术）、情境感知技术（如各类穿戴设备）、学习评价（如大数据技术）等方面有积极的作用。除此之外，不同情境和学习方式之间情境切换的设计技术、促进学习者沉浸的内容组织技术等等，都能有效地加深学习者在混合学习场域开展学习的深度。需要特别指出的是，由于混合学习接入了在线学习空间，使通过大数据实现“在恰当的时机提供恰当的信息和服务”成为可能。[26]在加深混合学习的深度上（或者是纯粹的在线学习部分），国内外学者有大量的创举，比如Marquez探讨了蚁群优化算法提升在线学习适应程度，[27]陈其晖利用Petri网络实现对学习状态的了解与控制。[28]美国教育部发布的《通过教育数据挖掘和学习分析技术来提高教与学：问题简述》更是明确了利用大数据开展数据挖掘和学习分析[29]，研究分析学习者参与表现，提升课堂实施问题并进行实时的修正，不断加深课堂的教学深度。

（二）提升混合学习的教学设计能力

混合学习视域下的教学设计体现了物化技术、智能技术以及各类学习方法的综合运用，并最终通过混合学习环境的构建，实现人文性的渗透，保持理性工具和价值工具张力，促进人的和谐发展为目标的设计。其核心是以提供学生主体进行实践活动和教与学交互的环境，并融入生命活力激发和人文关怀理念。[30]混合学习具有统整性、系统性、开放性、生成性等基本特征，其设计能力考验教师的水平。混合学习要深化深度，需要加深教师的混合学习课堂设计能力。

1. 在理解学习者基础上把握内容

在教学设计过程中，最为重要的是抓住学习者这个根本出发点，这是教学设计的起点、目标和基础。数字化时代的学习者新特征需要通过大数据的渠道进行挖掘整合。加深混合学习的学习深度，需要在理解学习者基础上实现对内容的把握，在内容上实现与学习者的视域融合。教师要真正实现与学习者视域融合的学习内容建设，除了需要发挥大数据对学习者特征全方位的把握之外，还需要把握虚实融合学习空间的构建基础，根据学习目标和教学目标，设计不断提升学习者能力的模块与知识，并能根据学习者学习情况推进不断改变，实现更为持久的兴趣保持以及更为彻底的知识构建。由于在线学习留下更多的学习痕迹，也就更容易实现数据的捕捉。教学设计在内容把握上需要充分利用大数据的支持，与在线学习资源形成相互促进与配合的角色，比如在线学习解决一般性知识的了解，讨论与实践课堂解决知识的内化和实践能力的提升，最终实现对教育内容的准确把握。

2. 设计促进深度学习的混合学习活动载体

学习活动是在特定的学习环境中，在教师有意识的指引下，学习群体通过探索、合作和个别学习，以及师生交互等操作完成特定的学习目标的认知活动，也包括培养学生的技能和态度的活动。[31]学习活动是落实学习任务、促进学习者参与、展现基于体验、实践等形式的教学内容的载体，通常以主题式、任务式、体验式、辩论式、拓展式、模拟式、游戏式等方式呈现。这些活动的主要功能是根据教学内容主动创设各种体验性、探索性、疑惑性的活动模块或者形成富有争议的讨论点，通过学习者主动激活思维、技能探索等方式体会并触发感悟，形成心理语言，并尝试将心理语言显性化（转化为自由语言），参与交流，加深混合学习的深度。活动内容的设计成效，一方面需要教师和教育工作者的观察，需要长时间的积累形成教学智慧，用各种有效策略捕捉促进学习者深度学习的时机；另一方面需要通过有布局的数据捕捉，收集在线系统和相关情境感知的大数据，支持或者说明某类活动在促进深度学习中的价值，进而教师可以通过有意识的改进，提高深度学习在课堂上所占比重。对于学习者而言，在有条件的情况下，可以记录学习过程，呈现学习过程的相关数据，促进自身的反思。这种对学习活动中自我省察能力的培养，是支持深度学习的关键因素。

3. 统整混合学习要素的相关关系

混合学习的本质是各类资源的有机组合。[32]通过组合发挥资源优化效应是混合学习教学设计的基本出发点，也是加深混合学习深度的基本需求。混合学习教学设计能否成为促进深度学习的手段，关键就是看教学设计能否合理地整合混合学习场域构建要素，实现要素的相互支持，以形成目标与任务的相互契合、任务与活动的相互扶持、活动与大数据的相互支撑。混合学习的教学情境，既受到教学要素的影响，又受到在线学习要素的作用，通过在线所链接的外在社会也会干预课堂教学和在线学习。因此，其过程需要用统整性思维合理处置各个要素，将整个混合学习体系中的确定要素和不确定要素进行统筹考虑，发挥各个要素对学习者的积极作用，减少其负性影响。同时，正需要通过大数据研究各种场景与其所支持的学习活动在促进学习者深度学习上的成效，从学习者角度整合各个参与要素实现多场域的转化，实现对学习者主观能动性的激发，提升各个场域的协同作用，加深学习深度。

4. 提高教育大数据对学习分析的支持水平

教学设计的基础是学习分析，依托的是学习分析技术。学习分析技术指的是从教育领域的海量数据中提取隐含的、未知的及有潜力的应用价值信息或模式的工具，实现一种决策辅助的作用。[33]混合学习冲击已有学习模式，成为深化教育教学改革的重要抓手，被赋予高度期待。那么，混合学习到底有无效用，效用体现在哪里，有哪些方面的问题需要持续改进，决定混合学习深度的相关因素是什么？这些问题都有必要通过对学习过程中予以大数据支持——不仅关乎混合学习如何提升学习深度，还关乎混合学习本身的学习效率。在促进混合学习的深度学习过程中，学习分析的作用主要发挥在三个方面：第一，分析各类混合学习内容对学习成效的支持能效；第二，分析混合学习环节对学习成效的支持能效；第三，要分析混合学习活动对学习成效的支持能效。在混合学习场域，因为接入了各类技术，使之加强了分析能力。但从实践来讲，一方面是混合学习捕捉技术不强，另一方面挖掘与应用技术的能力更是存在缺陷。比如我们的教育实践中，教师需要大数据支持，对“用什么教”“何时教”“教得如何”等决策做出学习分析，学习者需要知道“我在学习中的表现”“哪些行为会导致学习效果不好”“需要哪些帮助”等信息，教育管理者需要“什么样的制度环境能促进深度学习”“如何评价深度学习已经发生”“深度学习的相关策略是否产生了效果”等等，而对这些方面目前都没有成熟的算法，相关的研究也刚起步，其难点是在于了解深度学习的相关观测点，以及如何有效收集、测量与分析，探索行为与结果的相关性，进而整合出有意义的内容、设计出富有创造思维激活的学习模块、形成有活力的教学活动，最终实现深度学习所要求的“投入程度、思维层次和认知体验”。

（三）提升教师把控混合学习的能力

混合学习的开放性与包容性促进了各种理念、方法、技术、模式的融合，丰富了课堂形式，同时也加大了教师把握混合学习课堂的难度。教师如果不能把握混合学习流畅运行的基本要求，不能实现实体与虚拟的融合，就容易导致部分教育管理者和教师所观察到的“形式上的热闹”局面。

1. 混合学习的开放本质需要教师多元理论视野

在经典教学理论中，教学是引导学生掌握知识的特殊认识过程。混合学习多方面的使命和丰富的意涵拓展了经典教学理论的范畴，如在加深混合学习中，从学习者思考角度而言，教师可能是一个体验的环境设置者，而不仅只是一个简单的传统教学情境下的知识告知者。教师这种多元角色，需要教育理论的多元支撑。教师需要解构自身理论体系，从社会变迁、文化发展、人口特征等多个维度思考教育问题，认识到课堂多样性、复杂性、灵活性等新特征，批评性地接纳各类流派关于教学的意义、价值等特点的认识，并转化为课堂教学的设计、实施、反思与评价。

2. 深度混合学习所需要的创造性考验教师的引领能力

在分割理论指导下传统的教学操作体系是一个具有高度流程的规则体系，它的高度统一化、精确化和程序化导致了紧密的课题结构和环环相扣的技术课堂特征。[34]设计混合学习的课堂需要整合多类教学方式的优势，再加上深度学习所需要体现的创新性。如何在原来刻板的教学秩序中，引导学习者进行创新性训练，在精神上实现自我超越，在行动上完成知识创新，在意志品质上保持学术精神和严谨态度，本身就是一个巨大的难题。教师一方面需要完成整合各类资源、发挥资源优势的作用；另一方面需要加深学习效果，凸显创新能力培养的思考技巧和质疑技能，促进学习者形成创新能力。教师需要冷静思考混合学习的特征，结合自身在混合学习中的感悟，并与自身科研、教学研究等研究工作结合，体验真正意义上的创新要素和创新过程，转化为自身的经验和智慧，将混合学习课堂导入更深层次的学习。

3. 混合学习的多变形态考验教师的反应能力

在混合学习中，较之于以往传统课堂简单的线性关系，内部之间的各种非线性关系显著增加，各要素的因果联系受到不确定性干预的可能大大提升。预设的教学设计受到破坏，深度学习更是需要聚焦把握引导时机，即刻做出反应，并提供有针对性的训练，帮助学习者深入知识“内部”，寻找创新领域和突破“瓶颈”。在混合学习推进的初期，课堂上经常会出现把握不住方向的状况，需要教师加大知识共享，依托教研活动等基层学术组织开展基于问题和现象的反思、基于成果的经验等多方面的研讨，帮助教师转化为自身的教学机智。正所谓“真正的教学智慧来源于实践，真正的教学理论来源于实践”[35]。

4. 混合学习的技术嵌入考验教师利用技术的能力

教师对混合学习的慌乱，部分原因出于教师自身对技术应用不熟练。尽管计算机应用于教学已经有很多年，但在课堂上，计算机的角色更多的是扮演传统课堂上黑板、粉笔的角色，与混合学习需要的资源整合、学习场域塑造、情境感知技术应用、大数据挖掘等需要还有较大的差距。从笔者对混合学习的田野考察来看，教师经常会陷入操作引起的技术困顿中来，造成教学节奏的打断。要转向大数据的学习分析等技术，对教师而言更是一种挑战。同时，除了技术本身外，教师还需要理解技术对学习者思维、意识、文化等方面的冲击，理解技术背后的哲学关系，支持技术改进混合学习，通过学习分析支持教育的内在价值。

当然，教师对混合学习课堂的把握，尤其是迈向深度学习的混合学习，也不是一朝一夕就能够做到的，需要教师对教学深层次的理性认识，还需要丰富的教学实践和不断的反思，需要应对复杂多变的学习课堂，同时需要适应多方面的教学情境，并形成深刻的洞察力和敏锐的反应能力，针对混合学习过程中的各种问题做出恰当的调整，引导学习者学习的深入。

四、结 语

笔者认为，混合学习并没有降低学习的深度，只要真正把握了混合学习的内涵，掌握大数据分析技术，积累把握混合学习课堂智慧，混合学习应是传统教学方式在学者和学习方面的深化。当然，作为新的学习方式，在理论储备不足、条件展现不充分、教师把握混合学习课堂能力不完全具备的条件下，混合学习冲击了原有课堂教学的完整性，导致了一种"凌乱感"和"浅层"感觉是可以理解的。提升混合学习效率需要从多方面入手，尤其是在教师教学设计层面。同时，在大数据时代，我们不能忽视教育大数据对学习分析的支持价值，用可以量化的数据支持混合学习场域的构建、教学过程的设计和教学实施的把控，还需要挖掘其相关关系，说明和改善混合学习形态，建构一个有证据、有深度、有创新的课堂新形态，使之更加适应新一代的学习者，服务于国家经济转型发展的大局，完成教育使命。

【参考文献】

[1] Ginns, P., Ellis, R.. Quality in blended learning: Exploring the relationship between on-line and face-to-face teaching and learning [J]. The Internet and Higher Education, 2007 (1): 53-64.

[2] 王莹. Blending Learning 理念指导下的英语教学 [J]. 中国电化教育, 2006 (7): 67-69.

[3] 张志祯, 齐文鑫. 提高混合学习有效性的策略 [J]. 中国远程教育, 2007 (04S): 31-33.

[4] 田世生, 傅钢善. Blended Learning 初步研究 [J]. 电化教育研究, 2004 (7): 7-11

[5] 詹泽慧, 李晓华. 混合学习: 定义、策略、现状与发展趋势——与美国印第安纳大学柯蒂斯·邦克教授的对话 [J]. 中国电化教育, 2009 (12): 1-5.

[6] 李克东, 赵建华. 混合学习的原理与应用模式 [J]. 电化教育研究,

2004（7）：1 -6.

［7］［8］［30］吴南中．混合学习视域下的教学设计框架重构——兼论教育大数据对教学设计的支持作用［J］．中国电化教育 . 2016（5）：18 -24.

［9］杜炜，廖锐，唐松林．混沌理论视域下的大学课程变革［J］．高等教育研究，2016（7）：54 -60.

［10］［英］阿尔弗雷德·诺斯·怀特海．教育的目的［M］．靳玉乐，刘富利，译．北京：中国轻工业出版社，2016：66.

［11］曹志平，邓丹云．论科学主义的本质［J］．自然辩证法研究，2001（4）：11 -15，19.

［12］Prensky M. Digital Natices Digital Immigrants［J］．Journal of distance education. 2009（2）：49 -55.

［13］吴南中．数字化生活的教育意蕴［J］．现代教育技术，2015（7）：19 -25.

［14］康淑敏．基于学科素养培育的深度学习研究［J］．教育研究，2016（7）：111 -118.

［15］吴秀娟，张浩，倪厂清．基于反思的深度学习：内涵与过程［J］．电化教育研究，2014（12）：23 -28，33.

［16］付八军．知识经济与高等教育的相关性探析［J］．高等教育研究，2005（3）：12 -16.

［17］2016 年关于全国国民阅读调查报告［EB/OL］．http：//gw. yjbys. com/diaochabaogao/46635. html.

［18］杨帆，穆肃．终身学习能力构成及能力项关系的研究［J］．开放教育研究，2011（6）：81 -88.

［19］李盛聪，于莎．成人终身学习能力建构的实证研究［J］．现代远程教育研究，2015（3）：72 -81.

［20］［法］皮埃尔·布迪厄，［美］华康德．实践与反思——反思社会学导论［M］．李孟，李康，译．北京：中央编译出版社，1998：30.

［21］吴南中，李健苹．虚实融合的学习场域：特征与塑造［J］．中国远程教育，2016（1）：5 -11.

［22］张三花，黄甫全．学习文化研究：价值、进展与走向［J］．江苏高教，2010（6）：15 -18.

［23］裴新宁．学习科学：架构课程发展的新参考系［J］．远程教育杂志，2010（5）：84 -91.

［24］许亚峰，赵博．教师使用学习空间的影响因素研究［J］．开放教育

研究，2014 (10)：102 – 109.

[25] 教育部．教育信息化十年发展规划 (2011—2020) [EB/OL]. http：//www. edu. cn/zong_ he_ 870/20120330/t20120330_ 760603. shtml. 2012. 03.

[26] 陈媛媛．基于活动的情境感知模型与情境感知交互设计 [D]. 大连：大连海事大学，2013.

[27] Marquez，J. M.，Ortega，J. A.，Abril，L. G. &Velasco，F.. Defining Adaptive Learning Paths For Competence – Oriented Learning [C]. In e_ Learning：2008：403 –410.

[28] 陈其晖，凌培亮，萧蕴诗．基于 Petri 网的知识空间建模方法与学习路径控制 [J]. 计算机工程与应用，2007 (12)：10 – 12.

[29] U. S Department of Education，Office of Educational. Enhancing Teaching and Learning through Educaional Data Mining and Learning Analytics：An Issue Brief，Washingon，D. C. [DB/OL]. [2013 – 05 – 20]. http：//www. ed. gov/edblogs/technology/files/2012/03/edm – la – brief. dpf.

[31] 李红美，许玮，张剑平．虚实融合环境下的学习活动及其设计 [J]. 中国电化教育，2013 (1)：23 –29.

[32] 王元彬．混合式学习的设计与应用研究 [D]. 济南：山东师范大学，2006.

[33] 胡艺龄，顾小清，罗九同，陈婧雅．教育效益的追问：从学习分析技术的视角 [J]. 现代远程教育研究，2014 (6)：41 –48.

[34] 田慧生．时代呼唤教育智慧及智慧型教师 [J]. 教育研究，2005 (2)：50 –57.

[35] [加] 马克斯·范梅南．教学机智——教育智慧的意蕴 [M]. 李树英，译．北京：教育科学出版社，2001：273.

【作者简介】

彭飞霞，讲师，重庆广播电视大学/重庆工商职业学院创新教育学院。

阳雯，教授，重庆广播电视大学/重庆工商职业学院创新教育学院。

感 谢

本文是作者发表在《现代远距离教育》2017 年第 2 期第 31 – 39 页上的文章。为此，作者对《现代远距离教育》期刊社表示感谢。

我国高职教育面向东南亚地区发展的路径与调适

朱理东

【摘　要】从中国与东盟正式建立“战略伙伴关系”到“21世纪海上丝绸之路”发展倡议的确立，中国已经成为东盟的第一大贸易合作伙伴，中国在东南亚地区的经济影响越来越大。在就业的驱动下，中国高等教育尤其是高等职业教育对东南亚地区学生的吸引力越来越大。由于东南亚地区高等职业教育存在人才培养与市场需求脱节、师资匮乏且师资实践能力不足等内在问题，以及我国与东南亚地区国家政府间的合作平台搭建、“21世纪海上丝绸之路”发展倡议等外在支持，使我国高等职业教育搭建东南亚合作平台成为必然。我国高职院校可通过对东南亚地区开展基础性援助、开展师资培训交流合作、开发当地生源、开发海外实习项目等进行国际合作探索。

【关键词】高等职业教育　东南亚地区　21世纪海上丝绸之路　国际化

在国际化视野的引领下，我国加入世贸组织，提出并践行“一带一路”倡议，积极开拓与他国合作渠道，把国外先进的经验引进来，把国内好的产品送出去，以谋求经济、科技、教育等领域的全面繁荣发展。高等职业教育作为我国高等教育的重要组成部分，办学面向世界、走向全球化已经成为必然趋势。

一、高等职业教育国际化及其内涵思考

（一）高等职业教育国际化的概念解读

关于高等职业教育国际化的概念，学者们从不同的角度进行了分析。有的学者从人才培养目标角度出发，认为高职教育国际化是指：“国内高职教育与国际教育机构、国际企业的交流合作，培养具有国际发展意识、国际交往能力和国际竞争力的高素质劳动者和高技能人才的过程”[1]。还有的学者从过程论层面出发诠释高等职业教育国际化的内涵，认为这“是一个综合而又完整的教育

过程，强调对培养对象——人的塑造和激发，使之趋向于合乎共同标准的教育活动”[2]。另有学者从政府间合作的视角作了界定，认为高职教育国际化是“在经济全球化的大背景下，各个主权国家在高级技术应用性教育方面相互交流、相互借鉴的过程”[3]。

（二）高等职业教育国际化的“双向内涵”

不管是基于人才培养目标视角，还是从过程探索与合作主体角度出发探讨高等职业教育国际化这一概念，笔者以为，根据高等职业教育面向社会培养实用型、高技能人才的办学特征，高等职业教育国际化应当是一个“双向”过程。一方面，进行高等职业教育领域的政府间、院校间、社会组织间的国际化合作，学习国外高职教育领域先进的办学理念、课程设置体系、人才培养模式、师资培训方案等，促进我国高等职业教育自身的国际化发展，这是高职院校“内在”的国际化；另一方面，除了向他国学习，我国高等职业教育还应当面向世界，走出国门，积极开拓职业教育领域的全球化市场，这是高职教育“外向”的国际化。

（三）研究视野的选择

“内在”的国际化之路，我们已经走得很远并走得很好，如国内一些高职院校已经与德国院校合作，搭建中德职业教育合作平台，学习其双元制的职业教育模式，已经取得了良好的效果。高职院校的“外向”国际化，意味着高职院校要向世界推销自己的理念与做法（办学）、推销自己培养的人才（就业）、推销自己的师资（师资合作）。向谁推销是一个值得深思的议题。对西方发达国家而言，其高等职业教育发展已显成熟，从市场竞争力层面考虑，国内的高职院校学习交流的意义与价值要高于市场开拓。而目前处于发展期的东南亚地区国家（特别是该区域的发展中国家）的高等职业教育领域，不管是历史的传承还是发展的机会，都是我国高等职业教育谋求“外向”型国际化的优质合作对象，我国高等职业教育面向东南亚地区的国际化发展值得深入探索与思考。

二、我国高等职业教育搭建东南亚合作平台的必然性思考

（一）东南亚地区高等职业教育领域已经意识到必须向外“取经”以弥补自身的不足

传统教育理念与市场需求的“脱节”。东南亚地区，特别是在一些发展中国家如柬埔寨、老挝、缅甸等，传统教育理念已经不能满足该区域市场对技能型人力资源的需求。我们通过考察东南亚地区的教育发展史，不难发现，早期阶段，在由贵族精英统治的传统社会里，有机会受教育的对象是社会上层阶级，而受教育的目的是进入官场，这种“读书做官”传统理念的影响根深蒂固，体

现在整个高等职业教育领域就是“民众对职教不像普教那样重视，报读职教仅仅是因为考试成绩低的无奈选择。高端技术专业匮乏，影响产业的转型升级”[4]。但是，在全球经济高速发展的大背景之下，东南亚地区国家特别是其中的发展中国家要抓住契机谋求发展，就必须要依托高端技能实现产业的现代化转型，这就需要大量的高质量技术型人才的支撑。有学者就曾将1997年爆发的东南亚金融危机直接归因于“职业教育结构单一，专业设置滞后且与经济发展脱节，未形成服务经济的职业教育优先发展机制，未能发挥引导经济发展的功能”[5]。

学科构建及课程设置没有体现职业性，教学基础设施与设备的资金投入不足。高等职业教育作为特殊的人才培养模式，职业性是其显著特征之一。然而，在东南亚地区的许多国家，高等职业教育常常被划入普通高等教育领域，不管是学科构建还是课程设置，更多地体现浓浓的学术氛围，而职业性却被忽略了。在学科建设方面，社会人文学科，如法律、师范、经济等，占了高等职业教育领域的大半壁江山，而与科学技术相关的学科设置较少。高职教育与高等教育学科设置的混同，直接后果就是产学脱节，削弱了高职毕业生在就业市场上的竞争力。一些国家如柬埔寨、缅甸，经济才刚刚起步，官方财政对高等职业教育的投入非常有限，应用于高等职业教育的教学基础设施与设备等硬件设施远远滞后于教育发展的需求。即使是高等职业教育发展得相对较好的泰国，也面临着教学硬件与软件欠缺的困境——由于资金投入的限制，缺乏实训设施与设备，以网络为支撑的多媒体教学模式无法广泛推广。而在柬埔寨，基础教学设施与设备匮缺体现得更加明显，以计算机实训中心为例，即使是该国的一些本科院校也难以拥有与教学相匹配的计算机实训中心。

（二）师资匮缺是当前东南亚地区职业教育发展面对的普遍性难题，师资方面的国际合作需求迫切

相较于普通高等教育，高等职业教育在师资方面根据其办学特色及育人目标有其独特的要求。一般本科院校强调任职教师的理论积累与学术涵养，而高职院校的授课教师则除了必须具备一定的理论知识储备之外，对教师自身的职业性与技能性的要求是必不可少的。因此，高职院校的授课者必须是既是教师又是技师的“双师型”教师。

然而，当前东南亚地区特别是该地区的发展中国家高等职业教育领域正面临着专业师资匮缺的难题。从师资来源渠道来看，大部分从事高等职业教育的教师缺乏在企业的实战经验，他们几乎都是大学应届毕业生，直接从一个校园跨入另一个校园；从师资的素质提升方面来看，校方鲜有安排专业师资培训，或为教师提供到企业实践的机会，教师似乎也把自己定位为传统的理论知识的

授课者。苏丹伊德里斯师范大学教授 Ramlee Mustapha 在“第 11 届亚洲职业教育学会学术年会”上就指出，柬埔寨、老挝、缅甸、越南等国家职业教育师资方面存在的大问题就是“缺少行业经验，没有教师专业发展计划”。

师资方面教育与行业的脱节，大大削弱了东南亚地区的高等职业教育的“职业性”，这是当前东南亚地区发展职业教育面临的普遍性难题。当然，我国的职业教育领域也曾经遇到类似的问题，但是经过不懈的努力，我们已经通过建立“双师”队伍、教师到企业实践、聘任企业行业专家到校任职等途径解决了这一难题，在师资培养方面，我们已经积累了一些先进经验，这是可以与东南亚地区交流合作的。

（三）政府间合作平台的搭建，为我国职业教育走向东南亚提供了有力的官方支持

近年，我国与东南亚地区国家政府间在高等职业教育领域方面合作频繁。由中国教育部、外交部及贵州省人民政府主办的“中国—东盟教育周”，为我国高等职业教育走向东南亚地区提供了一个交流办学理念、分享教学智慧、合作共赢共同发展的互动平台。在第七届“中国—东盟教育周”“中国—东盟职业技术教育与培训峰会”上，东南亚教育部长组织职业技术与培训中心主任就希望“能与中国加强职业技术教育等领域的合作，同时推动合作模式与交流学习机制化”。中国—东盟中心秘书长马明强也说“240 余所职业技术院校都有强烈愿望与中国职业技术院校合作”。[6]

为了开拓东南亚高等职业教育市场，并支持东南亚发展中国家培养高素质技能型人才，实现双边合作共赢，我国高职教育领域已经迈出了一步。目前，我国已经在多个省市开设了面向这些国家的职业教育培训中心，如贵州的职业教育培训中心，已经开始接受来自柬埔寨等国家的留学生，为他们提供农业、医药、对外汉语等方面的培训。高等职业教育领域的政府间对话与合作，为我国职业教育走向东南亚提供了有力的官方支持，有利于我国高等职业教育事业在东南亚地区的长期稳定发展。

（四）“21 世纪海上丝绸之路”发展倡议的形成，为我国高等职业教育开拓东南亚教育市场提供了有利契机

“21 世纪海上丝绸之路”发展倡议源于 2013 年习近平总书记访问东南亚地区国家时，发出开拓“海上丝绸之路”共谋发展的倡议，2015 年由国家发改委、外交部、商务部三部委发布《推动共建丝绸之路经济带和 21 世纪海上丝绸之路的愿景和行动》确定为国家发展倡议。“21 世纪海上丝绸之路”发展倡议的提出与践行，标志着中国与东南亚各国在经济、技术、教育、文化等领域的合作进入新的发展阶段，也为我国高等职业教育“引进来，走出去”，开发东

南亚市场提供了有利契机。以马来西亚为例，通信企业的华为、中兴、小米已经在此开辟了海外市场，房地产企业如碧桂园等已经入驻该国，石化企业中石化也已经在该国发展，国内金融机构如中国建设银行、中国银行等也已经落地马来西亚，还有若干的重大工程建设项目也已经达成协议。如此多的中资企业、重大建设项目的入驻，对高等职业教育领域而言，我们看到一个庞大的“走出去”的机会，高职院校可以以此为契机，把学生送出国门，到这些国家实习、就业甚至创业。

在华为、联想、小米等企业走向东南亚开辟商机的同时，随着政府间交流的加深，我国高职教育也要抓住机会“引进来”，开发东南亚高等职业教育市场。在此，以美国为例，当前，中国很多家庭只要经济条件许可，更愿意送孩子到美国完成大学教育甚至中学教育，所以，美国教育产业的很大一笔收入来自中国市场。对东南亚国家而言，随着政府间交流的加深，与中国经济往来愈发频繁，大批中国企业的入驻，大量中方投资的注入，在就业的驱使之下，中国高等职业教育对当地国民的吸引力也会越来越大。因此，可以把东南亚地区发展成为中国高职教育的海外生源地。总而言之，职业教育是我国履行大国责任的重要手段，通过帮助合作国发展职业教育、为“走出去”的目标国家和地区培养当地人才，实现互利双赢。[7]

三、我国高等职业院校在东南亚地区发展的径路探索

（一）开展基础性援助，帮助东南亚地区高等职业技术教育领域弥补自身的“不足”

中国高等职业教育在国际化的历程中，在向德国、澳大利亚、美国等国家学习先进理念与经验的同时，也要具有“大国精神”，与东南亚地区特别是柬埔寨、老挝、缅甸等国家分享自己的办学经验与办学成果。针对高等职业教育缺乏职业性的情况，我们可以通过项目合作，参与这些国家高职院校的专业设置评估、人才培养方案的制订、课程开发等活动，将相关的做法、成果与对方分享。针对教学基础设施与设备匮缺的问题，可以在政府的牵头下，由高职院校一对一地进行援助，提供科研设备、建设实训室等。德国就曾向印度高校的20个实验室提供了完备的设备，提供急需的新实验室。在中国—东盟中心主导下，我国也已经向缅甸、泰国、印尼捐赠了相应设备。

（二）开展师资培训方面的交流合作，推动中国与东南亚地区高职教育的共同发展

如前所述，Ramlee Mustapha 教授指出，东南亚地区高职师资队伍及其建设已经面临着很大的挑战，纯学术的学者型教师与高等职业教育的课堂需求已经

不相匹配，这一领域需要既具备理论知识又具备行业阅历的有经验的教师。面对东南亚诸国在高职领域的师资需求，双方通过达成师资培训合作协议，我国高职院校可以派出优秀教师、行业专家团队到有需求的国家，提供有针对性的师资培训。必须要注意的是，师资培训要有针对性，要体现高职教育职业、产学结合的特征，既要包括专业技能的展示，也要有行业最新信息的传递，还要有教学技巧的分享，同样也要有办学管理经验的交流。同样，也可以在国内建立“中国—东南亚职教师资培训中心”，设立相应的基金项目，吸引东南亚高职教育领域的教师与管理者到中国学习。

（三）开发东南亚地区生源，吸收东南亚地区的学生到中国高职院校留学

一国能否更多地吸引外国留学生，一方面表明由该国经济发展水平所决定的教育政策的对外开放度；另一方面也表明该国教育资源所具有的绝对或相对比较优势的充分发挥度。[8]从中国与东盟正式建立“战略伙伴关系”到“21世纪海上丝绸之路”发展倡议的提出并践行，中国已经成为东盟的第一大贸易合作伙伴，中国在东南亚地区的经济影响越来越大，当地人力资源市场的直接反馈就是熟悉中国情况的人才越来越受到欢迎，在就业的驱动下，中国高等教育特别是高等职业教育对东南亚地区学生的吸引力越来越大。据数据统计，截至2015年，在华的东盟国家留学生已达7.1万人，在来华留学前十五位的生源国中，印度尼西亚有12 694人，泰国有19 976人，越南有10 031人，老挝有6 918人，马来西亚有6 650人。随着高职院校留学生队伍中东南亚地区学生人数的增加，且通过东南亚留学生向国内的信息回馈，有利于在东南亚地区塑造中国高等职业教育品牌，有利于中国高等职业院校在东南亚区域的职业教育输出。因此，招收东南亚地区留学生，对高职院校本身乃至中国整个高等职业教育事业面向东南亚的可持续发展意义重大而深远。

（四）产学结合，开发东南亚区域海外实习项目

高等职业教育的显著特征是职业性，产学结合、建设与开发实习基地是实现其职业性的有效途径。中国高等职业教育开发东南亚区域海外实习项目具有三方面意义。一是对高职院校自身而言，东南亚海外实习基地的建立有利于扩大院校的国际知名度，有利于提升院校的国际竞争性，吸引更多的国际生源。二是对学生而言，东南亚海外实习基地不管从距离还是经济因素方面更易被接受，且通过接触不同的风土人情、专业技能与业务模式，有助于使学生视野更加开阔。三是通过派送学生到东南亚区域海外实习基地实习，有利于解决高职毕业生的就业问题。海外实习基地的开发，可以借鉴香港地区院校主动联系，积极拓展，规范管理，持续合作的开发理念，及校际合作、校企合作、校地合作、高校与NGO（非营利组织）合作的实施模式。[9]

四、中国高等职业教育在东南亚地区的“输出”与“融入”的调适

（一）了解当地人文风俗习惯，融入“输入”地区

虽然东南亚诸国与中国历史渊源有一定的共通性，早期移民的华人群体也在某种程度上将中华文化移植到了当地社会中，有的国家还保持着庆祝中国传统节日的习俗，如越南依然在使用农历，并过春节。但是，东南亚地区自然环境、经济发展、宗教信仰、民众习性等方面还是与中国有很大差异。商品经营者在把一件商品投入市场之前，必然要对该市场与它的受众做一个详细的考察。中国高等职业教育在东南亚地区开展教育输出同样如此，环境、经济、宗教、政治等都是需要关注的因素。如泰国、柬埔寨大部分国民信仰佛教，虔诚且讲究，随着泰柬两国教育体制的改革，僧侣也开始进入大学校园接受高等教育。尊重当地民众的宗教信仰，提前了解当地的宗教禁忌，也是中国高等职业教育在东南亚地区“入乡随俗”要做的必要功课。

（二）解决语言沟通问题是顺畅“输出”的关键

从中国企业开拓海外市场的经历来看，企业品牌能否为当地公众熟悉、产品能否为本土消费者接纳，语言沟通是必须要克服的“瓶颈”。在中国“高铁出海”项目中，语言障碍成了该项目顺利推出的一道“门槛”，仅以“中国高铁标注规范”为例，各企业各显神通予以翻译，导致翻译中“黑色幽默”频出，如将“刮雨器”译为“擦布”，让外国客户百思不得其解。中国高等职业教育走向东南亚，要以中国企业“出海”的语言困惑为鉴，提前为“出海”做好语言文化方面的准备。东南亚地区语种纷繁复杂，以国家为划分标准，包括越南语、泰语、印尼语、缅甸语、柬埔寨语、老挝语、马来语等。在东南亚地区，由于曾被殖民的历史背景，马来西亚、柬埔寨、印度尼西亚等国家英语有很高的普及率，因此，英语的熟练运用是克服语言障碍的有效途径。中国高等职业教育走向东南亚，具体而言，需要从师资的语言培训、学生的语言训练、教研设施的语言匹配三个方面入手。师资方面，可以针对教师及工作人员提前开设海外项目师资英语培训课程，扫清教师、工作人员在海外教学或业务往来中的语言障碍。在选拔参加东南亚海外项目的学生时，要将英语水平作为考核标准之一，并在确定人选后要针对这些学生开设专业英语培训课程。在教研设施的语言匹配方面，如捐赠的教研设施设备要匹配相应的双语说明。

（三）共享交流不能流于形式

中国高等职业教育要走向东南亚地区，以教育“输出”为主，实现教育领域的互惠互利、共享交流，必须建立长期稳定的有效发展径路。近几年，依托

官方合作平台"中国—东盟教育交流周"等，官方的职业技术交流活动频繁，中国广西、云南、四川等省、市、区已经为东南亚各国培养职业技术人才，各高职院校也开始搭建东南亚地区高职合作平台。然而，中国高等职业教育面向东南亚地区的国际化发展仅仅是做出了初步的尝试，在第七届中国"中国—东盟教育交流周""中国—东盟职业技术教育与培训峰会"上，东南亚教育部长组织职业技术教育与培训中心主任提出："希望通过深入、严谨、系统的对话与交流，与中国一同探索职业技术教育的全球发展规律。"[10]在具体的实践中，缺乏"输出"主动性、缺乏持续性、项目设置不合理已经成了中国高等职业教育走向东南亚的共性问题。有的院校没有前瞻性，将东南亚地区视为"苦寒"之地，将合作项目视为政府布置的作业，甚至一些项目因为没有派出人选而流产；一些合作项目，在协议签订后，双方交换几个学生，捐助一笔财物后就再无下文；一些项目在师资配备、课程规划等方面设置不严谨。中国高职教育在东南亚区域持续发展，要与当地的政府、院校、企业形成稳定的合作关系，缺乏输出主动性、缺乏持续性、项目设置不合理三个问题必须予以解决。

【参考文献】

[1] 刘正良. 高职教育国际化的结构适应性与对策思考 [J]. 职业技术教育，2008 (28): 72-75.

[2] 陈保荣. 我国高等职业教育国际化发展及对策研究 [J]. 职教论坛，2012 (1): 15-18.

[3] 杨旭辉. 高职教育工作者国际化: 内涵、标准与策略 [J]. 中国高教研究，2006 (12): 64-65.

[4] [5] 邹一戈，冯增俊. 当代东南亚国家职业教育发展特点及战略走向 [J]. 比较教育研究，2010 (11): 74-77.

[6] [10] 中国—东盟职业教育合作健全机制是关键 [EB/OL]. http://news.ifeng.com/a/20140902/41832215_0.shtml，2016-09-02.

[7] 冯宝晶. "一带一路"视角下我国职业教育国际化发展的理念与路径 [J]. 中国职业技术教育，2016 (23): 67-71.

[8] 杨文武. 印度吸引外国留学生现状分析 [J]. 南亚研究季刊，2005 (2): 69-75.

[9] 陈雁. 香港地区高校大学生海外实习实训项目对内地高校的启示 [J]. 东华大学学报: 社会科学版，2014 (1): 33-36.

【作者简介】

朱理东，讲师，重庆广播电视大学/重庆工商职业学院城市建设工程学院。

感　谢

本文是作者发表在《职业技术教育》2017 年第 8 期第 20－24 页上的文章。为此，作者对《职业技术教育》期刊社表示感谢。

高职院校质量保证体系：问题聚焦与对策分析*

胡　娜

【摘　要】本文以新近完成验收的100所国家骨干高职院校作为研究样本，对46所涉及质量保证体系建设的院校进行比较分析，总结出骨干高职院校内部质量保证体系建设的示范性经验与面临的主要问题，并从界定内部质量主体、进行宏观模式构建、建立高职院校内部质量保证体系评估机制，以及建立质量保障机构、充分利用信息技术、构建网络化监控体系等方面提出了基本要求与对策建议。

【关键词】高职院校　人才培养　质量　保证体系

一、引　言

根据《教育部、财政部关于进一步推进“国家示范性高等职业院校建设计划”实施工作的通知》（教高〔2010〕8号）要求，继100所示范院校之后，新增100所左右骨干高职建设院校，从2010—2015年分批建设。2015年12月，教育部又出台了《高等职业院校内部质量保证体系诊断与改进指导方案（试行)》(教职成司函〔2015〕168号)，将高职院校内部质量保证体系建设纳入法制化建设进程。国家对发展高等职业教育的重视达到了前所未有的高度，为推动高等职业教育发展，促进高等职业院校（以下简称“高职院校”）建立常态化自主保证人才培养质量的机制，引导和促进高职院校完善内部人才培养质量保证体系建设，提升内部质量保证工作成效，持续提高人才培养质量奠定了坚实的基础（教育部，等，2015）。截至2016年2月1日，国家示范性高职院校建设计划项目建设已基本结束，99所院校通过验收。为此，本文选取新近完

* 本文系重庆广播电视大学科研项目“高职院校内部质量保证体系诊断与改进研究”（项目编号：ZD2016－10）阶段性研究成果。

成验收的高职院校作为研究样本，对国家骨干高职院校质量保证体系建设的情况进行比较分析，总结取得的实践成果与经验教训，提出高职院校内部质量保证体系建设的对策建议，以期为高职院校广泛建立科学有效的内部质量保证体系提供借鉴和参考。

二、研究样本选择与分析

（一）样本选择

截至2016年2月，教育部、财政部分别对第一批、第二批、第三批高职院校建设项目组织了验收，建设院校目标任务基本完成，成效显著，创新办学体制机制，推进合作发展，增强办学活力；深化教育教学改革，优化专业结构，加强师资队伍建设，完善质量保障体系，提高人才培养质量和办学水平；深化内部管理运行机制改革，增强高职院校服务区域经济社会发展的能力，实现行业企业与高职院校相互促进，区域经济社会与高等职业教育和谐发展等方面具有示范引领作用，具体验收结论见表1（教育部等，2013，2014，2016）。本文选取这三批已完成验收并引领了全国高职院校改革与发展方向的骨干高职院校作为研究样本，选择其验收材料中涉及内部质量保证体系建设的院校进行重点分析。

（二）样本分析

通过分析国家骨干高职院校验收项目总结报告、骨干验收其他资料、各学校网站信息及电话访问等方式，笔者发现，其中46所骨干院校验收项目总结报告中涉及质量保证体系建设的相关内容，46所院校无相关建设内容，7所院校骨干验收材料无法正常显示，仅1所院校未参加2015年度第三批验收，验收结论为“不通过”。针对7所院校验收材料无法显示的问题，笔者联系了中国高职高专教育网骨干建设专栏技术管理方——宁波职业技术学院，同时电话咨询了这7所院校，试图获取相关材料，得到的答复是“我们未对相关建设材料备份”，或者是“校方认为相关资源信息已不适于对外公开”。因此，剔除未参加验收及无法获取建设资料的院校，骨干高职院校验收材料涉及内部质量保证体系建设的比率并不高，仅50%（见表2）（中国高职高专教育网骨干院校建设专栏，2015）。

表1　骨干高职院校建设项目验收结论

验收批次	验收总数	优　秀	良　好	通　过	暂缓通过	不通过
第一批	39	18	12	9	0	0

续 表

验收批次	验收总数	优 秀	良 好	通 过	暂缓通过	不通过
第二批	30	15	10	3	2	0
第三批	33	8	12	12	0	1

表 2　骨干高职院校内部质量保证体系建设有无情况

建设批次	有相关建设内容			验收材料无法显示	无相关建设内容	合 计
	优 秀	良 好	通 过			
第一批	11	8	3	2	15	39
第二批	7	5	1	5	10	28
第三批	3	3	5	0	21	32
合计	46			7	46	99

本文重点研究上述46所骨干高职院校验收材料中涉及内部质量保证体系建设的情况。

三、骨干高职院校内部质量保证体系建设情况分析

通过对46所高职院校验收文献、学校网站信息资源的分析，以及笔者参与高职院校建设项目的验收与电话咨询，结果显示，有15所院校进行了宏观模式构建的实践性探索（见表3）（中国高职高专教育网骨干院校建设专栏，2015），大体上可以将它们分为三类。第一类：构建了以“主体责任”为特征的质量保证体系模式，共有9所院校，占比为60%。如河南工业职业技术学院的“校—系—学生三层次，学校—企业—社会三主体”的人才培养质量监控与评价体系，南京化工职业技术学院的督与导相结合的“教”“学”“管”三位一体的人才培养质量监控体系。第二类：构建了以“行业质量标准”为支撑的质量保证体系模式，共有3所院校，占比为20%。如济南铁道职业技术学院的ISO9001质量体系，南通航运职业技术学院的质量管理体系质量手册监控体系。第三类：构建了以“事件集”为特征的质量保证体系模式，共有3所院校，占比为20%。如内蒙古机电职业技术学院的组织、评价、制度、信息反馈四个子系统的质量保证体系，唐山工业职业技术学院的目标、组织、信息三个子系统的质量保证体系。

表3　15 所骨干高职院校内部质量保证体系模式

类　别	总　数	骨干院校名称
第一类	9 所	河南工业职业技术学院、襄樊职业技术学院、江西应用技术职业学院、常州机电职业技术学院、青海交通职业技术学院、十堰职业技术学院、哈尔滨职业技术学院、深圳信息职业技术学院、南京化工职业技术学院
第二类	3 所	海南经贸职业技术学院、南通航运职业技术学院、济南铁道职业技术学院
第三类	3 所	陕西国防工业职业技术学院、唐山工业职业技术学院、内蒙古机电职业技术学院

从已有的实践经验来看，多数院校从主体责任出发构建内部质量保证体系，并依据主体岗位责任设置质量保障机构。第一类院校吸纳企业、社会广泛参与教学质量监控评价，如河南工业职业技术学院在骨干院校建设期间，构建和完善了与工学结合人才培养相适应、以就业水平和企业满意度为核心指标的“校—系—学生三层次，学校—企业—社会三主体”的教学质量监控与评价体系，聘请企业和社会人员共同参与教学质量监控与评价，吸纳企业人员参与教学督导工作，聘请企业兼职教师对顶岗实习等校外实践教学进行指导与评价，增强教学质量监控与评价工作的开放性和有效性。

第二类院校主要结合自身行业背景，以行业质量标准为支撑进行了质量保证体系的探索实践。如南通航运职业技术学院在国家骨干高职项目建设期间，针对国际公约的新修正案、国家海事局出台的一系列海事法规、教育主管部门印发的一系列新规章制度和交通运输行业的新要求，结合学院实际情况变化，及时启动并顺利完成教育质量管理体系文件的修订，形成了《南通航运职业技术学院教育质量管理体系质量手册》。南通航运职业技术学院的教育质量制度管理体系得到审核专家组的认可，该质量管理体系文件符合有关法律法规的要求，并在规定的 12 个要素基础上创新地增设了 3 个质量要素。

第三类院校主要是以“事件集”为特征的质量保证体系模式。如陕西国防工业职业技术学院在国家骨干高职项目建设期间，构建了陕西国防工业职业教育集团办学模式下的教学质量监控评价与保障体系。该体系主要由教学质量管理理念系统、教学质量管理文件系统、教学质量管理组织系统、教学质量管理业务流程系统、教学质量评估系统组成，质量目标和教学环节的质量标准组成目标体系。教学质量监控评价与保障主要由职教集团的质量监控中心和学院质量控制中心实施，实行企业信息员制度、学生信息员制度、教学督导制度。通过教学运行系统、信息反馈系统形成了教学质量管理机制。通过网络化教学质量评估系统，实施远程评价，建立了行业、企业、学校、学生多方共同参与的教学质量评价机制。

46 所院校验收文献中提取的质量保证体系建设中的微观关键环节，包括多方评价、信息反馈、质量标准、过程监控、质量制度、组织体系等，每所院校内部质量保证体系对各实施关键环节有不同的侧重（见表 4、图 1）（中国高职高专教育网骨干院校建设专栏，2015）。

表 4　46 所高职院校内部质量保证体系实施关键环节

	多方评价	信息反馈	质量标准	过程监控	质量制度	顶岗实习管理	ISO 质量体系	组织体系
数量	36	27	22	21	19	6	4	16

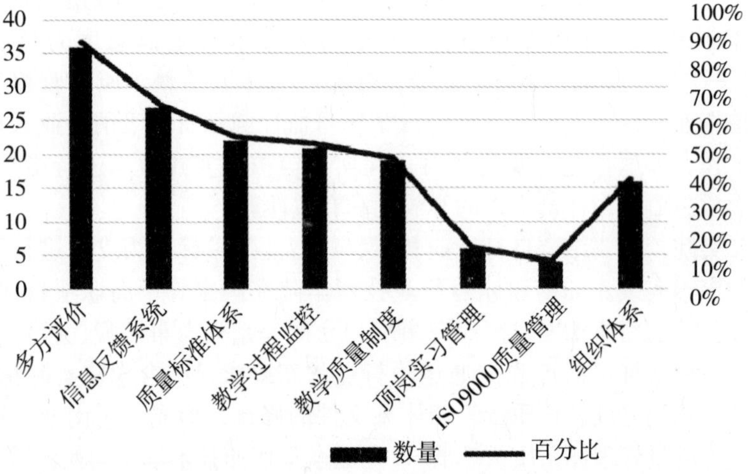

图 1　46 所高职院校内部质量保证体系实施关键环节比例图

从表 4、图 1 可以看出，超过半数的学校都在多方评价、信息反馈、质量标准、教学过程监控四个方面进行了详细的规划和建设，有 40% 以上的学校在质量制度、组织体系方面进行了重点建设，另有不足 20% 的院校在顶岗实习、ISO9000 教育质量管理方面进行了探索性建设。

四、骨干高职院校内部质量保证体系建设的示范性经验

通过实证样本分析发现，骨干高职院校内部质量保证体系建设取得了比较明显的示范性经验。

（一）界定内部质量主体，进行宏观模式构建

从100所骨干高职院校建设实践来看，界定与学校内部质量紧密相关的主体有学校（教师和教辅人员）、学生（在校生和毕业生）、家长和用人单位。因此，高职院校内部质量保证体系建设大多从这四个主体出发进行宏观模式构建，并结合不同学校的行业背景、“事件集”等构建微观关键环节具有差异性的内部质量保证体系。

（二）内外交互共管，引入多方评价

职业院校办学质量评价不仅要建立健全内部质量管理体系，而且要特别关注来自外部的评价。为适应合作办学、开放办学的需要，必须建立基于“多方评价”机制，引入学生和学生家长、行业企业、用人单位、新闻媒体以及学校教职员工等作为开放式评价体系的评价主体。样本中超过90%的院校实现了内外交互共管并引入多方评价。

（三）结合院校发展定位，建立质量标准体系

人才培养质量标准体系是对高职院校的人才培养质量实施评估、做出诊断、提出完善建议的标准操作过程的总称（彭慧芬，2014）。该过程的质量保证作用就是根据院校实际以及上级教育行政主管部门的要求，制订学年、学期的人才培养质量计划，并在此基础上形成教学检查的标准化制度文本和操作流程的管理规范。样本中超过50%的院校建立了质量标准体系，成功将专业人才培养方案升级为技术标准中的专业标准，管理标准覆盖学校教学管理的各个方面，充分体现了学校管理的规范性和一致性。

（四）督与导相结合，建立双主线管理模式

样本中超过50%的院校建立了“双线运行”的工作机制。实施“教学运行”和“教学监控”两条线的管理模式，“双线”独立运行，又互相沟通、相互促进（常州机电职业技术学院，2015）。教务处主要职责为“导”，负责教学运行一条线，主要从教学管理职责、教学资源管理、教学过程管理三个过程的管理保证人才培养质量；监督部门主要职责为“督”，负责教学监控一条线，主要从人才培养质量评价、分析与改进这一过程的管理保证人才培养质量。

（五）多管齐下，实施教学过程监控

样本中有54%的院校建立了教学过程监控机制，成立了学院、企业、学生

三支质量监控队伍，对教学秩序、课堂质量、课程资源情况、校外实习管理等方面进行全过程监控。

（六）出台配套制度，实施依法治校

样本中有49%的院校依据国家颁布的有关法律、法令、条例、规则，结合学校的实际情况，出台配套的质量制度，建立健全了学校管理的各项规章制度，形成比较规范、系统、完善的管理制度体系，为教学的正常运行提供法规和制度保证。

五、骨干高职院校内部质量保证体系建设面临的主要问题

（一）人才培养目标定位不清晰，对内部质量保证体系建设重视不够

国家关于高等职业教育人才培养方向和目标的定位很明确，但许多高职院校在实际操作的过程中一味地模仿本科院校的人才培养模式，贪图“又大又全”的办学方式。而高职院校人才培养的目标是“杰出技术技能人才”，它的应用性、实践性才是区别于本科院校的根本。这种形态目标的把握程度存在一定的难度，相关理论研究不够深入导致实践理性价值、形式和过程的偏离。从骨干高职院校的验收材料来看，92所骨干高职院校仅46所建立了内部质量保证体系，仅6所院校建立了学生顶岗实习质量监控系统。可见，绝大多数院校对内部质量保证体系建设重视不够，对实习实训质量管理的建设投入还相当不足。

（二）“互联网+”信息技术运用不充分，与移动互联的大环境沟通不畅

从骨干高职院校建设的实践来看，仅南京化工职业技术学院1所院校运用网络信息技术B/S构架模式自主研发了督查督导管理专用平台系统，通过“制定标准、组织实施、检查评价、反馈修正”四个环节对人才培养全过程实施监控（南京化工职业技术学院，2015）。另有5所院校，利用互联网建设了顶岗实习管理监控平台，可实现对校外顶岗实习学生的远程质量管理，但是平台功能单一，没有形成质量全面管理的体系化。仅有极少数院校对“可移动终端媒介+教育”的方式进行了探索，目前的探索实践大多聚焦于一个点，多以在线课程学习为主，更像是传统课程的空间延展。总的来讲，还没有一所院校广泛利用可移动终端媒介来构建校内质量保证体系，真正实现全覆盖的教育教学管理，全面保证人才培养质量。

（三）教学过程管理的实效性不强，学生的中心地位不突出

总的来看，骨干高职院校质量保证体系对教学过程的管理大多停留在制度规定上，如教学检查制度、学生信息员制度、领导干部听课制度等。值得注意的问题是，由这些制度搭建的信息采集机制时效性极差，如学生信息员制度、

领导干部听课制度多是采用月末集中汇报，1 个月之后再来分析解决 1 个月之前发生的问题，这样的管理效率在信息时代只能被淘汰。高职院校内部质量保证体系最重要的环节是实时监控、评价反馈，在院校内部质量保证体系的运行中，学生的主体地位永恒不变，其他一切派生因素都必须紧紧围绕学生主体角色，“以学生为中心”的思想需贯穿内部教学质量保证体系的始终，但现实的差距太大。

（四）真正借用 ISO9000 管理理念的院校不多，教师缺乏可持续发展的空间

数据表明，在 ISO9000 教育质量管理方面进行探索性建设的高职院校只有 10%，数量太少。利用 ISO9000 标准管理中的计划（Plan）、执行（Do）、检查（Check）、处理（Action）方法（简称为 PDCA 方法）方法对教学全过程进行质量监控与改进的院校更少。同时，大多数骨干高职院校缺乏对教师职业岗位知识、技能、心理、责任等素质要求的定量分析，多是沿袭传统的岗位说明模式。由于教师资源紧张，加之院校没有足够的财力、物力支持教师多样化的培养计划，缺乏对现有教师资源的可持续发展支持机制，因此，一些教师的知识与能力结构随着时间的推移越发显得不合理。

六、完善高职院校内部质量保证体系的基本要求与对策

（一）基本要求

1. 加强顶层设计，明确人才培养目标定位

完善内部质量保证体系的根本目标就是要提高人才培养质量和办学水平。从国家层面看，国家关于高等职业教育人才培养方向和目标的定位非常明确。但许多高职院校在实际操作的过程中，一味地模仿本科院校的人才培养模式，贪图“又大又全”的办学方式，使人才培养目标定位出现了明显的偏差。为此，必须首先从顶层设计出发，确立办学定位和人才培养目标，并据此完善高职院校内部质量保证体系建设。

2. 实践“互联网 + 教育”，构建实时高效的数据采集分析平台

以与学校教学质量紧密相关的四大主体（学校、学生、家长和用人单位）作为关键要素，运用大数据理论方法，构建主体明确、权责清晰的质量保证体系数据采集分析平台，如学校学情监控平台、学生信息反馈平台、家长意见采集平台、用人单位考核平台。通过四方主体上传的学生立体化生态发展数据，利用聚类或关联分析、分布式数据库、批处理等信息技术对原始数据进行分析处理，最终奠定内部质量保证体系的坚实基础。

3. 诊改结合，建立高职院校内部质量保证体系评估机制

依据《高等职业院校内部质量保证体系诊断与改进指导方案（试行)》以

及上述骨干高职院校建设实践，笔者认为，建立高职院校内部质量保证体系是当前高职院校提升内部质量、促进人才培养可持续发展的重要保证。但高职院校内部质量保证体系建设是一个长期的过程，需要不断修正完善，这就必然要求建立高职院校内部质量保证体系评估机制。从100所骨干高职院校建设实践来看，与学校内部质量紧密相关的主体包括学校（教师和教辅人员）、学生（在校生和毕业生）、家长和用人单位。因此，建立高职院校内部质量保证体系评估机制必须从这四类角色出发，结合专家现场考察来构建主体明确、权责清晰的质量保证体系评估机制，以保证质量保证体系的可行性和科学性。高职院校内部质量保证体系评估机制构建要解决的一个问题是“由谁来评”，这就要求制定出科学的高职院校内部质量保证体系评估方式。为此，本文依据上述五个维度，选择学校自评材料、专家现场考察、学生评价、家长评价和用人单位评价作为具体的评估指标，并通过专家咨询法确定上述指标权重，使高职院校内部质量保证体系评估做到既“有章可循”，又能制度化和规范化，真正做到客观、公正、全面地对高职院校内部质量保证体系进行评估。（见表5）

表5　高职院校内部质量保证体系评估

评估维度	权重（%）	评价主体	内　涵	得　分
学校自评材料	30	学校	学校进行自评	
专家现场考察	25	专家	学校聘请专家进行现场考察和评审学校自评材料	
学生评价	15	学生	学校委托独立机构组织具有代表性的学生进行评价	
家长评价	15	家长	学校委托独立机构组织具有代表性的家长进行评价	
用人单位评价	15	用人单位	学校委托独立机构组织具有代表性的用人单位进行评价	

（二）对　策

1. 建立完善内部质量保证体系，成立质量保障机构

分析表明，骨干高职院校内部质量保证体系建设普及率仅50%，其他高职院校的情况估计更低。因此，要真正有效地保障和监控高职院校内部人才培养质量，必须高度重视，不断完善质量保证体系和院校自我监控的内部保障机构。首先，统一思想，树立人人参与质量建设的思想意识；其次，领导重视，成立多级质量

保障机构，明确其职责和权力，确保校内人才培养质量评估与改进工作的顺利实施；最后，依法治校，以大学章程建设为契机，将校内各种质量管理制度升格为法规，确保校内质量保障机构有序运行，确保人才培养质量持续提升。

2. 结合院校发展定位，建立人才培养目标体系

高等职业教育是建立在成熟技术之上的职业人才培养，与社会技术发展息息相关。高等职业教育人才培养质量是一种“符合性”指标，即所培养的人能够满足经济社会发展和人的全面发展需求的程度（杨应崧，2016）。高职院校人才培养目标的定义表述为“杰出技术技能人才”，侧重于培养学生的动手能力、操作能力、应用能力。每个院校都应该牢牢把握住这一点，引入管理学的SWOT矩阵分析方法，首先考虑院校自身资源，其次分析行业背景，再次分析所处地缘优势，最后分析潜在竞争对手。同时，结合自身独特的历史渊源，经过长期实践总结而形成的独具一格的总体目标定位、办学类型定位、学科定位、人才培养类型定位和服务面向定位等各类定位，并紧密结合外部环境和内部条件，建立凸显院校特色的内部人才培养质量保证目标体系。

3. 充分利用信息技术，构建网络化监控体系

与时俱进，顺应时代发展，充分利用信息技术，整合现有平台资源，构建统一、全面的以“管办评分离”为核心指导思想的“双线运行”的质量管理模式和网络化监控反馈体系。首先，顺应数据时代发展趋势，建立院校大数据学情分析处理中心，对质量各个“检测口”进行基于数据收集的布局，并形成数据处理机制，注重数据的反馈效应。其次，开发可移动终端媒介，提高教学过程管理时效性。管理人员、督导人员通过统一的网络化信息技术平台，以可移动终端媒介为工具，以大数据学情资源为支撑，以事实和数据为依据内审并验证教学运行管理。

4. 借用PDCA循环改进方法，建立不断优化的质量保证体系

高职院校要充分利用PDCA循环改进方法对教学全过程进行质量监控、持续改进，学校各部门、各个体要按照PDCA方法——制订计划（P）、实施执行过程（D）、检查实施结果与预期的差距（C）、后期行动及回顾分析成败原因（A）四个阶段构建无限循环的部门、个人的质量保证工作模式，通过部门与个人、部门与部门之间层层相扣、无限循环的质量保证体系定期内审院校的教育教学运行过程、人才培养质量，针对发现的问题按照PDCA循环进行持续改进（陈蓉，2015）。也可引入“第三方”监控，由质量认证机构对学院进行审核，帮助院校发现问题，持续改进，提高管理水平。

5. 发挥学生的主体作用，建立学生信息源实时反馈机制

保证人才培养质量的最终目的在于保障教学主体——学生的质量，营造人

才培养的良好环境。高职院校的人才培养质量不仅是对国家、社会和家长的保证，更重要的是对学生的保证。衡量学生学习质量的各项指标，学生既是受检指标又是直接参与者，如学生的出勤率、顶岗实习率、双证获取率、专升本比例、就业率、学生的课堂活跃度、学习效果、心理动态、校园生活满意度等。为了充分发挥学生的主体作用，首先应拓宽渠道，学生信息员队伍利用网络将当天的课堂情况 24 小时内录入大数据学情分析中心；其次应广开言路，面向全校学生构建教育教学意见反馈公众平台，每个学生主体都可以在公众平台上自由发表意见，提出建议。通过点面结合两种方式，第一时间收集教学过程中的各项指标数据，经过大数据学情分析中心技术处理，及时反馈当下教学过程运行情况，以此作为监控教学质量的重要手段。

6. 重视教师可持续发展，形成教师岗位培训机制

在人才培养教育教学活动的过程中，教师的主导角色永不褪色，教师的主导地位决定了人才培养质量的根本保证是教师。教师队伍建设是关键。高职院校教师聘用，应综合考虑学历专业对口和工作经验丰富。对教师的岗位需求，既要有从事项目开发的能力，又要有教学经验，两者俱备才是真正的“双师型”教师。院校要保证在岗教师有机会专门承担企业项目开发，培养教师的研发能力。新专业开设需要教师转型，院校应创造条件，鼓励教师自我提升，不断学习新专业知识和技能。加强学院教师与企业的紧密合作，使教师的知识和技能不断更新，真正做到“用最新的技术培养今天的学生，为未来服务”。

七、结　语

高职院校建立内部质量保证体系是一个复杂的系统工程，要不断完善内部质量保证体系，就必须牢固树立质量意识、法制意识，明确人才培养质量目标，构建制度体系，充分利用“互联网＋教育”的现代信息技术，全天候 360 度全方位关注影响人才培养质量的各个要素，并建立完善的高职院校内部质量保证体系评估机制。同时，要为教师的可持续发展创造机会，凝聚全校之力，人人参与，全面监控，实时预警，不断修正，持续改进，持之以恒地建设高效运行的内部质量保证体系。

【参考文献】

[1] 陈蓉．利用 PDCA 循环提高教学管理质量［J］．宿州教育学院学报 2015.（1）：90－91.

[2] 常州机电职业技术学院．常州机电职业技术学院国家骨干高职院校验收项目总结报告［EB/OL］．http：//www.czimt.edu.cn/s/159/t271/p/1/c/

6395/list. htm. 2015.

[3] 教育部，财政部．关于公布“国家示范性高等职业院校建设计划”骨干高职院校建设项目2013年验收结果的通知（教职成函〔2013〕12号）[EB/OL]. http：//61. 164. 87. 131/web/articleview. aspx？id = 20131104154152437&cata_ id = N003. 2013.

[4] 教育部，财政部．关于公布“国家示范性高等职业院校建设计划”骨干高职院校建设项目2014年验收结果的通知（教职成函〔2014〕11号）[EB/OL]. http：//www. tech. net. cn/web/articleview. aspx cata _ id = N003&id = 20140711144551209. 2014.

[5] 教育部，财政部．关于印发《高等职业院校内部质量保证体系诊断与改进指导方案（试行)》启动相关工作的通知（教职成函〔2015〕168号）[EB/OL]. http：//61. 164. 87. 131/web/articleview. aspx id = 20151231080653234&cata_ id = N003. 2015.

[6] 教育部，财政部．关于公布“国家示范性高等职业院校建设计划”骨干高职院校建设项目2015年验收结果的通知（教职成函〔2016〕1号）[EB/OL]. http：//www. moe. edu. cn/srcsite/A07/moe _ 737s3876 _ qt/201602/t20160229_ 231205. html. 2016.

[7] 南京化工职业技术学院．南京化工职业技术学院国家骨干高职院校验收项目总结报告 [EB/OL]. http：//210. 28. 10. 66/cooperation backbone/sub/sub_ 1. htm. 2015.

[8] 彭慧芬．大众化教育背景下的高等职业教学质量保障体系研究 [D]. 长沙：湖南农学院 . 2014.

[9] 杨应崧．杨应崧教授解读高职院校内部质量保证体系诊断与改进报告会 [R]. 重庆：重庆电子工程职业学院 . 2016.

[10] 中国高职高专教育网．骨干院校建设专栏100所骨干院校验收材料 [EB/OL]. http：//61. 164. 87. 131/web/yxjs_ list. aspx. 2016.

【作者简介】

胡娜，讲师，重庆广播电视大学/重庆工商职业学院教务处。

感 谢

本文是作者发表在《中国远程教育》2017年第5期第57 -62、71页上的文章。为此，作者对《中国远程教育》期刊社表示感谢。

学分银行背景下职业教育课程标准体系建设

李　佳

【摘　要】 随着终身教育理念不断推进，职业教育学分银行建设成为促进职业教育学习成果流动、优质职业教育资源共享的重要手段。学分银行运行体系下的课程标准建设要遵循指导性、模块化、标准与评价融合等原则，形成课程方案设计标准、课程内容标准、教材编制标准、课程实施与评价标准、课程质量保障标准等标准体系。课程标准建设的运作，要正确把握学分银行体系下的课程标准文本结构、精准使用课程标准的条款语言、科学划分课程标准使用的时间和体系关系、准确阐述课程的考核与评价方式。

【关键词】 学分银行　职业教育　课程标准　体系建设

当前，随着终身教育理念的不断推进，以开放理念接纳优质教育资源的理念深入人心。以认证、积累与转换教育成果的学分银行已成为沟通各个机构优质教育资源的桥梁，受到社会各界的认可。职业教育由于发展晚、试点早、认证与转换难度较低等现实原因，被学者认为是率先对接学分银行的教育类型。[1] 2016年6月，国家开放大学组织了11家职业院校开展学分银行试点的部署会议，让职教体系率先破解学分银行建设难题。落实到工作层面，学分银行的价值得到广泛认同，但具体到应用层面，利用学分银行推动教育教学改革的实践中，急切需要理论研究与实践推进的实时互动。课程标准是课程规范化、科学化的产物[2]，是学分得以从更为广泛的领域得到认可、学习成果得以流动的基础。学分银行的有效推进需要通过课程标准体系建设对课程运作活动和规则的约束，确保学分质量，最终使得学分银行价值的效用得以体现。

一、学分银行的运行体系与课程标准建设

（一）学分银行的运行体系

2010年《国务院办公厅关于开展国家教育体制改革试点的通知》提出：

“探索开放大学建设模式，建立学习成果认证和‘学分银行’制度，服务重视教育体系构建。”[3]随后，教育部委托国家开放大学承担了学分银行筹建与实践工作。从国家开放大学所颁布的政策文件表述来看，我国学分银行制度设计的目标是建立全国范围、沟通所有级别和多种类型教育的运行体系，使之成为人才成长的“立交桥”，其运行体系的核心是通过学分银行机构和制度体系，促使各级各类的课程学习成果能按照一定的标准进行存储、积累和兑换，实现优质资源流动、共享与效用的发挥。

（二）基于学分银行的课程标准建设内涵

各级各类课程学习成果要实现流动，需要以一定的标准进行约束。比如高职教育的高等数学和研究型本科的高等数学无论是深度和广度都不在一个层面，即便是同一类型的大学，由于其专业和学习者状况不同，也会存在较大的层次差异，成果的互认是建立在相似的内容和相当的质量基础之上的，没有标准约束的建设会导致低质学习成果的泛滥，最终造成“劣币驱逐良币”的风险，损坏学分银行的存在标准。那么，要用什么来约束各级各类学习成果，保住“质量红线”？这就需要有一个共同的标准，依托标准对学习成果进行“度量”，在标准之上的学习成果是可以流动的；反之则需要基于内容的补充和基于深度的提升，进行再学习，使之达到标准，以实现转换的目的。落实到课程建设层面就是课程标准体系的建设。按照国际通用资历框架的意蕴，课程标准蕴含了内容、技能与能力上的达成程度。内容指的是学生应掌握的课程知识；技能指的是问题的认知方式以及实践的行为方式；能力指的是能利用知识和素质影响他人的程度。也就是说，评价一门课程的质量，需要通过学习课程所达到的内容、技能和能力程度标准去衡量，只有具备了标准之上的质量，各级各类课程学习成果才可以真正实现流动。学分银行自身蕴含流动需求，要按照认证单元等内在的要求，按照学分银行的运行体系，方便学习者进行模块化学习、管理者进行模块化认证，以判断课程的学习是否满足转换的能力。总之，学分银行对课程标准的需求，一方面是保障课程的质量，这是学分流动的关键；另一方面，学分银行自身的运行体系需要进行基于学分银行要求的改造，以适应管理。

二、学分银行体系下的职业教育课程标准

（一）学分银行体系下的课程标准建设理念

职业教育作为以技术技能形成为核心任务的教育形式，其内容、形式和动力受到知识逻辑、专业逻辑和社会逻辑的共同作用[4]，职业教育课程标准需要按照课程标准所强化的内容、技能和能力框架，按照课程所属的层次，根据内容、形式和动力进行标准的建设，以指导职业教育课程建设与实施的“蓝本”，

并使其具有普遍意义的指引作用，以支持职业教育学习者通过课程满足职业技术技能发展的需求。同时，学分银行的运行体系建设需要课程标准通过理解学习成果流动的需求，尤其是跨级流动对同一课程的内容宽度和深度的要求，成为规范、科学、合理的课程体系建设尺度，确保教学活动的层级适应性和合理秩序。

（二）学习银行下职业教育课程标准建设原则

1. 指导性原则

课程标准规定了整个职业教育课程运作活动与过程的规则，是职业院校遵守和反复使用的“蓝本”。课程标准要凸显指导的价值，实现从教学理念、教学目标到教学内容、教学过程和教学评价的转变，需要形成清晰的文本结构、明确的内容指向、恰当的内容标准、可被理解的过程语言和准确把握的课程衔接关系，实现课程标准的指导价值。

2. 模块化原则

按照职业教育和学分银行的双重要求，课程标准需要按照模块化的原则进行制定。首先，学分银行对课程学习成果的认证与转换是以“认证单元”为基础的，要适应学分银行运行体系的内在要求，在课程建设上就需要通过“块状化”支持“认证单元”的标准与过程建设。其次，职业教育需要增强学习者的体验和实践能力，提升面对真实任务的临场感和问题解决能力，需要进行“任务化”“过程化”，实际是以工作流程的阶段性任务生成，实现课程“模块化”的分解。

3. 标准与评价融合原则

标准本身并不是“尺度”，标准只描述了“课程应是什么”，要判断学习者在课程学习中学到了什么，需要课程评价的参与。课程评价是根据课程标准制定的规则或者衡量尺度，是课程标准通过课程建设、课程实施之后是否达到的“标尺”。学分银行对课程学习成果的认定是课程学习成果的内容是否满足了国家、行业、学校等各种层次的课程标准，也蕴含了课程标准建设与评价融合的内在需求。也就是说，课程标准建设要包含通过什么样的评价标准以证明课程学习者是否达到标准，这是课程标准规范性的内在要求，也是课程标准科学化的有效手段。

（三）职业教育课程标准建设的内容

课程的复杂性决定了课程标准的复杂性，学分银行的规则性决定了课程标准的规则性。课程在系统论的影响下，要在不同领域、不同指向的指引下形成整体复杂体系结构。一般而言，课程标准内容核心框架包括了课程方案设计标准、课程内容标准、教材编制标准、课程实施与评价标准和课程质量保障标准。

1. 课程方案设计标准

课程方案是对课程的总体规划与设计，也称之为课程规划、设计方案。在不同的历史阶段有不同的提法，比如课程总纲、标准总纲等。[5]课程方案是课程建设规划的“蓝本”，对课程编写、管理和实施起统率作用，关系到课程建设与实施的质量。具体而言，课程方案需要明确课程的建设目标、课程的建设理念、课程的能力目标和课程的评价理念等。

2. 课程内容标准

课程内容标准是对课程方案在课程内容上的落实。课程内容标准所选择的依据是按照课程能力建设所需要达成的知识目标、技能目标和能力目标，按照学分银行模块呈现的需求进行，将课程内容进行“聚团”，指导课程内容的呈现。在职业教育领域，由于其课程面向的是技术技能的应用，强调手脑并用的内容学习和真实任务的解决，所以应以清晰的语义结构（知识、技能与能力）体现在课程建设过程之中，或者整个课程内容标准应成为若干核心任务的聚合。作为指导培养职业技术技能的课程内容标准，其任务的先进性对课程内容的价值有极大的支撑作用，需要跟踪技术发展前沿，通过成熟技术和研究成果的导入，不断对课程内容标准进行更新。

3. 教材的编制标准

在大课程观理念下，教材是课程内容的载体。因此，课程标准体系需要阐述教材的编制标准。教材包括纸质教材、多媒体教材和网络教材，教材承载了课程内容，但不完全是课程内容。教材的设计编写标准就是教材的编制标准，受教材用途和课程内容标准的双重制约。在学分银行理念下编制教材，还需要考虑学分银行的模块化、层次化、评价便利化需求，同时考虑与学习者视域融合的角度与方式，从学习者角度进行内容呈现方式的安排。比如，英国开放大学的教材编制标准明确了教材70%以上的内容为学生学习活动。[6]

4. 课程的实施与评价标准

课程实施是将“课程计划付诸于实践的过程，它是达到预期的课程目标的基本途径”[7]。按照大课程的基本理念，课程主要通过教学、实践活动和评价活动开展，通过教学活动和评价活动，将课程内容标准进行学习活动化呈现，指导塑造学习场域，设计评价的方式、标准和考核形式，并评价课程是否得到有效实施和课程标准是否满足可指导性、模块化和标准与评价融合的原则。

5. 课程质量保障标准

课程质量保障标准指的是对课程质量本身所制定的规则和衡量尺度，包括课程质量评价标准、教学质量评价标准和教学督导标准。课程质量评价标准是指评价课程本身质量是否具备职业教育人才培养和学分银行运行的双重要求，是实施课程标准更新和课程内容更新的依据，也是课程本身不断完善和更迭的基础。教学质量评价标准是指通过制定课堂教学质量评价的指标体系，对课程实施和评价过程中的目标达成度予以评价，通过教学质量评价标准实现教学运行过程中的基本保障。教学督导标准指的是在教学实施过程中，对教学质量的检查、督导以及课程教学标准落实情况、标准与学分银行运行体系的对接情况等的管理要求。

当然，在现行的课程标准建设中，并不是所有的标准都是按照同一个步骤建设的，也不必一定都形成独立的文本，在课程标准的文本结构中也并不都完全按照设计、内容、教材、实施和评价以及质量保障进行展现，而是通过可理解的语言，融合在不同的课程标准建设的文本结构中。相对而言，课程标准体系对教材的标准要求在展现给学习者、教师和社会人员时由于其意义并不显著而很少得到充分的体现，其他类型的课程标准则是正常呈现。

三、学分银行体系下课程标准建设的运作要义

（一）正确把握学分银行体系下的课程标准文本结构

课程标准是各级各类学校制定的标准体系，是学习成果积累与转换的标准。这些文本文件的开发、实施势必会影响教学质量。在这个意义上而言，课程标准的文本结构需要从课程标准的搭配、构造和逻辑关系入手，通过清晰的语义表达，实现课程标准的指引功效。从现有课程标准的研究与实践来看，课程标准的文本结构没有统一的标准。美国课程标准一般包括八个部分；新加坡课程标准一般包括七个部分；英国课程标准一般包括八个部分；中国中小学的课程标准一般由五个部分组成，各国的标准都有其独有的理念支持和考虑重点。在高等教育领域，各学校有较大的差异，从文本结构来看，一般包括课程标准范围、课程指导思想、课程相关术语和定义、课程基本目标、课程内容、实施建议、评价方法、课程的先修后续联系八个部分。学分银行体系下的课程标准体系文本结构可以延续这种结构方式，在评价方法对评价结论的部分需要提及转换的标准。比如，"计算机文化"课程标准中模块70%的层次相同、内容类似，可以转化为本课程的学分的描述，从而在保证标准规范性的同时保证学习成果的可拓展性。

（二）精准使用课程标准的条款语言

强有力的标准必须为教师、课程和评价开发人员等群体提供清晰的指导，在核心知识、技能和能力上表述要符合学分银行资历框架所设置的内容，这就需要在课程标准建设过程中精确使用条款语言。首先，标准的目标要清晰，易于理解。课程目标是课程建设的指引目标，也是课程教师通过课程建设所需要

达成的共同愿景，课程目标的语言要清晰，内容要明确，内涵要能形成共识。其次，课程内容标准表述要准确，层次分明，边界清晰。课程所需要达到的知识要求、技能要求和能力要求要清晰，争取达到所有教师都能理解的程度，比如熟练掌握、了解等层次使用要满足资历框架对课程的需求，对描述任务时不能含糊，用专门术语所阐述的内容标准需要在确保内涵和外延都无疑义，必要的地方需要通过注释等二次解释的办法促进教师以及相关人员的理解。再次，课程标准的语言还要以其他教育工作者和家长等多元利益相关者能理解的方式呈现。

（三）科学划分课程标准使用时间和体系的关系

课程标准建设的一个重要问题是课程所处课程体系的相关关系，以及其时间发生区位。用通俗的语言描述就是课程安排时间要合理，体系内的课程先修后续关系要阐述清楚。在课程标准建设中，这一部分的内容往往会被忽视。比如，软件专业中的数据结构问题，一般需要有基础的编程知识，同时在后续应该有数据库的综合应用课程作为实践锻炼，如果将数据结构课程置于基础编程课程之前，就会削弱课程学习的效果。同理，基础编程课程需要一定的计算思维的提升，如果将基础课程编程置于高等数学学习之前会导致编程学习困难。在学分银行运行系统中的时间和体系关系更是显得重要，明确其先后关系是引导学习者学习其他课程以顺利完成学分的关键，也是学分银行的基础价值和核心要义。

（四）准确阐述课程的考核与评价方式

考核与评价方式是课程标准体系的重要板块，也是学分银行运行体系建设对课程标准的要求。由于考核与评价方式不同，在学习内容的层级性方面就会发生极大的区别。比如，开卷考试意味着知识的学习以面为重点、以理解层次为重点；而闭卷考试则以知识的应用为重点；实作考试以工艺、流程、方式方法的掌握为重点；作品类考试以作品所承载的知识内容为重点，内容、技能和能力的不同要求影响课程的考核与评价方式。同时，从促进学分银行建设和规范管理的教育来看，考核需要规定替换、补修等其他合理通道的处理方式。如“计算机文化”和“大学英语”等课程可以用等级考试进行学分替换，需要在考核方式中予以说明。

综上，职业教育课程标准建设是推进学分银行制度建设的关键一环，同时也是自身提升质量、规范课程实施、提高职业教育教学质量的发力点。从这个意义上来讲，与其说基于学分银行的课程标准建设，不如说借助学分银行运作体系的需求开展课程标准建设，使之完成标准化、模块化、可指导化的课程标准建设需求，为培养合格的职业教育应用型技术技能人才做好“课程建设”的基石工作。

【参考文献】

[1] 吴结. 关于各级各类教育机构参入学分银行的时序判定 [J]. 中国远程教育，2016 (1)：41 -47.

[2] 何玉海，王传金. 论课程标准及其体系建设 [J]. 教育研究，2015 (12)：89 -98.

[3] 杨晨. 我国“学分银行”建设的三大问题 [J]. 中国远程教育，2012 (6)：41 -46.

[4] 吴南中. 论职业教育的发展逻辑 [J]. 职业教育研究，2015 (22)：18 -22.

[5] 丁念金. 课程论 [M]. 福州：福建教育出版社，2007：341 -342.

[6] 吴南中，张伟. 论开放教育印刷教材的编写逻辑——兼论以学习者为中心的教材呈现 [J]. 安徽广播电视大学学报，2014 (9)：49 -53.

[7] 施良方. 课程理论——课程的原理、基础与问题 [M]. 北京：教育科学出版社，1996：128.

【作者简介】

李佳，副教授，重庆广播电视大学/重庆工商职业学院。

感　谢

本文是作者发表在《职业技术教育》2017 年第 11 期第 24 - 27 页上的文章。为此，作者对《职业技术教育》期刊社表示感谢。

混合学习：回归课堂抑或离开课堂

任　杰

【摘　要】 自混合学习方式进入课堂以来，由于一些客观原因，导致实施效果不尽如人意，部分学者认为这种技术融入课堂的形式削弱了传统的课堂文化。要认识混合学习的价值，需要认清课堂的本质，了解课堂发展的历史。从满足学生成长需求的角度来看，混合学习方式释放了知识传授的形式，回归到了高效的课堂生态，实现了生命完善的教学过程，建立了师生相长的课堂互动机制，体现了过程的大数据支撑，是课堂价值的回归。但采用混合学习方式需要谨慎、专业和有组织地实施，只有这样，这种回归课堂本质的学习方式，才会真正成为教育变革的开端。

【关键词】 混合学习　回归课堂　离开课堂　本质

自终身教育理念在20世纪70年代受到广泛的关注和认同后，兴起于信息技术的在线教育推行了开放资源运动，试图利用互联网致力于“免费、可复制、可重组、没有任何获取或交互上的障碍”的资源建设[1]，取得了极大进步，并逐渐演化为一场席卷全球的MOOC运动。与此同时，在线教育以混合学习形式通过企业培训经验进入课堂，在MOOC平台与可汗学院等教育机构的推动下，引起了全球瞩目。在我国，在教育技术领域泰斗人物如何克抗、南国农、李克东等人的推动下，对于混合学习的研究与实践一直保持较高的热度。但由于新生事物自身的种种缺陷，一线实践者自身的理论基础不够扎实，对课堂把握能力有限，在实践中的表现并不尽如人意，导致批评声四起，认为这种技术融入课堂的形式，削弱了传统课堂习惯、修养和文化，将混合学习看成是一种热闹，而不是当作一种趋势。在这种“水火交融”中，对课堂本质进行深入探索，厘清混合学习的根本属性，对于释疑于一线教师，切实回应《国家中长期教育改革和发展规划纲要（2010—2020年）》提出的“信息技术对教育发展具有革命性影响”[2]，促使一线教师敢于利用教学新手段，促进教育教学的发展具有一定的积极意义。

一、课堂本质的历史追溯

课堂是教师在一定的教学理念下，通过设置具体的教学课件，按照特定的教学目标，使用与课程相适应的教学方法与策略，促进学生发展的学习场所。它蕴含了物理特性和社会特性。课堂体现了教育的形式，是对历史的一种沿袭。不同的课堂体现了不同的形式，是由不同的发展阶段所决定的。

在以古埃及所代表的宫廷教育和以古希腊所代表的学校教育，以及在中国战国以前的教育中，其核心目的是统治阶级为了实现特权的代际传递，是将国家意识和贵族青年的接班需求巧妙结合，通过有价值导向的道德谈话和政治表现的示范，实现知识的代际传授目标，培养下一代贵族。在这个阶段，为了生活的需要，部分学校也开展一些生活技能教育，尤其是在非统治阶级的教育中，存在一些旨在提升生活技能的教育，但并不是教育的主流。

随着社会生产力水平的提高，教育职能开始从其他职能中脱离出来，开始了专一化的进程，以道德谈话和政治示范为主流的课堂形式转化为具有特定物理空间的课堂，成为将贵族子弟培养为善于辞令、精于文学、能言善辩的人才的场所。在这样的环境支持下，课堂逐渐受到人们的重视，在某种程度上，课堂成为求知者个体核心的知识来源，各种自由思想的启迪、批判性思维的交流都在这样的环境中开展起来。

随着生产力的进一步提高和知识的积累，更多的人开始思考人类自身的来源问题和探索自然的发展规律，逐渐用概念思维来揭示社会现象与自然现象，开启了形而上学的知识生产过程，并受到苏格拉底、柏拉图等思想家的追捧，成为课堂的主流。从此，“是什么”思维提到了“如何”的问题形式。以苏格拉底的美德教育问题为例，苏格拉底认为：“不必寻找现实中存在的美德，而是必须认识美德自身。”[3]这种看法彻底改变了课堂本质，在此后的很多年里，课堂成为下定义、获取“绝对知识”的场所，教师成为理所当然的知识权威，课堂的评价标准变成了知识传授“质”与“量”的标志，逐渐脱离了人的发展主旋律。

二、从课堂的沉寂到混合学习的突破

（一）现代课堂的沉寂

发展到工业时代的教育，课堂的沉寂现象更加突出。尤其是中国的教育，受制于考试的现象特别明显。考试本身并不应该受到批评，不管考试形式如何，通过具有选拔性质的考核方式，选择更合适的教育环境，实现教育资源的有效分配，都是必要的方式。将现代课堂的沉寂归之于考试并不完全合理。但这种考核方式沿袭了“榜上无名，脚下无路”的思想意识，这种“幽灵”般的思路，直接促使学校为应对考分而进行教育。在这样的体制之下，学生在课堂中的表现是根据获取知识的数量来衡量的，而表达自身的思想和对知识进行批判性的接受，却很少被关注到。这造成的直接后果是所培养出的学生社会创造力不够，不足以支撑社会的长足发展。

（二）课程改革的突围

我们到底需要什么样的课堂？有见解的学者们在杜威等先哲的引导下开始思考，并推进了一次又一次的课程改革，想从这种状况中实现突围。“几乎所有的教育工作者都毫无异议地认为传统的课程必将发生变革。”[4]试图在课程、课堂、评价上发展颠覆性的变革，通过对学生主体能动性的释放，实现以课堂为主阵地的突破。可以说，在中国开展的八次课程改革中，一次又一次将实践推向理念一侧，改变了传统的教育秩序。但这种改革落实到实践中，改变形式的居多，改变实质的较少，有的学生因为形式的改变，缺乏把握形式的能力，造成了学业上的退步，造成了应试上的“弱势”，课程改革也就产生了新一轮的沉寂。

（三）新一轮沉寂的产生

新一轮的沉寂是以“数字化土著”进入课堂开始的。这一批随着数字媒体成长的学习者，他们将在网络世界所形成的个性、批判性思维和多头任务处理能力带入了课堂，并与新课程改革的形式在理念上发生冲突。主要表现在教师很难找到恰当的主题活动引领所有的学习者开展学习，因为数字化一代彼此之间的差别是巨大的，有的学习者可以通过网络获取较之于教师更多的技能，有的学习者并不能适应教师的进度。课堂因为无法满足学习者需求而变得散漫，纪律变得松弛，教师和管理者产生了各种抱怨，认为现在的学习者难以管理，教师陷入了传统与现代的纠结之中，很难把握权威和民主、知识与能力、主体与主导的区别。

（四）混合学习的突破

在各种抱怨与冲突中，混合学习从企业培训走入了教育研究者的视野。混合学习是面对面教学与在线学习的结合，从更深层次的理论角度来看，是建构主义理论、行为主义理论、认知主义理论在教学方式上的融合支撑，将媒体、学生、教师、环境等各个要素通过技术和教与学的关系融合，以实现最好的效果[5]。自混合学习进入教育领域以来，学者纷纷发声为其站位。混合学习因为其关注人，提倡自主选择，学习者能真正按照自身风格和步调进行学习等，所以被认为是未来主要的课堂形态，在各个层级的学校予以推广。在一定程度上可以说，课堂迎来了一次突破。

三、混合学习的本真意蕴

（一）改变知识传授的授课形式

在有限的课堂中，聚焦于知识传授意味着诸如思想升华、技能精进、协作能力等培育就会受到轻视，人格完整的目标落后于知识传递的目标，造成了社会对人才培养质量的质疑。混合学习通过在线学习接入优质资源，通过视频和在线知识服务，提高了知识传授的效率。在课堂中，教师有可能拥有更多的时间来进行创新活动，组织和参与各类学习活动。

（二）回归高效的课堂生态

“课堂是一个能量流动的生态场，具有整体性、协变性和共生性三大生态特征。”[6]师生通过课堂生态，实现互利互生的关系，展现了生命的活力。在课堂生态中，一方的强势会导致体系的能量流畅问题。在传统的课堂中，教师的单一课堂权威导致了教师身份凌驾于学生之上。数字化生活对教师权威的冲击导致了传统的师生关系受到冲击。混合学习通过回归教与学平等交互的生态，实现了“天地与我共生，万物与我唯一”的生态意蕴，促进课堂的健康成长。

（三）完善学习者生命

混合学习融入了在线学习环境，接入了各种观点，有的观点存在一定的对立，导致了绝对真理的生命状态不复存在。在这样的环境中，为提高学习者的生命质量提供了可能。比如，选择更多信息来源、课堂更多地打造体现生活活力的人文环境、体现更多的人与人之间的对话与关怀，提供了关注整体性、完整性和个体性的和谐统一发展环境，也就为完善学习者生命奠定了基础。

（四）师生相长的互动机制

由于在线学习提高了知识传递效率，知识传递占用的时间大幅度降低，学习活动的生长空间逐渐加大，改变了以往评价知识传授是否有效的课堂评价标准。也更有可能让教师将更多的时间和精力用于学习活动的组织。通过大量学习活动的组织，实现师生之间的有效对话，开启教师智慧，并促进教师不断反思与学习者交往的过程和效用。对于学习者来说，与教师交互的内容开始脱离知识的真理与绝对程度，而是将更多个人体验相关的疑问与教师交互，并在教师的鼓励下开展基于知识和原理的实践，在教师的答疑解惑中完善知识结构，提出问题和期望。教师的“主导”和学习者的“主体”促使了教师“教”和学生“学”的活动相辅相成，师生相长的互动机制得以真正建立。

（五）使用更多的大数据支持教学过程的改善

混合学习将更多的学习时间置于可以有效收集数据的在线学习中，学习过程中的细节都可以通过大数据捕捉技术加以捕捉。部分研究者甚至尝试记录在线学习的行为，内置各种模糊数据模型，将细节性的表征、学习能力、学习风格等通过表盘式的方式给予记录。实现记录学习者学习过程，有助于开展学习分析，提供个性化、智能化、科学化的学习内容，形成个性化的学习环境，促使学习绩效的提升，同时也为评价方式的彻底改革提供了依据。以往依托升学考试评价的方法，可以依托基于大数据的评价，方便更高级别的学校对学生学习能力的考察。此时对学习者的评价，有可能就是通过一个在线学习的表现，加上教师在课堂教学活动中的评价，就成为升学考试的主要评价标准。这种方式的评价，使教师和学习者都有可能从应试教育中得到解脱，真正促使教师关注学习者的素质养成，回归到育人本质的课堂。

四、混合学习的发展方向

可以说，混合学习具有极高的价值，尤其是在其回归教育、课堂的本质方面。但作为一种对现有制度的变革行为，混合学习的发展就如新课程改革的推进一样，形式和政策都较为容易改变，但真正意义上的突破需要较长时间的发展。比如，混合学习课堂形态的改变，需要我们在理论上做出更深入的探索。我们很欣喜地看到，在一些学校，在加德纳的多元智能理论指导下，开展了基于网络的教育评估系统，通过清晰地了解学生的学习进度，进行个性化的指导和开展群体的教学活动。但这种单一模式的推进，还存在很多问题。对于教师来说，要清晰理解混合学习回归课堂本质的意蕴，需要更多的实践支撑。要将教师、资源的技术开发者、知识的媒体呈现方式、学习者如何基于自身基础和学习风格结合起来，进行混合学习的组织，也就意味着更多教学模式的创新与实践，当然也避免不了学科层面的具体要求。这对于教师来说又是突破。对于学习者来说，在线学习的融入，给了学习者新的接触面，但混合学习中的在线学习是从课上到课下融通的方式，对所有学习者来说，能否接受还是未知数。在中国推行的“双师授课”实际上是一种典型的混合学习，通过远程教育进行知识的传授，实体端开展的是教师的辅导。即便是远程端的教师，也不能确保知识的传授到位，实体端的教师开展的学习活动能否与远程端进行相互配合，在促进学习者发展的同时认识自身生命的价值还有待提高。按照实践的效果，试点班和非试点班在分数上呈现了显著性差异，但因为现场辅导老师的不同，试点班与试点班之间也存在显著性差异。[7]。除此之外，混合学习需要很多的资源，这种资源还是能有效促进学习者理解的资源，符合现代学习者需求。在现实中，虽然技术没有任何障碍，但是资源的大量建设，需要考虑理念、设计、反馈等全方位的支持，需要较长实践的努力，以达成混合学习的效果。因此，混合学习在发展过程中，必须避免纯粹地讨论技术，而要抓住人的发展本性，将混合学习看作是一种机遇。通过谨慎、专业、有组织的实施，这种回归课堂本质的学习方式，必然会引发不一样的变化，也许它是教育变革的开端。

【参考文献】

[1] 郑旭东，王婷，吴秀园．何去何从：当教育技术学遇到“MOOC”[J]. 现代远程教育研究，2014 (5)．

[2] 教育部．国家中长期教育改革和发展规划纲要（2010—2020 年）[Z]. http://www.china.com.cn/policy/txt/2010 - 03/01/content _ 19492625 _ 3.htm.

[3] 高慎英．苏格拉底的教育方法及其危机 [J]. 教育研究，2008 (7)．

[4] 石鸥．关于基础教育课程改革的几点认识 [J]. 教育研究，2005 (9)．

[5] 吴南中．混合学习视域下的教学设计框架重构——兼论教育大数据对教学设计的支持作用 [J]. 中国电化教育，2015 (5)．

[6] 李森．论课堂的生态本质、特征及功能 [J]. 教育研究，2005 (10)．

[7] 汤敏．慕课革命——互联网如何变革教育 [M]. 北京：中信出版社，2015.

【作者简介】

任杰，副教授，重庆广播电视大学/重庆工商职业学院学生处处长。

感 谢

本文是作者发表在《教学与管理》2017 年第 3 期第 106 - 108 页上的文章。为此，作者对《教学与管理》期刊社表示感谢。

“互联网+”职业教育人才培养创新的规律及路径*

袁景翔　南旭光

【摘　要】作为时代特征和国家战略，“互联网+”不仅是现代职业教育发展的新动力，还是推进职业教育教学改革创新的新引擎，对职业教育人才培养产生了倒逼机制。本文基于对“互联网+”背景下职业教育人才培养新规律，即培养理念应开放融合、培养路径应多维联合、培养目标应能力复合、培养方向应专业整合、培养过程应多元混合等的剖析，指出“互联网+”职业教育人才培养创新的具体实现路径，即确立基于共享共建的办学理念、开展基于产教融合的校企合作、推进基于素质培育的“双创”教育、重构基于工作场景的课程体系、实行基于个性发展的混合学习、实施基于学习分析的过程评价。

【关键词】“互联网+”　职业教育　人才培养　发展规律

随着科技进步和社会发展，由互联网、云计算、大数据等现代信息技术与社会经济深度耦合而出现的“互联网+”时代已经到来，不仅对传统产业升级改造、经济结构调整和生产方式带来了前所未有的冲击，而且还对人类社会的生活、工作、学习和社交等产生了深刻的影响。2015年7月，《国务院关于积极推进“互联网+”行动的指导意见》（国发〔2015〕40号）出台，不仅指明了“互联网+”在创业创新、协同制造、人工智能等11个领域的重点行动计划和发展思路，而且强调要“面向‘互联网+’融合发展需求，深化互联网领域产教融合，加快复合型人才培养”。作为具有鲜明时代特征的现代职业教育，必须遵循客观发展规律，使人才培养全过程有效适应并深刻嵌入当今“互联网+”时代。所以，2015年10月，教育部印发的《高等职业教育创新发展行动计划（2015—2018年）》中明确指出，要顺应“互联网+”的发展趋势，主动

* 本文系2016年度教育部人文社会科学研究规划基金西部和边疆地区项目“我国在线教育体系建设研究”（项目编号：16XJA880004，项目主持人：南旭光）成果。

适应数字化、网络化、智能化的需要，积极调整专业设置，加快人才培养改革创新。2017年1月，国务院印发的《国家教育事业发展"十三五"规划》明确提出，要积极发展"互联网+教育"，全力推动信息技术与教育教学的深度融合，改革创新驱动教育发展。如今，基于理论界和实务界对"互联网+"的认识，不论是作为推动工具，还是作为发展范式，"互联网+"职业教育都已经成为一种趋势。但是，从实际来看，我国职业教育与"互联网+"的耦合发展在制度、理念、理论等层面还存在不少制约，最关键、最基本的问题还是对"互联网+"职业教育人才培养新规律和逻辑的认识模糊，以及由此衍生的人才培养模式滞后及发展路径不清晰的问题，这也正是本研究的出发点和着力点。

一、"互联网+"背景下职业教育人才培养的新规律

作为我国教育系统的重要组成部分，职业教育是一种兼具"教育"与"产业"双重属性的特定类型教育，其人才培养目标主要是面向生产、管理、服务第一线，针对不同职业或职业岗位（群）培养应用技术技能型人才。当然，对于不同院校而言，各自人才培养定位的侧重点或许不同，但都充分肯定了职业教育与就业市场之间"自然而亲近"的关系。按照著名经济史学家卡尔·波兰尼所提出的嵌入性理论，职业教育是人类社会对特定的经济发展需要所做出的选择，必然要深深地嵌入当前社会发展环境。而当前经济社会环境正充分彰显"互联网+"时代的特征，也就说明，随着我国经济产业结构的调整、发展模式的转换以及高等教育大众化时代的到来，职业教育的传统人才培养模式受到挑战。事实上，"互联网+"职业教育不能简单理解为信息技术在职业教育人才培养中的应用，而是"互联网+"时代对现代职业教育人才培养提出新的要求，呈现出新的发展规律和发展逻辑。

（一）培养理念应开放融合

"互联网+"得以快速发展的逻辑基础就在于其所具有的"开放融合"这一先天性质，这是因为"互联网+"与传统产业、行业的对接匹配、互动耦合必须以开放包容的外部环境要素作为支撑，从而在资源配置、制度体系方面达到最优化，进而形成以开放共享、跨界融合、互联互通为特征的经济社会运行新模式。事实上，在"互联网+"背景下，互联网技术以"连接一切、跨界融合"的优势和特点，正在击碎传统教育所固守的封闭、保守态势，使教育的时间和空间无限拓展。尤其是对于与产业发展紧密关联的职业教育来说，原有的办学边界正不断被打破，职业教育资源正呈现出跨时空自由流动、交互、渗透的变化。毫无疑问，随着现代信息技术、移动互联网、大数据处理技术等的广泛应用，对职业教育规律的追寻和人才培养问题的解决必须紧随"互联网+"

的逻辑，将互联网思维积极融入传统的教育教学活动与人才培养过程。同时，职业教育领域的治理主体、参与主体等都应积极推进自身转型和创新，构建开放式、创新型教育教学体系，有效汇集内外部各类要素，切实加强教育资源合作共享，准确把握市场需求导向，精准供给职业教育产品和服务，增强职业教育人才培养供给的有效性。

（二）培养路径应多维联合

"互联网 +"之所以对传统产业具有强大的渗透力和革新力，得益于它所具有的"互联互通"的能力，各类看起来毫不相干的行业由此被连接到一起，形成新的价值链，实现新的价值创造，许多传统行业也都借此实现了与互联网产业的融合、升级，从而达到提高效率、提升服务水平的目标。在"互联网 +"背景下，各社会主体之间的互动不再是简单的单向或双向的线性模式，而是多维互动、联合、共生的非线性模式。在职业教育发展问题上，职业院校之间，职业院校和政府之间，职业院校和行业企业、社会其他参与主体之间，都愈发成为相互联系着的命运共同体，只有通过更多、更广、更深层次的合作，才能推动职业教育取得更大的发展。可以说，"互联网 +"职业教育的价值效应来自于"互联网 +"时代传统职业院校和多元经济社会活动主体之间更大程度的互联互通，"互联网 +"职业教育的人才培养更应该强调或更应该依赖不同主体之间的多维联合。为此，不论是政府还是职业院校，都应该遵从"互联网 +"具有的强杠杆效应，多渠道吸纳社会资本、社会资源，广泛吸引办学主体和监督主体的参与，推动职业教育人才培养创新，推进职业教育产品和服务供给方式的多元化，进而展现"互联网 +"时代"共享经济"的特征，不断顺应供需结构的调整，提高职业教育人才培养效能。

（三）培养目标应能力复合

随着我国经济发展进入新常态，"互联网 +"使得传统行业的变革不断深入，新的产业或行业不断产生，产业转型升级的速度不断加快，智能化制造、柔性化生产和个性化定制将成为主流。在此背景下，社会化大分工不仅会进一步细化，还会发生前所未有的变化，新旧职业更替促使人的职业素质、能力结构、专业技能等都产生相应的变化。与此同时，为了使我国迈入"制造强国"行列，"互联网 +"与创新创业的结合也被赋予了提振经济发展活力、塑造经济发展新动能的职责。这不仅可能催生一场"新工业革命"，而且还会激发全社会参与创新创业的激情。基于此，"互联网 +"时代，职业院校不仅要注重学生专业技能的培养，还要注重学生包括沟通协调、社会责任、社会人文、艺术修养、金融财税、企业管理、职业规划等在内的综合素质和能力的培养。所以，"互联网 +"职业教育人才培养的目标必须着眼于学生复合能力的养成，使学习者在专业实践基础上培养创新创业的精神和能力。可以说，“互联网+”时代的职业院校应该将充分激发学习者潜能、培养全面发展的完整个体作为自身的使命，这不仅体现了“互联网+”对职业性人才的逻辑诉求，而且顺应了经济社会发展的内在需求，直接凸显了“互联网+”职业教育的内在价值。

（四）培养方向应专业整合

“互联网+”所具有的“跨界、融合”特征，一方面，将更好地沟通“产业”和“教育”之间的“中间地带”，促进人才培养与产业对接，实现职业院校和行业企业之间的融合互动；另一方面，将加快产业价值链的重构，引发新产业革命对人才需求的变化，进而颠覆过去按照学科逻辑、专业需求培养职业教育人才的途径和方法。在“互联网+”时代，不论是“工业4.0”，还是“中国制造2025”，其价值链都更加强调跨界、融合，面向企业应用、强调生产实践的跨界设计、跨界营销等，都对“跨界型”人才的需求越来越迫切。就职业教育人才培养而言，应重在培养适应智能制造、智能工厂、智能平台等以及新产业体系中，尤其是制造、营销、服务等行业需要的能力复合型、素质全面型人才。换句话说，以大类专业、新兴专业、交叉专业等“跨界”培养应用技术技能型人才将成为职业教育人才培养模式改革的必然方向。沿着这样的思路，职业教育的专业教育不应该仅仅注重学生毕业后要从事某个特定岗位所需的专门知识，而应着眼于学生将来从事大类专业的工作所应具备的基础性、综合性知识。因此，职业教育除了应将职业资格教育融入专业教育外，还应以生产实践、创新创业和学生认知规律为构建逻辑，重构专业体系。

（五）培养过程应多元混合

“互联网+”对职业教育所产生的影响，不但是教育理念的革新，而且还在于教育形式的重构，以及教育内容和学习方法的变革。不得不承认，诸如自带设备（BYOD）、虚拟现实（VR）、增强现实（AR）、机器人技术、创客空间、翻转学习、自适应学习、情感计算、学习分析等正成为教育领域的新应用，体现着“互联网+”时代学习形态、学习模式、学习方法变革的新方向。在推进互联网技术与教育教学活动融合的进程中，正式与非正式学习、线下与线上相结合学习、规模化和定制化学习等得以创新、糅合，并引领学习者跨越学习、生活和工作的边界。这种跨越不但可以是跨院系、跨专业、跨学校的，也可以是跨行业、跨领域、跨区域的，而且还会沿着产业发展的逻辑向更丰富的外界环境扩展，创造出多种元素混合的学习方式。在“互联网+”背景下，职业教育所具有的“产业”和“教育”的本质属性将使其教学模式充分得以改造与重塑，经由专业融合与技术融合，知行合一的场景化学习将取得更好的效果，加之教育大数据可以让学习内容、学习环境、学习方式和教学策略更加优化，所以学习的过程不仅是知识传递和能力养成的过程，还是工作感知、个性满足和多维体验的过程。

二、“互联网+”职业教育人才培养创新的实现路径

在“互联网+”背景下，职业教育人才培养应该如何突破？许多学者都指出，创新人才培养模式是问题的关键所在。吴南中认为，发展“互联网+教育”应“实施包括从人才培养目的、人才培养过程和人才培养评价等全程的变革，以及支撑人才培养的机制体制变化，实现教育全局性发展、战略性转型”①；李茂国和朱正伟提出了基于工业价值链的工程人才培养模式创新，如“基于创新创业的视角实施创客模式、基于智能制造的视角开展跨界培养模式等”②；张培等认为，高职院校“互联网+”办学特色的形成应遵从市场、大学、制度、文化、技术等五个方面的逻辑，并基于对影响“互联网+”职业教育人才培养要素的分析，构建了“以职业性人才培养为核心、以职业教育与远程教育有效联结为目标、以校园教育与企业生产高度耦合为路径、以学历教育与非学历教育相互统一为动力、以现代信息技术与教育教学深度融合为条件支撑的立体协同的人才培养机制”③④。结合现有研究，基于前述的“互联网+”背景下职业教育人才培养的新规律，笔者认为，“互联网+”职业教育人才培养创新应该围绕以下几个路径展开。

（一）确立基于共享共建的办学理念

“互联网+”在改变人类社会的生产、生活、工作以及运行轨迹的同时，对职业教育发展也产生了深刻的影响。它不仅逐渐颠覆了传统的教育教学理念，还对办学组织形式、办学模式产生了前所未有的变革，促使职业院校突破传统的“千校一面，万人一面”的办学模式和人才培养模式的禁锢，探求具有区域特点和自身特点的“互联网+”时代的职业教育办学特色。各职业院校应该紧紧把握“互联网+”的发展趋势，找准自身定位，科学定位服务面向和人才培养目标，妥善处理好职业教育与区域产业发展的关系，主动“走出去”“引进来”，积极与政府、市场、社会等外部主体建立有效的战略合作伙伴关系，基于公私合作伙伴关系等市场化、半市场化模式共建“互联网+”职业教育示范项

---

① 吴南中.“互联网+教育”内涵解析与推进机制研究［J］. 成人教育，2016（1）：6.

② 李茂国，朱正伟.基于工业价值链的工程人才培养模式创新［J］. 中国高教研究，2016（12）：38.

③ 张培，南旭光.“互联网+”职业教育立体协同人才培养机制创新［J］. 职业技术教育，2016（10）：35.

④ 张韵.“互联网+”时代的新型学习方式［J］. 中国电化教育，2017（1）：50.

目，整合内外部优势资源和可持续发展资源共建职业教育人才培养体系，共同为培养高素质的技术技能型人才服务。与此同时，伴随着全球经济融合的进一步加速，我国职业教育应该主动加强与国际社会的交流合作，以“一带一路”倡议为契机，建立跨国界、跨区域的职业教育人才培养协作平台，积极引进国际化的职业标准，搭建开放合作和互联互通的人才培养体系，开展双边或多边联合培养，共享教育发展成果，为本地、本区域企业“走出去”和培养国家经济发展需要的人才贡献力量。

（二）开展基于产教融合的校企合作

较之于其他教育类型，产教融合自然是职业教育的本质特色，是被实践证明了的培养高素质劳动者和技术技能型人才的最有效方式，也是现代职业教育的社会责任和历史使命。“互联网+”时代，随着“中国制造2025”的加速推进，在互联网与实体经济深度融合发展的过程中，具有可持续发展职业能力的知识技能型劳动者将更加被重视，这就要求以岗位技能培养为导向的传统职业教育瞄准“工业4.0”的特质，以促进学生的可持续发展为终极目标。为此，职业院校必须积极适应工业产业的变革，服务“互联网+”“一带一路”“中国制造2025”等国家重大战略，遵循职业教育的办学规律，坚定不移地走深化产教融合之路，促进校企深度合作。首先，要在政府的有效介入、社会的积极参与下建立和完善职业院校与行业企业合作办学的体制机制，以产教融合为核心，改革人才培养模式，拓展并优化、重组办学资源，大力推进集团化办学，实行协同治理；其次，要通过多种路径实现职业教育和产业发展之间的战略对接、供需对接、优势对接、资源对接、文化对接等，切实推动人才培养与产业发展的有效对接，为社会提供高质量、高素质的技术技能型人力资源供给支撑。

（三）推进基于素质培育的“双创”教育

李克强总理曾强调，在当今“互联网+”蓬勃发展的时代，创新创业是实施创新驱动发展战略的重要抓手，是推进供给侧结构性改革的重要体现，是培育新动能的有力支撑，这对“互联网+”职业教育人才培养提出了新的要求和新的挑战。2015年5月，《国务院办公厅关于深化高等学校创新创业教育改革的实施意见》（国办发〔2015〕36号）出台，要求面向全体学生，将创新创业教育融入人才培养的全过程。发展“互联网+”职业教育、实施创新创业教育既是素质教育时代特征的体现，也是职业院校切实服务地方和区域经济社会发展的主要途径。事实上，这正是“互联网+”背景下的一种全新的教育理念和模式。各类型、各层次的职业院校应推动以往专门化教育向综合性教育的转变，开设跨专业的交叉课程，探索跨院系、跨专业甚至跨学科领域交叉培养人才的新机制，实现“专业教育”与“通识教育”间的平衡，将学生的“互联网+”

创新创业能力养成作为评价其人才培养质量的重要指标；同时，构建融合专业发展和个性发展的“互联网 +”创新创业教育体系，搭建完整的“互联网 +”创新创业实践空间，拓展以“全人发展”为目标的学生综合素质结构，增强学生对未来社会资源的跨界融合能力，提升“双创”和“互联网 +”相结合的乘数效应，促进人才培养与经济社会发展需求的紧密对接。

（四）重构基于工作场景的课程体系

经济转型和社会变革对职业教育人才培养提出了更高的要求，不仅原有的专业设置受到挑战，而且传统的课程体系也遇到了新的问题，如课程结构不合适、课程内容滞后、过分强调“专才”教育、知识传授和市场需求存在偏差等。杜威认为，知识和技能是人在解决实际问题过程中积极建构而成的，所有知识和技能都应置于具体情境中；史莱门特则强调，职业教育课程体系的构建应完整地呈现职业实践的工作过程和经营过程，这种情境导向的课程体系，可以让学习者提前感知、体验和熟悉将要面对的未来职业情境。基于此，“互联网 +”背景下的职业院校应摸索出一套能够体现学习者未来综合职业能力、适合地方和区域特色、紧随产业行业生产实践特质、尊重岗位需求的课程体系改革方案，构建课程群与岗位群相对接的多元化、开放化、菜单化专业课程体系，并以工作场景和工作过程来设置课程模块或学习单元，将理论知识与实践知识进行有效整合，从而打破不同专业教学与技术应用的界限，实现生动、多元、场景式的知识建构，使学习者通过专业内部、专业之间、理论与实践之间的知识整合，实现融会贯通。

（五）实行基于个性发展的混合学习

以新一代信息技术为支撑的“互联网 +”，大力推动了“以人为本”的知识创新型社会的演进，人类的学习方式正在发生深刻的变革，一系列旨在“连接一切、跨界参与、个性化定制以及创新驱动”的混合学习、多维学习、全景学习模式取得了创新突破，“互联网 +”时代的学习新生态正在形成。除了教学、管理、服务的智能化、数据化和在线化外，基于学习者个性发展需要的泛在式、定制化自主学习逐渐常态化。当前职业院校学生大多是在互联网环境下成长起来的“数字土著”，他们的行为方式、认知方式等都发生了变化。高职院校应摒弃传统的以“课堂教学 + 工厂实习”为基础的教学模式，在专业设置和课程体系重构的基础上，大力推进在线学习、面授课程、实习实训相结合的混合式、多维度学习模式（需要注意的是，这里所说的“混合式学习”绝非是课堂教学和在线教学的简单混合，而是针对职业院校这样一个开放、动态的系统，在对规模学习、定制学习、跨界学习、众创学习等多种学习方式综合运用、博采众长的基础上，采取的特色化学习组合方式），突破学习时间和空间的限制，有效提高学习资源的利用率，使学生能真正从课程学习中受益。

（六）实施基于学习分析的过程评价

“互联网+”时代，大数据不断向社会各行各业渗透，为每个领域带来了变革性影响。职业院校可以采取校企合作的方式与大数据技术先进的企业共建职业教育大数据中心或大数据协同研发基地，研发出具有本校、本地区特色的学习跟踪和记录系统、大数据分析软件系统等。借助大数据技术对教育教学过程中产生的数据进行广泛挖掘，不仅可以挖掘学生的学习行为模式，为其提供有针对性的指导和建议，进行学习及实践干预，而且还可以构建学习体验模型，对课程教学进行有效评估，对专业及课程进行风险预测预警，更能够为学习者和教学人员提供合适的过程性评估，优化教学辅助，及时调整教学方式，引导教学模式创新，提高职业教育产品和服务供给的精准性。在此基础上，逐步构建职业教育人才培养质量保障体系，深入推进职业教育质量诊断与改进工作，推动学习分析与人才培养全过程的有机结合，推进大数据与职业教育的深度融合发展。

【参考文献】

[1] 南旭光．“互联网+”职业教育：逻辑内涵、形成机制及发展路径[J]．职教论坛，2016（1）．

[2] 杨玉波，李备友，李守伟．嵌入性理论研究综述：基于普遍联系的视角[J]．山东社会科学，2014（3）．

[3] 南旭光，张培．“互联网+”教育：现实争论与实践逻辑[J]．电化教育研究，2016（9）．

[4] 黄兆信，罗志敏．多元理论视角下高校创业教育的发展策略研究[J]．教育研究，2016（11）．

[5] 张文．基于“互联网+”的高职院校人才培养模式创新[J]．教育探索，2016（12）．

[6] 李建奇．构建产教融合按需培养模式[J]．中国高等教育，2016（20）．

[7] 王占仁．“广谱式”创新创业教育的体系架构与理论价值[J]．教育研究，2015（5）．

[8] 张旸，于海燕．转型期新建本科院校人才培养模式变革探析[J]．高等教育研究，2016（9）．

[9] 甘容辉，何高大．大数据时代高等教育改革的价值取向及实现路径[J]．中国电化教育，2015（11）．

【作者简介】
袁景翔，副教授，重庆广播电视大学/重庆工商职业学院保卫处副处长。
南旭光，教授，重庆广播电视大学/重庆工商职业学院党政办公室主任。

感　谢

本文是作者发表在《教育与职业》2017年第11期第28－33页上的文章。为此，作者对《教育与职业》期刊社表示感谢。

慕课众筹模式的运行机制与风险管控研究*

阳　雯

【摘　要】随着慕课的发展，持续性的资金投入成为各个慕课平台发展的现实桎梏，羁绊了慕课的建设速度与质量。慕课众筹建设指的是利用众筹模式筹集资源建设慕课课程，让慕课更加满足学习者个性化需求，解决慕课在发展过程中的资金问题，提升学习者的参与体验。要实现慕课众筹模式，需要通过设计周密的运作机制，并通过规范的平台管理和立法等方式，控制慕课众筹建设中的风险，实现规范发展。

【关键词】慕课　众筹建设　运作机制　风险管控

一、问题的提出

自2012年起，以慕课（MOOC）为代表的在线学习吸引了全球的关注，吸引了以哈佛、耶鲁、麻省理工为代表的世界一流高校，各个国家也建立了政府、学校、企业主导的各类慕课平台，数以千万计的学习者涌入平台选择自身喜欢的课程，加上媒体的鼓吹，掀起了慕课的高潮。在线教育经过2013年的活跃发展和2014年的平稳发展[1][2]，自2015年起开始进入多样化发展新时期，在慕课的基础上，兴起了多种模式，比如SPOC、OLAs等，形成了以慕课为中心的在线教育生态，迅速扩大了在线教育的影响力，充分调动了学习者的学习积极性，也逐渐显现了资金后续投入不力的事实。同时，由于过于关注大众视角的大规模在线免费开放课程，对小众细分的学习者关注不够，引发了在线学习体验的问题。借助经济领域的众筹概念，以“聚群”的方式，将需求相似、目标相同、同时愿意为自身更好的学习体验提供一定的资金支持的学习者聚合在一起，共同出资建设慕课课程，并通过众筹提升学习者参与感、满足个性化需求、

* 本文系2015年度重庆市教改项目“信息技术与高等教育教学深度融合的表征与实现路径研究”（项目编号为153217）成果。

提升慕课学习体验、实现可能的经济回报，不失为“互联网+”时代背景下的一种慕课发展新模式。

二、众筹模式与慕课众筹

（一）众筹及众筹模式

众筹（crowd funding）又称为“群众集资”或“群众募集”。[3]它是一种来源于“众包”商业模式的集资模式，随着互联网的兴起，在出版、电影等行业迅速兴起。其核心机制是通过机构发布所需要筹资的信息，公众根据自身情况，按照自身需求进行投资。这种模式很好地利用了社会的闲散资金，也满足了参与者的主体感，有的企业甚至让参与者参与设计，体现工作流程。参与者的收益一般体现为产品、股权、使用权等形式。由于有“群众参与筹资”，能第一时间筹集所需要的资源，大大降低创新创业的成本，满足消费者最真实的需求，有天然的产品亲和力和社会适应性，优化了产业投资流程，所以有学者将这种商业模式称之为“众筹模式”。[4]

（二）慕课众筹模式

慕课作为教育机构为社会学习者提供的一种产品，其个性化程度、体验感和个体需求在很大程度上决定了参与者的积极性。随着在线学习影响力的逐步拓展，原有的慕课模式“千人一面”、参与感不足、交互能力有限的劣势不断显现。数字化时代，学习者的学习体验和需求发生了较大变化，愿意并能为慕课学习“买单”的倾向逐渐明显。在这样的条件下，通过发布信息进行众筹，再开展慕课课程建设逐渐成为一种可能。

从现有的慕课建设模式来看，Coursera、Udacity 和 ed X、学堂在线等国内外主流慕课的建设一般采取平台与高校、名师合作，或者是形成区域性的高校联盟共同建设平台和投入资金的形式。不管是什么样的形式，其本质是一种供给关系，从供给角度尝试提供更好的产品。这种模式隐含的不利因素是慕课建设者并不需要考虑回报，造成了平台的持续供给能力存在疑问；同时，由于缺乏与学习者的交互，造成了极高的退学率，即便是慕课热初期加特隆与诺维格所讲授的“人工智能”课程，短期注册了 16 万名学生，最终却只有 14% 的人完成了这门课程的学习。[5]

慕课众筹模式就是要打破以往的慕课建设模式，通过提高学习者的参与性，重构慕课建设流程的一种课程建设方式。其主要特征是课程发起人将课程信息进行公示，号召学习者深入参与制作方式、教师、学习内容等关键信息的选择，并向学习者筹资。在获得建设慕课所需要的资金之后，发起人整理相关信息，组织课程建设，并在平台发布，学习者可以获得相应的学习权利，并在可能的基础上，获得收益。

慕课众筹模式理论上解决了慕课发展过程中的几个关键问题：第一，解决了资金支持的持续性问题。只要学习者有足够的参与数量，慕课课程建设就有源源不断的资金。相对于依托学校、政府模式，资金有更庞大的生态支持。第二，解决了慕课学习过程中的学习体验问题。学习者通过较小的投入，表达了自身的意愿，促进了资源建设的改善，有效地提升了资源建设的针对性，又提高了学习者的体验。第三，提高了学习者对慕课的黏性。由于学习者自身投入了一定的资金，对自身的资金所建设的资源有一种主人翁的心理优势，同时由于可能产生的回报，学习者会在自身圈子进行一定的推广，这也是促进更多的学习者参与的基础。第四，有利于形成在线学习共同体。以往的慕课学习者流失率偏高，其中一个很重要的原因是在慕课学习过程中，学习者的相互支持力度偏弱，遇到学习问题尤其是情绪问题时不能很好地通过共同体氛围得到解决。在以往的慕课实施中，也有学习者通过社交媒体组建成学习共同体，但这种共同体的“主人翁”感并不十分突出，对学习者的吸引力和支持力度都不够。而众筹模式下的慕课建设，理论上是具有共同志趣的学习者的聚合，是天然的学习共同体，对于解决慕课学习过程中的问题，尤其是克服学习过程中的孤独感，有天然的优势。

三、慕课众筹的运行机制与资源特性

慕课如何利用众筹进行建设，选取什么样的众筹模式，主体是谁，控制哪些环节，如何保障慕课建设的质量问题等，都需要通过设计较为完善的运作机制来促进慕课众筹的实施。

（一）慕课众筹模式的运行机制

1. 众筹类别

作为在商业领域较为成熟的模式，众筹已经有较多的运行模式。按照云朋的总结，众筹的类别有债权众筹（即资金投入者通过投资，获取众筹公示合同所公示的债权，通过本金回收和利息回收获利）、股权众筹（即资金投入者通过投资，获取股权回报）、回报众筹（即投资者通过投资，获取产品和服务）、捐赠众筹（即投资者不求回报的无偿捐赠）以及两种以上的综合。[6]慕课众筹是回报众筹类型，如果项目能顺利开展，有得到经济收益的可能。

2. 运行机制

机制指的是各个相关影响因素的相互关系及整体的运作方式。[7]在慕课众筹运作中，其主要是四个关键部分：信息发起、众筹参与、资源建设与收益分配，如图1所示。

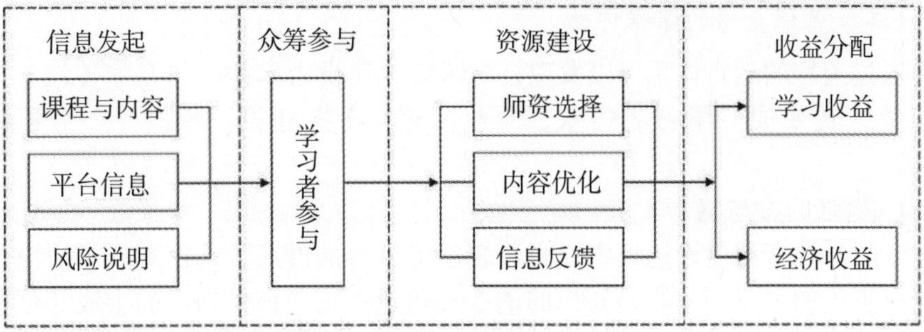

图 1　慕课众筹模式的运行机制

（1）信息发起。一般而言，信息的发起者也就是项目的负责人，来源可能是相关课程建设的教育机构，也可能是学习者。信息发起者在建设过程中承担规划、平台选择、运行机制设计和风险控制以及学习者组织与引导工作。一般包括了四个主要内容：第一，课程与内容。就是建设什么样的课程，课程有哪些核心内容，是用什么级别的标准来建设的，通过课程学习可以实现的知识、技术与技能目标。第二，选择什么样的平台。各个平台有各个平台的运行逻辑，需要明确课程通过什么样的平台进行发布。第三，课程运行机制设计。涵盖了筹集资金的数量、教学组织形式、分享成效的形式、众筹的截止时间、资金筹集流向等设计和规划。比如“终身教育与职业发展”课程，预计筹集 12 万元，教师授课 4 万元，资源建设 3 万元，支持服务 3 万元，资源维护 2 万元，截止时间为 2016 年 12 月 20 日等。第四，风险控制信息。如当众筹达不到所需经费如何处理，如何保证课程建设的质量等问题。

（2）众筹参与。信息发起之后，学习者就可以阅读相关信息，分析学习内容是否满足需求，学习形式是否适合自身，教师是否是自身欣赏类型，自身是否愿意提供众筹所规定的最低投入等，决定是否投入资金。

（3）资源建设。完成众筹之后，就进行资源建设环节。按照众筹承诺，选择相应的教师，根据学习者共同需求，进行内容优化，设计反馈体系，完成资源建设。

（4）收益分配。首先，参与的学习者有获取有质量的课程学习的收益。其次，在对外开放学习过程中，如果产生了额外的收益，怎么回馈给资金投入者，在方式和途径上要做清晰的说明。

需要指出的是，慕课众筹不同于一般课程的筹集方式，需要充分考虑学习者的经济承受能力，需要考量不断提升的质量要求。因此，课程投入的门槛不宜过高，反馈体系要作为重要内容，内化到流程中。

（二）慕课众筹的课程特性

通过流程的运行体系可以发现，慕课资源建设由以往的“专家建设，学习者消费”转变成“学习者需求，专业流程，专家建设”模式，产生了新的特征。

1. 更强的参与感

学习者在资源建设过程中，充分表达了自身的诉求，真正实现了情境学习理论所提出的“学习不再是知识的消费和传承，更应该是知识的生成和创造活动”的特性。[8]学习者不但是内容的主要决定者，而且是学习共同体的决定者，同时也是教师的选择者。学习者参与感越强，学习任务完成的责任意识也就越强。

2. 更多的个性化

慕课众筹将整齐划一的慕课建设进行了门类划分。学习者只需要按照自身的个性需求进行投资，就可以实现个性化的课程建设。慕课建设的目的不再是满足专业和课程需求，而是转变为满足一类人对知识学习的需求。在传统的方式中，为了保证质量，课程必须有一致的学科与专业高度，而忽视了对普及性课程、专业探究性课程的需求，学习者的个性化不容易体现，资源的针对性不能实现。而慕课众筹通过投入的概念和运作过程，将自身需求和课程实效紧密结合起来，事实上强化了区别于普通慕课的个性化特征。

3. 更强的适应能力

适应性是课程建设成效的核心评价指标。通过众筹模式所建设的课程，具有更高的适应能力。首先，课程内容是学习者自主选择和调适的，慕课建设者是按照学习者的需求进行资源建设的。这是课程适应的基础，保障了起点的适应。其次，参与慕课投资的学习者有主人翁的心态。由于学习者自身是慕课建设的投资者，参与慕课学习有更高的积极性，保障了慕课的适应性。再次，众筹模式实际上是一种竞争机制，考量的是内容是否具有吸引力、方式是否具有群众基础的问题，与专家设计课程不同，是市场导向的。因此，慕课众筹天生就有市场基因，更能适应学习者需求。

4. 更为旺盛的生命力

传统模式下的慕课建设，以学习者参与慕课学习为起点，以结束慕课学习为终结，学习者并不关心课程的质量，一旦有质量问题，就会选择退出，终结与慕课本身甚至是平台的联系。但慕课众筹以“可能的收益”和“主人翁”态度，促使慕课学习者不断思考慕课建设过程中的问题，促使其由原来的一般学习者转化为更加积极的问题反馈者、内容提供者和数据体验者，这些回应和反馈都是完善慕课建设的有效信息，能促使慕课由“一次生命”转变为“逐渐成长的生命”，使慕课的生命力持续旺盛。

四、慕课众筹模式运行的风险与管控

从运行过程来看，慕课众筹模式体现了自身的优势，但是要实现慕课众筹的可持续发展，还需要得到各方面的保障。

（一）慕课众筹的法律保障

在商业领域，管理者出台了相关政策，防止投资者的资金失去控制。比如在国内，由中国证券协会发布的《私募股权众筹融资管理办法（试行）（征求意见稿）》，从法律层面规范了项目发起人的权利和义务，有效地约束了不法分子通过众筹之名，行诈骗之实的行为。慕课众筹显然不同于商业众筹，慕课建设没有专门的众筹平台，最有可能发端于社交媒体，监控的难度较大。通过教育行政部门有效规范发布平台（比如选定支付宝作为投资支付工具），发起人信息公开，重点强化众筹过程中的风险提示等方式，保障学习者权利，并提供法律和制度保护众筹行为，是风险管理的关键环节。

（二）众筹平台聚合风险与道德风险

一般来说，慕课学习者为教育系统的学习者和社会上需要提高自身职业能力的工作者，他们的经济能力有限，有学习的意识，但这部分人没有机会也不会有太多的兴趣进入各类专业筹资平台。因此，从实际出发，发起者选择的平台应该是在线学习平台、社交平台，比如微信平台、在线学习平台等。一方面，这类平台能聚集大量的学习者，能真正实现慕课建设所需要的人数基数。另一方面，平台的道德风险也增加，需要关注信息发起者的身份，减少利用众筹行使诈骗的行为。对于学习者而言，选择权威的教育机构和普通高校，以及领域中有学术成就的教师之类的发起人，可以有效降低这种风险。

（三）发起者的资源聚集能力与质量风险

与产品、服务等众筹行为不同，慕课众筹的发起者需要整合教师、内容、资源呈现、平台等各个相关因素，实现学习投资者的课程期待。其中，不管是教师还是资源呈现方式，都存在一定的风险。比如，学习者所选择的教师有多大把握能到位，信息发起者所设计的课程框架能在多大程度上得到教学设计的支持，教师风格和相应的教学设计能否吻合，能否找到优质的课程包装团队完成课程的后期制作，这些都是考验发起人资源聚集能力的风险。一方面，发起者需要对各类信息做充分的披露；另一方面，慕课建设与设计水平息息相关，开发者能否将学习者对慕课的需求转化为教学目标、教学活动和呈现方式，是对开发者的教学设计水平和媒体技术能力的考验。当众筹得以成功时，需要学习者实施监督，促使发起者完成课程建设任务，同时建设者也要加强信息素养，将信息技术与教学过程深度融合，强化慕课内容呈现的合理性、过程参与的舒适度。

【参考文献】

［1］冯菲，于青青，蔡文璇，汪琼.2013年全球慕课运动回顾［J］.工业和信息化教育，2014（9）：5－12.

［2］汪琼，张桐.2014年美国慕课发展回顾［J］.电化教育研究，2015（4）：35－43.

［3］王曙光，贺潇，贾镝.众筹模式的激励相容、运作机制与风险监管：兼论中国式众筹的问题与趋势［J］.金融与经济，2015（3）：55－60.

［4］陈忠海，常大伟.众筹模式在档案馆档案信息资源开发中的应用研究［J］.档案学基础，2014（6）：40－45.

［5］吴南中.理解课程：MOOC教学设计的内在逻辑［J］.电化教育研究，2015（3）：29—33，88.

［6］云朋.众筹模式风潮已起［J］.企业观察家，2010（10）：93－94.

［7］吴南中.在线学习培育的顶层设计与推进机制研究［J］.电化教育研究，2016（1）：45－50.

［8］曾文婕，柳熙.获得·参与·知识创造：论人类学习的三大隐喻［J］.教育研究，2013（7）：88－96.

【作者简介】

阳雯，教授，重庆广播电视大学/重庆工商职业学院创新教育学院。

感　谢

本文是作者发表在《成人教育》2017年第9期第37－40页上的文章。为此，作者对《成人教育》期刊社表示感谢。

新常态下高职院校创业教育资源共享体系研究

高　平

【摘　要】在新常态背景下，中国经济发展呈现出新的特征。面对新常态的机遇与挑战，需要高职院校顺应经济发展新趋势的要求，抓住机遇，创新高职创业教育方式，依托互联网，围绕“一个载体，三个核心，五个模块”进行高职院校创业教育资源共享体系的构建，促进高职院校创业教育范围的拓展、水平的提高，帮助高职学生养成习惯性创业思维，提高高职学生创业成功率，为推动国家经济实现新增长做出应有贡献。

【关键词】新常态　高职院校　创业教育　资源共享体系　互联网

2014年5月，习近平总书记首次提出“中国经济呈现出新常态”，并于2014年11月对“经济新常态”做出了系统全面的阐述，中国经济主要呈现出不同于过去30年的三大特点：首先，从经济发展速度上讲，经济由高速增长转为中高速增长；其次，从经济结构上讲，经济结构不断优化升级，第三产业消费需求逐步成为主体，城乡区域差距逐步缩小，居民收入占比上升，发展成果惠及更广大民众；再次，从经济发展动力上讲，从要素驱动、投资驱动转向创新驱动。[1]

在经济新常态的背景下，经济增长速度在放缓，这势必会导致就业市场的竞争将愈发激烈；经济结构的不断优化与升级将推动第一、二产业吐出更多劳动力流向第三产业，这就意味着第三产业的就业规模将扩大，急需产生新型企业与服务产品来接纳不断涌出的就业需求者；由创新来驱动经济发展，需要新的商业模式和新的以拥有的核心知识产权为特征的产品和技术创新来实现推动经济新一轮的增长。[2]面对新常态下经济发展的特征，高职院校要主动适应经济发展新常态就需要顺应经济发展新趋势的要求，抓住机遇创新高职创业教育，依托网络构建符合时代特征的高职院校创业教育资源共享体系，促进高职院校创业教育范围的拓展、水平的提高，帮助高职学生养成习惯性创业思维，提高高职学生创业成功率，为推动国家经济实现新增长做出应有贡献。

一、新常态下高职院校创业教育发展的瓶颈与成因分析

创业是在社会各领域内进行创新，开辟或拓展新的发展空间，并为他人和社会提供机遇的探索性行为。[3] 高职院校开展创业教育更强调实用性与适用性，强调将学生培养成具备一流的创业精神、树立恰当的创业观、具备系统的创业知识、练就较强的创业能力的创业型人才。但由于高职院校创业教育时间有限、拥有的创业教育资源有限、创业教育途径单一，使得创业教育目标难以有效实现，阻碍了高职院校创业教育的有机发展。

（一）高职创业教育资源整合利用度低

高职创业教育的一个主要内容是创业比赛，带有较强的个体性与精英色彩，创业教育资源集中使用在少数参与者身上，更多的、更大众的普通学生沦为“旁观者”。当前高职院校所设立的“创新创业试点班”“大学生 KAB 协会”等创业教育与实践实训平台，也只是少部分学生加入，更多的学生受多方面因素的制约，不能身处创业教育的浓厚氛围中受到创业精神的浸染，无法平等地获得创业教育的机会。同时，创业基础课程、创业家讲座、创业大赛等传统的高职创业教育形式，由于受到时空、资源等限制，传递给高职学生的创业知识、创业经验、创业能量有限，无法满足高职学生日益高涨的创业热情、创业知识与创业实践的需求。高职创业教育资源整合利用度低，这必然导致高职学生日益高涨的创业激情与偏低的自主创业成功率之间的矛盾。

（二）高职创业教育途径单一

当前高职学生创业教育的开展主要依托于创业课程、创业讲座、创业沙龙等传统方式，未能充分认识新形势，研究新问题，探求新方法。传统教育方式从时间与空间上限制了创业教育的辐射度与受益面。[4] 同时，传统的高职创业教育理念下的创业教育形式，无法提供给学生针对性强、操作性全面、视角多元化的“理实”结合的新常态下的创业教育新方式，这必将导致高职学生日渐强烈的创业教育需求与滞后的创业教育方式之间的矛盾。

（三）高职学生自身因素导致获取创业相关信息不足

创业是“通过集合一系列的资源，利用机会来创造价值的过程”[5]，对市场信息、创业政策及时、全面的掌握，是决定高职学生创业是否成功的重要因素。及时、全面、准备地掌握市场信息与创业政策，是高职学生走好创业的第一步。但是，由于高职学生自身知识结构、实践经验的限制，同时受到所处学

校条件、资源的限制，使其往往无法全面了解与掌握市场信息，把握不准市场动态，也无法全面、深度地解读创业政策与法律法规，这必将导致高职学生自身素质的欠缺与高职院校智力支持落后之间的矛盾。

二、新常态下建设高职院校创业教育资源共享体系的必要性

（一）整合创业教育资源，促进高涨的创业激情与偏低的自主创业成功率之间矛盾的解决

计算机与网络的普及为构建高职院校创业教育资源共享体系提供了客观物质基础，同时，这也从客观上为实现高职创业教育的全覆盖提供了可能。在这种客观背景下，依托网络构建高职院校创业教育资源共享体系，开设网上创业教育课堂，上传创业教育资源，进行网络平台虚拟创业的实践实训，开创高职学生创业咨询、资讯交流互动平台等，必将突破创业教育在时间与空间上的限制，提高创业教育的普及面与对教育资源的利用率，推动高职创业教育的大众化、公平化进程。依托网络构建高职院校创业教育资源共享体系，可使学生在课堂以外的任何有网络的地方自主学习创业教育理论知识，自主进行网络虚拟创业，自主了解创业新资讯，通过网络互动平台分享心得、经验教训、咨询创业相关问题，有利于培养学生创业惯性思维，提高学生创业理论知识与创业敏锐性，提高学生创业的成功率。

（二）扩大创业教育覆盖面与受益面，促进日渐强烈的创业教育需求与滞后的创业教育方式之间矛盾的解决

美国“创业教育联盟”认为，创业作为“一个终身的学习过程”，至少包括基础认知阶段、能力意识阶段、创新培养阶段、创业实践阶段和创业发展阶段几个阶段。[6]创业教育的培养目标是将学生培养成具有系统创业知识、较强创业能力、良好创业精神与创业心理的创业型人才。传统的高职创业教育，因受到时间与空间的双重限制而只能选择相对单一的创业教育形式，学生获得创业训练、积累创业实践经验的机会很少。依托网络构建高职院校创业教育资源共享体系，通过创业网络课堂、创业模拟实训软件、网络咨询与交流平台等，可以拓展高职创业教育新途径，扩大高职创业教育的覆盖面与受益面。

（三）多元化模块、多视角的创业教育浸染，促进学生自身素质的欠缺与高职院校智力支持落后之间矛盾的解决

依托网络构建高职院校创业教育资源共享体系，通过创业课程模块、创业模拟实训模块、创业资讯与资讯服务模块、创业论坛模块、创业精英模块等多元化模块的系统创业教育，以创业家、创业教师、学生、创业精英等多视角的互动与互助形成强烈而浓厚的创业学习与实践氛围，有助于实现创业教育资源

的共享与增值，增强高职院校创业教育的感染力与互动性，便于学生获取创业教育资源与资讯，促进学生自身素质的欠缺与高职院校智力支持落后之间矛盾的解决。

三、新常态下基于网络平台的高职院校创业教育共享体系构建

（一）构建目标

当前高职学生的创业现状呈以下特点：从创业领域来看，大部分都集中在进入门槛相对较低的餐饮业、服装零售业等传统行业，高新技术产业涉及较少；从创业资源获取途径来看，高职学生的创业大部分都依附于学校这个母体资源，缺乏基础与能力单飞；从创业发展前景来看，高职学生创业大多都集中在发展成熟、市场饱和度高的行业，而少有在蕴含机遇与希望及发展后劲强劲的行业；从创业项目的选择来看，高职学生创业项目大多都集中在传统的旧产品或旧模式上，而具有核心知识产权或核心竞争力的专利性产品很少。由此可见，当前高职院校创业教育无法满足经济新常态背景下通过创新驱动实现经济新增长的目标的需要，既无法优化与扩容第三产业，更无法实现“创新促进创业，创业带动就业”的目标。

传统的创业教育被简单的定义为帮助高职学生“创办企业”，在“互联网 +”与经济新常态背景下，创业教育的内涵应拓展与丰富为指导高职学生“创办企业”与“创新业务”。创业教育内涵的拓展与丰富，必然带来创业教育模式与创业教育目标的变革。依托网络构建高职院校创业教育资源共享体系，以网络环境为基础，以创业模块为平台，将创新与创业两大领域有机结合，改变以创建企业为目的的高校创业教育传统体制，使创业思维成为习惯性思维方式，这将改变我国低层次创业活动活跃、高层次创业活动低迷的现状[7]，帮助高职院校学生在经济新常态的背景下顺利实现创业。

（二）设计思路

依托网络构建高职院校创业教育资源共享体系就是利用现代信息网络技术，搭建多模块、多主体、多种资源有机整合的切实可行的高职创业教育网络平台，构建多元化的创业教育资源共享体系，从创业教育内容、教育方法、多元的教育主体、创业资讯与服务等方面，形成一套目标明确、结构清晰、主体多元、形式灵活机动的创业教育新模式。

高职院校创业教育资源共享体系，围绕“一个载体，三个核心，五个模块”进行构建：“一个载体”即以互联网为载体与平台；“三个核心”即以创新意识、创造能力与创业精神为核心的创业素质教育目标；“五个模块”即“创业课程教育与资源模块”“创业模拟实训模块”“创业交流互动模块”“创业资

讯与咨询服务模块”“创业精英模块”五大模块，为学生提供系统化、自主自助化的高职创业教育新方式。

（三）构建策略

构建高职院校创业教育资源共享体系就是倡导从高职创业教育的内容即“教什么”、高职创业教育形式即“怎么教”、高职创业教育资源即“能够教”等几个方面拓展高职创业教育。在创业教育内容方面，由“创办企业”拓展为“创办企业与创新业务”；在创业教育形式方面，由“单一的课堂教学”“创业大赛”等拓展为包括“教学”“模拟实践与体验”“交流、资讯、指导、互动”等，集创业课程、创业体验、创业氛围、创业行动于一体的高职创业教育链条；从创业教育资源方面，从高职院校单一的教育资源拓展至依托互联网实现各高职院校创业教育资源的共享，从而最终构建起“一个载体，三个核心，五个模块”的高职院校创业教育资源共享体系，如图1所示。

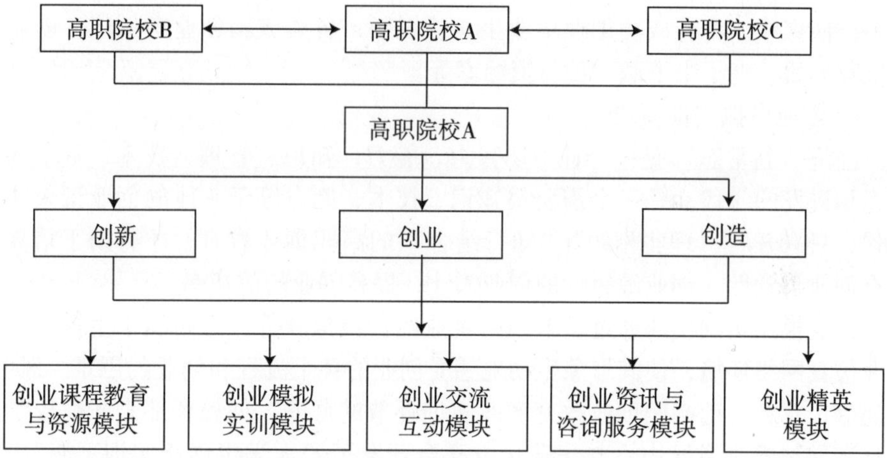

图1　高职院校创业教育资源共享体系

1. 创业课程教育与资源模块

“新常态”背景下，要求教育产业的产出与市场对人才的需求在专业结构、学历层次、区域分布上相互匹配。这就要求高职创业教育内容要更具时代性与针对性，创业教育资源要更加丰富与易获取。高职院校创业课程教育与资源模块是对高职院校传统的课堂式创业教育的补充与丰富，在很大程度上能弥补高职创业教育时间不足、创业教育对象覆盖面不够、创业教育形式与途径单一、创业教育资源匮乏等问题。

高职院校创业课程教育与资源模块主要包含以下两方面的内容：一是高职

创业教育网络课堂。网络课堂教师既可以是本校的创业课程教师，也可以是其他高职院校的创业课程教师，同时也包括校外企业家、创业家等兼职创业教师。课堂内容包括创业教师的创业课程视频，成功企业家、创业家的讲座、访谈视频，小微企业注册登记录像视频等。自2012年以来，MOOC（Massive Open Online Course，大规模在线开放课程，又称慕课）在全世界开始流行，成千上万甚至几十万人一起学习一门课程，使得教学模式和学习模式都发生了深刻的变化。很多人都相信，MOOC有助于促进教育均衡发展，促进教育公平，创新教学模式，提升教育质量[8]。在这样的高校教育改革新形势下，依托互联网，将高校所有创业教育的优秀教学经验和优质教学资源进行共享，丰富了高校创业教育资源的表现形式，解决了创业教育资源不足的问题。高职创业教育网络课堂，帮助高职创业教育教学活动摆脱空间和时间的限制，为学生提供多元、灵活的沟通渠道，营造具有高职院校自身特色的创业文化。二是高职创业教育资源共享平台。包括各高职院校创业大赛纪录片、本校历届创业大赛优胜作品与获奖学生访谈视频、本校成功创业毕业生访谈视频，各类成功创业案例库，创业导师推荐书目、电子书下载、项目资源库等。

2. 创业模拟实训模块

经济“新常态”是一个让一切智力、能力、知识、管理、技术、资本的活力竞相迸发的时代，是一个需要集知识、技术、能力等于一体的创业型人才的时代，只有开展“理实相融”“知行结合”的高职创业教育，才有助于培养出具有创业自觉性、创业敏锐性的创业人才，提高创业的成功率。

创业模拟实训模块通过引入网络企业经营模拟软件，为高职学生提供一个创业仿真网络环境，使其形象生动地感受创业的各个流程和创业的困难、风险、机遇等，弥补当前高职创业教育实践实训环节的薄弱。如教育部全国高校学生信息咨询与就业指导中心与华普亿方联合开发了“大学生创业实训系统”，该系统将大学生创业知识体系和大学生创业仿真实训有机融合，建设了创业前期准备、创业能力塑造、创立我的企业、经营我的企业四大模块。

创业模拟实训模块的建设，有助于构造形象生动的高职创业教育教学环境，改变传统教学中教师为主体、学生参与度与自主性有限的现状，将创业学习的决定权从教师转移给学生，促进单向接受式的创业学习向自主化合作化转变。

3. 创业交流互动模块

创业交流互动模块，强调创业教育过程的互动性，通过在线交流平台来实现学生之间、师生之间、校际之间的沟通交流，推动高职学生积极主动地投身到创业教育与实践中，提高创业教育的实效性。此模块主要包含以下两方面的功能：

一是通信功能。创业答疑室、BBS 创业论坛、创业留言板等通信功能，可以实现学生之间创业经验与技巧的交流和切磋，学生还可以把在创业学习、创业实训、创业实践中遇到的困惑通过此功能传达给创业导师、优秀的创业校友、优秀的创业家和企业家等，并获得解疑与帮助学生向学校提出自己对创业教育的教学意见与建议，实现创业教育的“教学互长”。

二是创业协作功能。通过创业答疑室、BBS 创业论坛、创业留言板等交流平台，通过学生、教师、企业家、创业家之间对某个创业项目进行深入地讨论与头脑风暴，帮助学生更加全面地认识创业项目的优劣。同时，通过不断地讨论与项目优化，也有助于教师、企业家、创业家更加全面地认识创业项目，帮助学生获得更多的创业支持机会。

4. 创业资讯与咨询服务模块

经济“新常态”为高职学生就业创业提供了良好的社会环境与制度环境，但是由于学生受阅历、视域、获取信息途径有限等因素制约，不能很好地把握新常态下的社会特征。创业资讯与咨询服务模块主要为本校学生及时、准确地提供创业相关资讯，对创业的法律法规、政策等进行解读，使其了解创业基金政策、申报与管理程序等。

创业资讯与创业咨询内容包括本校创业大赛报名、相关创业新闻发布、市场新动态发布与解读、新大学生创业政策及法律法规的发布与解读等。本校学生可以通过手机 APP、微信公众号、邮箱等方式订阅本校“创业资讯与咨询服务”，帮助学生及时、便捷了解最新的创业资讯与新闻，有利于扩大高职院校创业教育资源共享体系覆盖面、利用率与影响度。

创业基金的政策、申报与管理程序包括国家、地方、学校对大学生创业的资金支持政策，本校学生申报创业基金的相关政策、流程，校企合作单位、校友等对本校创业大学的创业资助与资金支持，本校创业基金的申报、管理等。

5. 创业精英模块

“新常态”强调激发内生动力来实现新发展与新增长，在这样的时代背景下，高职院校要寻找自身的创业教育内生力。创业教育资源的整合不仅是向外寻求资源的扩充，也要有向内的探索与挖掘，形成属于自身特色的创业氛围、创业文化、创业环境，激发自身创业教育的内生力。创业精英模块，主要功能在于烘托校园创业氛围、创建校园创业文化，调动学生创业激情、激发学生创业自信心。

创业精英园。主要介绍本校毕业生创业精英的成长与创业历程，用学生身边看得见、摸得着的人与事，用最有力、最鲜活的事例去证明高职学生成功创业的可能性与可行性。

“微营销”与“微互动”。“微营销”即学生通过关注本校创业精英的微博、微信公众号等，了解创业精英新动向；创业精英可以利用自己的微博、微信公众号推广自己的产品、创业理念，来扩大自身与企业的知名度与影响力；“微互动”即学生与创业精英通过微博、微信等渠道进行沟通与交流，帮助学生解决在创业实践过程中遇到的实际问题，对学生进行创业心理、创业思维、创业行为等方面的正确引导，提升学生创业的综合素质。[9]

在经济“新常态”的背景下，高职院校创业教育不应该也不可能再继续是“精英教育”，创业资源也不仅仅只供给具有创业潜质、创业条件的学生，高职院校创业教育有义务与责任顺应时代的需求推动创业教育成为普及性素质教育，成为高职学生实现终身可持续发展的基础性教育。

【参考文献】

[1] 张占斌，周跃辉．关于中国经济新常态若干问题的解析与思考［J］．经济体制改革，2015（1）：34－38.

[2] 杨若邻．新常态背景下高校大学生创业模式探析［J］．人才资源开发，2015（5）：233－234.

[3] 王连森，董立平．“两级三域四块”创业教育平台的设计思路［J］．教育探索，2010（8）：131－132.

[4] 李忠晓，张忠臣．新形势下基于网络平台的大学生创业教育探析［J］．教育与职业，2012（6）：222－223.

[5] Stevenson，H. H.，M. J. Roberts，D. E. Grousbeck. 1999. New Business Ventures and Entrepreneur. Homewood：Richard D. Irwin.

[6] ASHMORE C. Five Stages of Life Long Learning［EB/OL］．http：//www. entre－ed. org/_ entre/5－stages. htm，2010－02－15.

[7] 冯萍，王薇．网络环境下大学生创业教育多元化模式探究［J］．长春大学学报，2012（12）：1587－1588.

[8] 尚俊杰．教育流程再造：MOOC 之于高等教育改革［J］．北京论坛，2013（5）：240－251.

[9] 高平．高职学生创业教育网络平台构建［J］．中国成人教育，2014（5）：65－67.

【作者简介】

高平，副教授，重庆广播电视大学/重庆工商职业学院管理学院。

感　谢

本文是作者发表在《职业技术教育》2016 年第 11 期第 39 – 43 页上的文章。为此，作者对《职业技术教育》期刊社表示感谢。

高职教育校企合作网络特征及动态能力培育*

南旭光　章晓明

【摘　要】本文针对高职教育校企合作呈现的网络化发展趋势，通过厘清校企合作网络系统具有的动态性、开放性、互补性、扩张性等典型特征，阐释从培育快速反应能力、甄别监察能力、资源整合能力、协调耦合能力出发，建立弹性进出机制、环境适应机制、学习发展机制、共同治理机制，培育高职教育校企合作网络动态能力和创新发展能力，提高合作的效率和效能，推动校企深度合作、产教深度融合，促进职业教育向纵深发展的理论及现实意义。

【关键词】高职教育　校企合作　网络特征　动态能力

一、引　言

随着我国经济社会的迅速发展，产业结构调整升级不断加快，无论是企业还是高职院校，都面临社会的多元化需求。它们在各自独立的体系内发展壮大的同时，形成深度合作关系的内动力和外在要求也不断增强。[1]事实上，在高职教育校企合作不断深入的过程中，不仅学校和某个企业发生联系，而且参与合作的各个企业之间、职业院校之间、政府和企业之间、企业和中介机构之间、中介机构之间等也都需要彼此接触、相互了解、协调互动。这样才能使得校企合作主体之间的协作关系进一步密切，互动频率不断增加，互补性资源的使用更加有效，“一对一”的合作在经历了向“一对多”的合作过渡后，已开始向“多对多”的网络化合作模式进化。加之国家有关政策的推动，使高职教育校企合作的组织规模逐渐扩大，网络化趋势越来越明显。

实际上，校企合作本身就是一种重要的跨组织合作形式，是高职院校与社会产业机构、经济团体之间通过广泛而密切的配合而形成的网络化和社会化活

* 本文系2014年度国家社会科学基金教育类重点项目“职业教育校企合作双主体办学的治理结构，实现途径和政策研究”（项目编号：AJA140003，项目主持人：杨进）成果。

动，其目的是通过网络伙伴的联结，在各取所需、资源共享、优势互补、多方共赢的基础上，推动职业型人才的培养。然而，就目前的高职教育校企合作而言，很多学校与多个企业之间依然是星式的单一结构合作关系，阻碍了学校和企业之间的信息交流和资源共享。为此，高职教育必须推动自身的改革创新，主动加快构建高效的立体化、网络化的校企合作关系。国务院《关于加快发展现代职业教育的决定》（国发〔2014〕19 号）和教育部《关于深入推进职业教育集团化办学的意见》（教职成〔2015〕4 号）“鼓励多元主体组建职业教育集团”，就试图组织高职院校、行业、企业、科研机构、社会组织等共同参与，形成网络化合作。但是，伴随着校企合作网络化模式的推进，虽然高职院校、企业、中介机构、科研院所等选择合作伙伴的范围变大，但往往因体制受限、机制不顺等问题，多边合作的稳定性并不高，网络化的耦合还比较脆弱。因此，有必要清晰认知网络模式下校企合作的特征，以保证校企合作网络化模式的顺畅运行，保障多边合作长期稳定有效，[2] 充分利用网络组织所具有的倍增器作用，加快校企合作多元创新，推动人才培养的针对性和有效性。

二、高职教育校企合作的网络特征

高职教育校企合作网络是基于合作主体之间建立的多边合作关系而生成的，是从事以高职教育人才培养为核心的教学组织、技术研发、成果转化、咨询服务、创新创业等活动全面联合的组织形式。这种由高职院校、企业与所处环境结成的合作网络，既包括高职院校和企业之间的合作关系，也包括与高职院校有合作关系的、处在同一产业链或相关产业链条的各企业之间达成的合作关系，其网络节点的连接方式主要体现为校企合作的不同模式，如联合建立实训基地、合作共建专业、联合技术攻关、共建科技园区、开展订单培养等。高职教育校企合作网络同时具有校企合作组织和社会网络组织的优点，可以围绕人才培养构建一个完整的价值链和优化的创新链，实现知识传递、资源共享、技术扩散、创新发生、战略协同等，对各参与主体的发展具有重要作用。

（一）动态性

校企合作网络中的参与主体以网络形态而非独立个体形态参与合作活动，是按照价值网络的运行逻辑和结网要求，在塑造共同愿景和创造共同价值的机制约束下，相互链接、彼此交错而形成非线性、立体网状的多元化校企合作价值网络，是一个多种要素协同作用的动态系统。因此，任何一个校企合作参与主体都与合作网络中其他参与主体同时存在多种不同的社会关系和价值关系。一旦外部环境发生变化，尽管这些参与主体间的网络关系强度不同，也会引起校企合作参与主体之间的网络关系和价值逻辑发生相应的改变，各参与主体与各自网络组织中的成员关系以及与其他合作主体间的关系架构必然会发生相应的变化，如网络节点因合作项目推进而改变、参与主体的进入退出网络、资源的流动和动态配置等，体现出明显的动态性。各合作主体则在动态博弈中谋求新的利益增长点[3]，并最终形成新的合作网络关系。

（二）开放性

高职教育是一个开放的办学系统，“校企合作、产教融合”是一个开放式的人才培养基本模式，高职院校自身的生存和发展离不开外部资源的有效供给[4]，需要与外部环境和合作网络内的组织不断进行能量交换。随着高职教育往纵深推进，其开放性程度提高，专业设置、课程开发、师资培养、基地建设等教学要素和教学组织、实习实训、质量评价等教学过程都表现出高度的开放性，所以高职教育校企合作的关系也必然从当初相对封闭、单一线性合作走向开放融合、非线性网络化合作。同时，企业要想在激烈的市场竞争中获得优势地位，也需要与更多的包括高职院校在内的合作伙伴开展密切合作，依靠开放的、专业的、社会的组织网络来传递知识、信息、技术、经验等资源，这就需要不断加大与外部组织网络的联系，并不断强化这种联系。高职教育校企合作网络的形成过程就是一个合作网络组织系统内外部频繁交流的过程。

（三）互补性

社会网络与组织的资源获取、组织成长紧密相关。在高职教育校企合作网络组织内，各合作主体通过不同的社会关系联结在一起，不同形式的资源也通过相应的联结方式和社会关系在该网络组织中流动。这种资源的流动就源于不同合作主体之间的资源互补性。正是在这种资源互补性的基础上，合作共生关系才得以建立。事实上，作为人力资源提供方的高等职业院校和作为人力资源需求方的企业之间存在一个模糊的职业性人才培养的“中间地带”，决定了它们之间存在一定的依赖与合作，这正是高职教育校企合作网络得以产生的基础。当然，在一个多维度的网络空间中，组织间存在资源互补的密度不匀质和高复杂性关系，根据资源互补性强度的不同，合作主体相互之间形成不同分工并在一定机制下开展合作与协调，达到“你中有我、我中有你，你离不开我、我离不开你”的融合状态[5]，网络的价值自然得以增加。

（四）扩张性

经济社会发展推动市场环境呈现动态性、开放性和复杂性，这既打破了现代企业的分工布局，也打破了与之密切关联的高职教育人才培养的边界。不论是高职院校还是企业，都需要做出快速和柔性的市场反应，校企合作也从传统的平面合作向纵深立体合作演化，合作网络呈现出扩张性特质。在校企合作不断深入的过程中，会释放并形成合作网络的资源放大效应和社会品牌效应。合作网络的外部组织在该效应的诱导下，加入该合作网络，这就是合作节点的增长。校企合作各参与主体会通过知识共享、技术研发、战略协同、文化整合、组织再造等形成自身及网络的竞争价值，使得校企合作的育人分工网络、产业分工网络得以迅速扩张，在较短的时间内推动两类不同领域的合作主体超越本地社会网络，扩大高职教育市场的扩张边界。与此同时，由于对合作主体关系的重构，有效调节了社会资源的合理分布，也使校企合作网络体现出对社会资源的聚集效应和优化配置能力。

（五）自组织性

校企合作网络还是由多方利益相关者构成的社会关系网络组织，包含物质或能量交换、知识和信息传递、资金和技术投入使用等多种关系。校企合作网络组织形成的过程，就是该开放性系统获得空间、时间或功能结构的过程，如没有外界的特定干涉，该网络会按照彼此相关性、协同性或相互默契的某种规则，各尽其责而又协调自动地形成有序结构，这就是“自组织”。校企合作网络的协同运作，一方面提高了合作主体联合培养人才、知识创造、技术研发的机会和能力，合作主体之间的多元化非线性联结关系则进一步降低了校企合作网络与外部环境的能量交换、发展的路径依赖、协作的交易成本；另一方面则促进了校企合作网络中参与主体根据合作目标达成情况或合作项目进展情况，自动调整节点数量和结网方式，提升校企合作网络自我调适、功能优化与结构完善的能力，促进自我发展。当环境变化诱使网络的演化超过临界值时，校企合作网络的稳定状态将被打破，新结构得以形成，新环境将被重新适应。

三、高职教育校企合作网络的动态能力培育

校企合作网络就是一个价值网，而价值创造过程是动态变化的，所以动态创新发展能力对该网络至关重要，关系到校企合作网络能否取得更高的绩效。因此，高职教育要结合校企合作网络的组织特性，有针对性地培育校企合作网络的动态能力。这种能力是在校企合作网络参与主体能力的基础上，为了适应市场需求和环境变化，以改善合作网络的价值创造功能为目的，依靠网络内参与主体间相互动态地协调运作所拥有的资源，进而产生能有效调适各种变化的内生处理能力。简言之，动态能力就是校企合作网络所拥有的、能够应对内外部动态环境快速变化的能力。校企合作网络的动态能力综合反映在各合作主体对外部环境的快速反应能力、甄别监察能力、配置优化能力和协调耦合能力等方面。

（一）培育快速反应能力，构建弹性进出机制

校企合作网络的形成过程是一个基于行动选择的动态的重复博弈过程[⑥]，其网络状态的稳定性也是动态建立的。事实上，校企合作本身具有的较强不确定性和动态性，要求合作网络及合作主体具有一定的动态能力。一方面，高职院校要积极提升把握市场、应对市场的能力，不断探索校企合作的新机制新模式，以多元主体、多方参与、多元激励、多种形式，吸引不同性质的企业积极参与校企合作活动，且各方都要以积极的态度应对校企合作项目的实施，形成良好的互补性合作关系。新的合作资源的及时进入，有利于优化校企合作网络的整体能力和适应性，促进校企合作的长期稳定发展；另一方面，校企合作网络更要建立弹性的退出机制，让那些背离合作网络价值目标、发展能力较弱、成长性较差或不适宜参与新的合作方式的合作主体能够及时退出合作网络，否则将会加大校企合作网络的交易成本和环境适应性成本。所以，构建弹性的退出机制就是校企合作网络动态能力培育的重要途径之一。根据信息经济学及机制设计理论关于激励相容问题的解释，一个弹性有效的进入退出机制，要确保合作主体参与或退出合作网络时所获得的收益比其不参与或者不退出合作网络时获取的收益更高。只有这样，才能确保合作主体可以对环境变化进行及时、有效的调整。同时，对于退出合作网络的冗余资源，也不能置之不理，而应持续保持联络，必要时实施持续辅导，这也是校企合作网络保持较强的环境适应能力和高度的动态调适能力的必要准备。

（二）培育甄别监察能力，提升环境适应机制

事实上，建立弹性的进出机制，校企合作网络组织只是增强了动态适应环境的能力，提高了对市场的反应能力，还要对环境进行有效甄别。由于参与主体在价值目标、发展定位、利益诉求、行动取向等方面具有高度异质性，高职教育校企合作网络的运行过程也呈现为一个矛盾综合体，既要在以人才培养为核心的合作框架下有效协调沟通各异质性参与主体的行为，又要着眼于整个网络组织的发展需要，不断增加合作节点、扩展合作层次、拓宽合作范围、扩张扩散渠道、提升创新能力等。因此，高职教育校企合作网络必须重视对内外部环境的监察评估，强化对合作发展环境的评审，增强对未来合作价值空间的把握，提升对合作发展环境的甄别能力，为合作网络的稳定发展提供更广泛的空间。对环境的甄别监察能力，体现为合作网络对内外部发展环境变量的透析、选择、评估、使用和决策能力，这使校企合作网络组织内各合作参与主体能根据环境的变化而快速做出应对措施和行为反应，以积极适应环境改变的内在发展能力，是一种在高度不确定的复杂环境下呈现的自组织动态能力。校企合作网络的这种自组织动态能力，在对环境有效甄别监察的基础上，有助于该合作

网络有效规避各种可能的不利因素，通过自我调节、自我完善和自我优化，增强“以变应变”的环境适应能力。为此，校企合作网络要建立绩效考评体系，并将对环境的甄别监察纳入其中，促进合作主体自觉培养对环境的有效甄别监察能力；要建立合作环境评估机制，在及时合理的环境评估基础上，对环境反应迟钝或行为异常的合作主体及时采取环境干预，降低信息不对称和风险不确定性，提高高职教育校企合作网络的环境适应性。

（三）培育资源整合能力，创新学习发展机制

校企合作网络的形成是一个多方资源整合的过程，网络结构中的节点即高职院校、企业、中介机构、科研院所等个体的培育和整合非常关键，是整个合作网络构成的基础。它不仅影响合作网络的稳定性，还决定合作目标的达成度及未来的发展潜力。网络节点的数量大，有利于增加校企合作网络的连接边数；网络节点的质量高，则有利于加快各个体间的知识转移、技术扩散和信息交流。现实中的校企合作之所以不够深入，是因为资源整合力度不够强，合作主体间信息不对称，存在机会主义和利己主义倾向，损害了校企合作成效。而校企合作达成或合作网络形成的前提，正是因为合作参与主体间的有效信息交流可以发挥“加速器”的功能，有利于合作网络参与主体充分了解对方，确定合作意向，充分实现合作需求和项目供给的对接，确立校企合作网络的稳定性。在校企合作网络中，为了信息的有效传递，各个参与主体都需要不断学习。高职院校和企业都是学习主体，互为学习源。高职院校把理论知识传递给企业，企业把实践技能传递给高职院校，合作企业之间又相互传递彼此需要的知识、技术、市场等信息。校企合作网络的网状结构使得各合作主体之间能建立超越合作网络界限的、多向的、立体式的交流和学习机制，特别是对于非编码的隐性知识的学习、创造和传播，促使知识和信息在时间和空间上得以有效转换和整合，进而提升资源配置、整合优化能力。基于校企合作网络可以搭建跨组织的学习团队，建立长效的学习机制，借助各种形式的交流、研讨与协商提升知识、信息、技术等吸收能力和创新能力，获得合作网络的溢出效应，拓展合作网络边界，跨区域展开多元合作，降低合作中的不确定性和交易成本。

（四）培育协调耦合能力，建立共同治理机制

随着高职院校和企业间合作关系的达成，高职教育成功跨越了教育与职业、学校和企业、教室和车间、学习与工作、教师与师傅之间的界限，将“教育性”和“职业性”汇入“中间地带”，使得学校教育和企业生产得以相互融合，也让结成的校企合作网络成为一种典型的混合型组织。对于该组织而言，其动态能力是一种集体创新和发展能力的综合反映。一方面，单个校企合作参与主体的动态创新发展能力的提升，并不必然代表校企合作网络整体的动态发展能

力必然增强；另一方面，由于不同合作主体所属的业态不同，所处的环境不同，它们各自的利益关系、合作目标也不相同，基于合作关系的互动形态也不相同。如此一来，若想自发形成紧密的合作是不可能的，难以形成人才共育、资源共享、价值共创、优势互补的预期局面。这就需要校企合作网络将各参与主体所具有的创新发展能力、市场甄别能力、环境反应能力、资源整合能力、技术研发能力等进行有机协调与耦合，按照利益共同体的治理机制设计，在治理结构、治理方式、治理手段等方面构建一套行之有效的共同治理机制，包括育人方式、合作模式、行为规则、决策流程、组织架构等方面的运行框架和制度保障。从治理角度来看，校企合作网络组织需要确立共同目标、愿景和规则，需要确保参与主体地位平等，并能通过制度设计来约束各参与主体的行为，要以市场需求为合作生成的内生动力并以价值共同创造为准则，强化自我约束，并通过有效的自组织过程来实现合作网络的运作与管理。当然，校企合作网络一定要充分发挥政府的作用，建立政府有效介入的共同治理机制，避免政府缺位所带来的外部环境保障缺失的尴尬局面。

四、结　语

今后，高职教育校企合作必须从"合作"走向"融合"，不应再简单地以合作理论和联盟理论为基调来强调校企之间的双边关系，而应从社会网络理论的视角来强调合作主体之间的多边关系，重视校企合作中可能产生的一切关系资源和网络资源，更注重把资源的互补性与合作的价值链进行紧密结合。这些都是网络化组织互动中所特有的，也有助于从"如何利用校企合作主体内部既有资源组合"转向到更大范畴的"如何利用校企合作网络内外部关系资源和网络资源组合"，促进校企合作形成新的资源与发展方向。只有充分认识并依托校企合作网络的特质，培育高职教育校企合作网络的动态发展和创新能力，并构建弹性进出机制、提升环境适应机制、创新学习发展机制、建立共同治理机制等，才能以更大的合作网络及价值创造空间真正地促进校企合作向纵深开展，提高高等职业教育人才培养的市场适应性和职业应用性，推动职业教育、企业及产业协同发展，实现产教深度融合。

参考文献

[1] 冯锋，王亮．产学研合作创新网络培育机制分析——基于小世界网络模型［J］．中国软科学，2008（11）：83.

[2] 曹霞，刘国巍．基于社会资本的产学研合作创新超网络分析［J］．管理评论，2013（4）：121.

[3] 刘晓花，古永司．基于企业动态联盟理论的高职校企深度合作研究[J]．教育与职业，2014 (69)：21.

[4] 郑永进，徐建平．高职院校“政行企校”联合培养人才机制研究[J]．中国高教研究，2015 (4)：108.

[5] 王丹中．回归与创新：高职院校内涵式发展路径选择 [J]．高等教育研究，2014 (6)：79.

[6] 王秦，李慧凤．基于合作博弈的校企合作长效机制构建 [J]．中国职业技术教育，2014 (36)：24.

【作者简介】

南旭光，教授，重庆广播电视大学/ 重庆工商职业学院党政办公室主任。

章晓明，助理研究员，西南政法大学教务处。

感　谢

本文是作者发表在《教育与职业》2016 年第 2 期第 14 – 17 页上的文章。为此，作者对《教育与职业》期刊社表示感谢。

略论“互联网+”背景下学术期刊综合出版平台的建设*

周 骥

【摘 要】建设学术期刊综合出版平台对于促进学术期刊出版的转型升级，全面提高其影响力、传播力和竞争力有着重要的意义。学术期刊综合出版平台包括电脑主站、手机网站模块与“两微一端”等网络社交工具模块两大部分，其建设应遵循内容为王、信息集约、媒体融合、读者导向等原则。建设学术期刊综合出版平台应当积极打造专业学术信息门户网站，充分利用“两微一端”等网络社交工具，加强线上线下的互动，采取多种多样的推广方式，不断扩大赢利的渠道。

【关键词】学术期刊 出版平台 网络出版

“互联网+”是一种新的经济形态，它主张将互联网、大数据、物联网、云计算等与传统产业结合起来，寻找新的经济增长点，创造新的行业生态，促进实体经济焕发生机与活力，最终形成以互联网为基础元素和建构力量的新型经济发展模式。当前，“互联网+”经济方兴未艾，已经上升为国家战略，学术期刊应该尽快自觉融入“互联网+”经济的潮流。“互联网+学术期刊”，“+”的不仅仅是内容，更是出版方式、传播方式和服务方式。学术期刊要想与互联网实现深度的融合，建设综合出版平台是一个不错的尝试。

一、学术期刊综合出版平台及其意义

所谓学术期刊综合出版平台，是指以互联网、移动互联网和新媒体技术为基础的，集论文浏览、信息发布导航、用户管理、互动交流、电子商务等功能于一体的学术出版网络集散中心。学术期刊综合出版平台包括两大模块：电脑主站和手机网站模块，“两微一端”微信、微博、APP客户端等网络社交工具

---

* 本文系重庆广播电视大学2015年度科研项目（YB2015-17）成果。

模块。

在“互联网+”背景下，新媒体和媒体融合的迅猛发展不仅改变了信息的传播规律和人们的阅读习惯，同时也必将改变学术期刊的出版模式、管理模式和经营模式。在“互联网+”时代，学术期刊的出版将不再以编辑部为中心，而是转为以读者为中心；发行运营的过程不再是封闭性的，而是开放性的；编辑部提供的服务不再是单一的，而是立体的[1]10。因此，传统的学术期刊如果不转变陈旧的观念，不改变落后的管理体制，不积极回应“互联网+”提出的新挑战、新变化，就会被时代淘汰。学术期刊只有树立起“互联网+”的思维，实现“内容、渠道、平台、经营模式与管理等方面全面创新”[1]11，在内容生产、产品形态、管理发行、信息传播等重要环节上实现全方位的数字化转型，才能适应时代的要求。在“互联网+”时代，学术期刊不仅要通过建设综合出版平台摆脱目前发展中的困局与难题，更要以此为契机，实现出版模式的全面转型。

二、学术期刊综合出版平台的建设原则

（一）“内容为王”的原则

学术期刊综合出版平台建设应该坚持“内容为王”的原则。“内容是传播中的灵魂，有价值的内容是创造者和持有者为人类社会创造的宝贵财富，‘内容为王’是传播界对内容的创造者和持有者的地位、尊严以及由此带来的经济利益的一种肯定。”[2]学术期刊的核心竞争力在于以同行评议为基础，传播高质量的、最新的学术信息，其特征是既有同质创新，又有异质创新。因此，不管传播的载体如何变迁，传播的手段如何变化，学术期刊所传递的内容始终决定着其生存和发展的命运。一篇论文得以被广泛传播和引用，虽然传播的技术、渠道也很重要，但归根结底靠的是文章本身的学术价值以及内容的独创性、难以模仿性和可扩展性，靠的是学报编辑部对论文内容的集纳、筛选和编辑。学术期刊如果没有好的内容，只是简单的低水平重复，那么即使传播的渠道再多、传播的技术再高，也会为读者所忽视，失去其信任和支持。

（二）信息集约的原则

学术期刊传统的出版方式比较单一，即刊载一定数量的学术论文，读者通过纸质期刊或网上数据库进行查阅。这样的出版方式有两个缺点：一是能够提供的信息较少，二是信息传播的及时性不够。建设学术期刊综合出版平台，可以解决传统出版模式中存在的这两个问题。建设学术期刊综合出版平台，不是简单地把纸质期刊上的内容放到网络平台上，而是要打造一个“一专多能”的“跨媒体、跨受众、跨终端、跨渠道的超级媒体平台”[3]，一个基于“互联

网+”的带有专业学术背景的信息集散中心。学术期刊综合出版平台既体现专业特色，吸引固定受众的关注，又尽可能全面地收集本领域的所有信息，吸引本领域的各类用户成为本平台的固定支持者[4]69。此外，学术期刊综合出版平台还应具有多元化的功能，即既具有数据库的功能，又具有新闻传播和信息导向的功能，还可以具有与用户动态交流的功能[4]69。

（三）媒体融合的原则

近年来，随着互联网技术和多媒体技术的发展，媒体融合已经成为趋势。媒体融合潮流的出现挑战了学术期刊传统的出版方式：媒体融合造成信息传播的渠道多样化，信息的获取便利化，对传统的学术期刊载体形式和发行模式提出挑战；媒体融合使信息传播的及时性大大提高，使传统学术期刊的出版和发行周期受到挑战；媒体融合使受众的个性化信息需求得到满足，使学术期刊的传统内容生产方式面临挑战。[5]在此背景下，学术期刊积极顺应媒体融合的趋势，摆脱单纯地“将内容上网”的模式，将媒介形态、媒体功能、媒体资源、组织结构等实现全方位的融合，使学术信息等在各种媒介间无障碍传播，最终将内容资源、生产流程、产品传播、互动交流、市场对接等融合到一个统一的平台上来解决。[6]

（四）读者导向原则

传统的学术期刊出版是以刊物为中心的，编辑部对内容生产、信息传播等起主导作用。在“互联网+”时代，受众的个性化需求极大增长，他们不再是被动的信息接受者，而是一个个“自媒体”，即主动的信息选择者和再传播者。主动寻找、各取所需、即时获取已经成为受众选择信息的主流方式。学术期刊如果不审时度势，将以编辑部为中心的出版方式转变为以读者为中心的出版方式，就必然会被时代淘汰。在传统的纸质载体条件下，学术期刊要使读者多种多样的个性化信息需求得到满足非常困难，要实现与读者的快捷交流几乎不可能，只有建立起综合出版平台，学术期刊才能从固定内容的提供者转变为目标受众个性化需求的支持者。因此，学术期刊综合出版平台的建设应该体现“以读者为中心”的原则，为读者提供多种多样的个性化服务。

三、学术期刊综合出版平台建设的构想

（一）建设专业学术信息门户网站

自主办网站是学术期刊实现数字化出版的必由之路。目前，我国不少学术期刊都自建了网站，将学术期刊的功能延伸到网络上，发挥其优良的互动性和不受地域限制的可扩展性，以提高期刊的整体水平，扩大期刊的影响力。但是，

目前不少学术期刊还只是将自建的网站作为读者查询期刊有关信息、浏览期刊内容的平台，而不是将其作为一个专业性的学术信息门户网站来建设。网络信息的传播有“赢者通吃”的效用，谁能够及时、大量地发布信息，谁就能在网络世界中立于不败之地。因此，学术期刊专业信息网站应该朝着门户网站的建设方向发展，将其建设成为一个功能多元化的学术门户网站。专业学术信息门户网站的功能主要有：①快速传递业内的相关资讯；②展示期刊的相关信息和形象，如期刊的基本情况介绍、主要栏目设置、投稿须知、会议动态、编辑部公告、联系方式等；③提供最新的和往期学术论文的查阅和下载；④设置作者网上投稿、进度查询功能以及编辑、审稿人网上审稿、办公的功能；⑤设置导航功能，与其他期刊组成学术期刊联盟网，提供海量信息服务，使用户在相关路径指引下快捷地搜索到自己所需的信息；⑥通过设立论坛、留言板、网上调查等方式，建立用户反馈意见的渠道，同时与QQ等社交工具进行无缝连接，开展即时性的线上交流活动，并向线下延伸；⑦提供资讯、机构、人物、文献等检索服务。总之，学术期刊综合出版平台要集学术性、综合性、资料性、服务性为一体。

（二）充分利用“两微一端”等网络社交工具

当前，社交媒体方兴未艾。在此背景下，学术信息的传播已经出现了“社交化”的趋势，不少人都通过“两微一端”和腾讯QQ等网络社交工具来获取学术信息。因此，学术期刊在建设综合媒体平台时，应该大力促进社交媒体的建设。一是要加强微信平台建设，可以设置学术期刊的微信服务号和订阅号，微信服务号以手机网站为基础，设置用户导航系统、互动交流系统和信息发布系统等模块[7]；订阅号则可以每天发布专业的学术信息，与电脑网站实现信息的同步更新，但是要结合微信平台的特点，对信息进行“碎片化”处理，以方便用户阅读。此外，可以根据分众的原则，建立多个微信群，吸纳本刊的作者、读者以及本行业的相关研究者、业内人士等进群进行交流。二是要加强微博平台的建设，“通过微博发布投稿、写作等信息，并及时互动，快捷地了解受众的不同声音并解决相关问题；对于已出版论文的观点与结论，受众结合工作实际在微博上展开进一步的讨论”。“甚至，实现论文作者、责任编辑、相关专家学者与读者参与的直接对话，进行观点碰撞，带动越来越多的受众加入进来、参与讨论。”[8]三是要加强手机客户端的建设，整合电脑网站、手机网站、微信的内容和功能，克服当前学术期刊APP客户端重内容、轻互动，重技术、轻管理，重建设、轻服务的弊端，打造具有一定用户黏度、线上线下互动的开放性的学术期刊APP。[9]四是应充分利用QQ群等社交平台，建立专业交流群和地域交流群，传播和分享学术信息。

(三) 加强线上线下的互动

线上线下即O2O（Online To Offline），是指将互联网线上的活动与线下的活动结合起来。学术期刊的O2O模式主要有三种方式：一是通过“两微一端”等网络社交工具，组织作者和读者与编辑在线上进行交流和互动，并将这种网络社交行为延伸到线下。例如，在必要的时候召开网络活跃用户座谈会、联谊会等。同时，还可以根据作者和读者的建议，召开相关的学术会议。二是通过电脑主站和手机网站等平台，开展电商服务，完善用户在线支付系统，在线销售期刊和其他相关产品。三是通过O2O平台，打破作者和读者之间的界限。对于有的学术期刊而言，作者和读者中既有产品的生产者，又有产品的消费者，学术期刊可以利用O2O平台让生产者在网上销售产品，消费者则在网上选购产品，在这里，学术期刊O2O平台扮演的是电商的角色。

(四) 采取多种多样的推广方式

学术期刊综合出版平台应该利用多种途径对自身进行推广。一是要利用百度和搜狗等搜索引擎，使本刊的综合出版平台更容易被搜索到。二是学术期刊的编辑必须树立互联网思维和营销思维，利用新媒体为综合出版平台作一定的推介。例如，编辑可以在各大学术和行业论坛发帖，对刊物和综合出版平台进行宣传和推介，可以在微信“朋友圈”、微博、QQ群等上推送综合出版平台的链接。三是利用热门事件，对其进行专业性的解读，扩大期刊的影响力。热门事件是最能吸引受众眼球的，可以在短时间内引起受众的广泛关注，一般的公众性媒体对热门事件进行解读，其深度和广度往往有限，学术期刊可以根据自己的优势，第一时间在综合出版平台上对热门事件进行学术性和专业性的解读，以此引起社会各方面的关注，同时也成功推广了自己的综合出版平台。

(五) 扩大赢利的渠道

学术期刊综合出版平台的运行需要巨额的资金维持，如果自己不能“造血”的话就难以为继。因此，应该拓宽学术期刊综合出版平台的赢利渠道，实现其可持续发展。其一，学术期刊可以与其他期刊或企事业单位合作，将平台上频道提供给其使用，收取一定的频道租用费。其二，学术期刊综合出版平台可自建特色数据库，提供有偿的查阅或下载服务。其三，学术期刊综合出版平台可以开发MOOCs课程，提供在线的继续教育或相关的考试培训，收取一定的培训费用。其四，学术期刊综合出版平台也可以推送一些广告，收取一定的广告费用。

学术期刊综合出版平台对于实现学术期刊出版的转型升级，对全面提高学术期刊的影响力、传播力和竞争力有着重要的意义，代表着“互联网+”时代学术期刊出版的新趋势。

【参考文献】

[1] 匡文波，童文杰. 论“互联网+”出版的发展策略 [J]. 出版发行研究，2015 (6) .

[2] 佟笑，秦昕，刘莉，等. 浅析“内容为王”与我国传统科技期刊出版的转型 [J]. 传播与版权，2015 (3)：72.

[3] 桑海. 我们需要什么样的在线学术平台——“中国高校系列专业期刊”之未来构想 [J]. 南京大学学报（哲学·人文科学·社会科学），2015 (3)：56.

[4] 邓晓群，孙岩，吕芳萍. 搭建“一专多能”科技期刊网络学术平台的设想 [J]. 出版发行研究，2011 (8) .

[5] 郭雨梅，郭晓亮，吉海涛，等. 媒体融合背景下学术期刊的创新之路 [J]. 编辑学报，2014，26 (12)：521.

[6] 陈如毅. 论媒体融合之下学术期刊的“内容为王” [J]. 荆楚学刊，2016，16 (5)：93.

[7] 余溢文，虞蓓蓓，赵惠祥. 基于微信平台的学术期刊交流平台构建研究 [J]. 中国科技期刊研究，2014，25 (5)：665.

[8] 陈丹. 微博新媒体在传统学术期刊中的运用 [J]. 湖北文理学院学报，2015，36 (11)：85.

[9] 张波. 互联网思维下学术期刊 App 客户端的应变之道 [J]. 湖北文理学院学报，2015 (1)：93.

【作者简介】

周骥，副编审，《重庆广播电视大学学报》编辑部。

感　谢

本文是作者发表在《出版发行研究》2016 年第 6 期第 46－49 页上的文章。为此，作者对《出版发行研究》期刊社表示感谢。

教育大数据范式的基本理念与建构策略*

吴南中　夏海鹰

【摘　要】教育大数据范式共享通过教育大数据的捕捉、聚合、分析和研究，促使其成为教育发展和变革的元素、动力、方法与支撑，以此构建现代教育理论与实践体系是教育科学研究的基础。教育大数据范式蕴含了促进人们更加理性认识教育的本质和功能、认识学习过程和心理世界、改进研究教育现象与问题的方法、科学决策与合理预测的认知价值，为人的发展服务、提供人本化教育、构建积极育人环境、保护数据伦理等实践价值。教育大数据范式的构建需遵循一般范式构建的基本规律，即按照教育大数据范式塑造全方位育人的系统工程，按照教育大数据范式创新教育教学研究，依托教育大数据实现教育追求卓越发展的研究与实践，建立教育大数据发展的保障体系等举措，实现对原有范式的超越。

【关键词】教育大数据　范式　基本理念　建构策略

自教育学诞生以来，教育学科学化成为教育学整个发展历程上的重要努力方向。科学化的支持者期待教育学研究能与自然科学研究一样精确有用。但“教育研究对象的价值性、复杂性、生产性等特性限制了教育研究的量化水平”[1]。“数据”成为教育学研究的量化限度，在传统的研究范式中，“数据”获取总是极其有限的。随着信息技术的发展，尤其是存储技术的突破，“大数据成为推动教育创新发展的科学力量”[2]，受到学者的高度关注，利用大数据开展教育研究，尤其是教育技术研究成为一种潮流，逐渐形成一种共同的价值观，追随相似的方法论，形成了依托大数据运行的基本理论与实践规范，被祝智庭等人称之为“新范式”[3]，支持了教育学的科学化。那么，大数据范式的理论基础与实践依据是什么？具有哪些基本理念与行动主张？如何科学构建教育大

* 本文系2017年度重庆市教委科学技术研究项目“在线教育大数据挖掘技术与理解模型建构研究”（项目编号：KJ1737457）成果。

数据范式？这是本研究讨论的三个话题。

一、教育大数据范式的思想渊源

库恩在其1962年出版的《科学革命的结构》一书中，将“范式”作为与“科学共同体”的联结词汇首次使用，用于基于共同知识理论和科学共同体在从事科学研究活动中所共同遵循的信念、规则、纲领。[4]科学在发展过程中，由于范式的作用，呈现平稳发展，如地图的精度不断提高、分离原子的方式不断可控等。随着反常现象的出现，就会出现“范式”的变革。教育大数据范式的出现，也遵循了这样的发展理路：建立在教育科学化量化诉求基础之上，随着全域数据对事务预测能力的发现并在各个领域得到验证，借鉴大数据技术逐渐形成的共同规范和基本理念，体现了历史的必然性。

（一）教育学科学化的量化诉求

众所周知，教育学发端于哲学，夸美纽斯用《大教学论》一书将教育学变成一门独立的学科。[5]随后，赫尔巴特用《普通教育学》一书将教育学建立在心理学和伦理学基础之上，各类基于数据的研究迅速开展。梅伊曼、比奈、桑代克等试图通过实证主义，用机械的形而上学来摆脱教育学研究中的纯粹的思辨，将教育学变成经验科学。奥康纳等逻辑实证主义者更是用实验方法、教育学系统概念和各类命题与研究体系是否具有严密性和逻辑性来衡量教育学的科学化程度。[6]随着教育学研究的持续深入，教育学科学化的限度和教育对象是人的无限生成性被人充分接受与认识，但教育学所关注的教育问题与教育现象中蕴含了各种看不见、摸不着的事实和现象，不能用“小数据”“准实验”等方式来体现，量化并不完全说明教育学是科学的观点得到广泛认可，这些给传统教育学科学化范式提出了更高的要求。具体到教育实践，究竟教育政策会对促进学习带来什么样的影响？如何说明教育决策是科学的？何种认知过程对学习者知识、能力与技能的形成有更加显著的影响力？教与学过程中哪些是学习者的难点？这些难点对另外的学习者是否也是难点？这些问题在传统的研究范式中无法找到应有的解决策略，也就无法支撑教育学科学化的诉求。教育学在各类学科中也被打上了“空洞”“苍白”“无力”甚至是“伪科学”的标签，给教育学研究者带来了无限的困扰。

（二）信息技术的发展使教育量化一切成为可能

大数据是云计算、物联网之后的重大技术变革，对大数据的部署被认为是与“信息高速公路”同等重要的重大科技行动。[7]人们在日常经济运行中发现，数据达到一定量之后，各种相关关系、关联关系、预测能力逐渐显示出来，“通过这些数据的交换、整合、分析，可以发现新的知识、创造新的价值，从而带来大知识、大科技、大利润和大发展”[8]。有别于传统的有目的的调查，大数据的记录是反映过程的全数据，如各类结构化数据、半结构化数据和非结构化数据，按照迈克-舍恩伯格教授的说法，大数据是全体数据而不是随机样本，是复杂数据而不是精确数据，是相关关系而不是因果关系。[9]在大数据的“广角”记录下，人类发生在互联网上的一切数据都可以记录下来。将其应用到教育领域，就有可能量化学习者的一切。按照美国教育部关于大数据的报告，“什么样的教与学顺序对不同特点的学生有用？什么样的行为与更好的学业成绩相关？什么样的学习行为预示了学生的满意程度、参与程度和学习进步？什么特点的学习环境与更好的学业成绩相关？什么因素预示了更好的职业生涯?”这些都成为教育大数据要解决的问题[10]。当大数据与脑科学的进展、情感感知技术的发展、可穿戴设备的大规模等结合起来之后，隐匿的、无法测量的教育关系通过大数据能有效地展示出来，从而变成一种类似于表盘性质的可见系统。按照张杰夫的观点：教育有了大数据，就如医学有了“核磁共振成像”技术，学生的思维在一定程度上成为可测的。[11]

（三）走向积极的教育大数据范式

按照库恩的观点，科学范式的成立必须具备两方面的要件：第一，必须是可以复制或者是模拟的一组示例性实验；第二，范例的基础是共享的先入之见，如隐含的假定或者是其他形而上学的元素。[4]利用大数据的数据技能，可以改变现有研究范式。教育大数据通过挖掘、理解和应用数据，创造一种新的“变革”，这种变革是基于对大数据的信仰，对大数据改善教育教学行为的笃定认知，同时也认同大数据对教育学科学活动的“认知模具”价值，体现为理解大数据范式的同化效应，拓展基于大数据的“志同道合”研究主体，颠覆了传统教育学研究的“数据”理念，展示了大数据范式更为开阔和宏大的教育逻辑、教育规律和教育模式，以更加务实的精神探求教育学科学化，以审视自身的高度的批判性思维推动教育学科学完成对自身的“超越”。更为可贵的是，“教育大数据范式”依托范式的内在要求，促使人们更新已有知识内容，认识教育现象、解决教育问题、预测并驾驭教育学科学的发展，并提供价值层面的引导，促使价值规范的形成。在这种更为规范的研究“模具”的指引下，更多高质量的教育学研究成果涌现出来，使研究教育学更加从容与务实，同时体会了更加舒畅淋漓的自我成就感，为教育学研究者摆脱空灵、被动甚至责备提供了一种可能。

二、教育大数据范式的基本理念

那么，究竟什么是教育大数据范式？所谓范式，是指一个学术共同体在学术研究的过程中所共享的信念、坚守的研究传统、价值立场以及接纳的研究方法、问题领域等。[12]循此理路，教育大数据范式共享的信念即大数据是教育科学研究的基础，通过对教育大数据的捕捉、聚合、分析和研究，使教育发展和变革的元素、动力、方法与支撑，体现了新的教育认知观与实践观。

（一）树立科学的教育大数据认知观

1. 教育大数据能促进人们更加理性地认识教育的本质和功能

在向在线学习方式转变的过程中，学习者在各类学习终端的支持下，学习过程的各类数据通过记录、感知、捕捉等方式记录下来。教育大数据技术通过有条件地理解和挖掘这些数据，帮助研究者直接、客观、准确、真实地认识教育及其过程，运用严密细致的逻辑推理，通过云端联动的数据库，完整提炼学习者的形象，感知学习者在学习过程中的情感价值观变化、认知能力变化、知识结构变化和技术技能变化及其影响因素，教育相关的现象与规律所表现出来的逻辑链条、客观规律和整体模式能被人们更加理性地加以认识。简而言之，对教育是什么、有什么用这些问题能回答得更加清晰和准确。

2. 教育大数据能帮助人们更为深刻地认识学习过程与学习者在学习过程中的心理世界

在传统的范式中，学习者的学习过程及其心理世界的变化是一个没有打开的“黑匣子”。按照皮亚杰的观点，“传统的认知论只顾及到高级水平的认知，也就是说，只顾及了认知的最后结果，看不到认知的建构过程”。[13]即便是建立了认识心理变化的思维与目标，传统的科学范式也很难对中间的变化和发生作用的机制做出精确的解释，更难以对此进行仪表式的表达。即便是脑科学的高度发展，学习者在学习过程中的某些行为，如情绪的变化，通过脑电波等形式能被科学仪器记录，但反映变化的程度和变化的过程在目前科学环境中仍是一件难事。教育大数据对学习过程的全程记录，反映了学习者在学习过程中的各种变化，尤其是在不久的将来，可穿戴设备的大规模使用，具身反应的记录条件逐渐成熟，与在线数据结合起来，学习者在学习过程中的变化与心理世界的真实反应，使人们对学习过程的认识更加深刻，对学习过程中所展现的心理世界的认识也更加清晰，为学习分析与干预水平的提升建立了数据基础，促进学习者真正学会学习、学会做事、学会共处和学习发展。

3. 教育大数据范式改变了人们研究教育现象与问题的方法论

教育大数据范式的发展与成熟，逐步改变了人们研究教育现象与问题的方法论。“范式”本身是对教育研究方法论的认识，其在教育学的引入，引发了人们对教育理论发展连续性的关注，并引导人们耐心对待教育研究的结论，等待“教育学科爱因斯坦”的出现。[14]教育大数据范式的引入同样也改变了原有的问题提问方式与解释框架，原有依托思辨、带有极大主观价值意向的结论与框架有了大数据的支持或否定，为教育学科学研究及实践提供了破解困境的有效方法。大数据及其说明能力，对于传统的“质性研究”“叙事研究”“行动研究”提供了支持，同时为“文献研究”“开发研究”“历史研究”“理解诠释”“哲学思辨”“分析批评”等研究提供了翔实的数据。方法数量化的实质和根本目的是逻辑化，它是实现逻辑化的重要途径，理性和逻辑是科学最重要的内核。[15]因此，教育大数据范式的实质是为更加科学地认识教育理性与逻辑发挥其方法论价值。

4. 教育大数据能帮助人们做出决策并预测教育发展方向

政策具有引导功能，是矫正和辅助教育发展方向的有效手段。传统教育学研究范式下所做的决策，难以全面考虑现实情况。“决策者只能通过自己或群体的有限理解以推测教育现实，所采取的方法通常是‘抽样’与‘座谈’的样本，这种随机性掺杂了过多的人为干预，导致政策的失灵。”[16]教育大数据范式提供了一种“以证据为本”的理念，决策更加科学。其所蕴含的预测价值，将政策实施中的各个影响环节通过“相关关系”得到前置分析，并进行策略上的干预。如洛杉矶警方利用犯罪行为大数据，建立计算机算法预测犯罪高发时间和地点，实施干预手段，将财产犯罪比例降至12%，入室盗窃犯罪降至26%[17]。

（二）树立科学的教育大数据实践观

1. 以人为本：教育大数据为人的发展服务

人只有在实践中获得主体地位，发挥主观能动性，才能在生命活动中发挥自身潜能。[18]在教育实践范式中，“以人为本”并不是一个不辩自明的话题。建立在思辨之上的学科体系并不能清晰地辨别学习者的认知负荷，更不能依托不同的学习个体设计促使其自身适应的环境，也无法给出个别化的技术支持。如我们常谈到教育的本质时，有“教育生产力说”“教育是上层建筑说”“教育是社会实践活动说”等[19]，其背后的逻辑出发点都是社会发展而不是个体发展。而教育作为培养人的活动，是建立在个体生命之上的。教育大数据就是通过数据找出人在教育环境中发展的舒适区，并为此有针对性地改进教育所提供的方式、内容与结构，促进个体发展，找到自身的节奏，其出发点是个体，目标直指学习者个体。

2. 助人自助：教育大数据是为人本化的教育提供技术支持

教育大数据是教育实践活动的要素，其存在的价值是解决教育存在的问题。因此，通过教育大数据，创造人本化教育是教育大数据的现实归旨。正如南国农对教育技术学科价值的判断：“办电教必须使用设备，但电教姓教，以人为本，技术是为人所用、为人服务的。电化教育追求的不是教育机械化，而是教育的最优化。”[20]教育大数据范式的实质是技术支持教育的范式，其根本着力点是通过数据找到人，并找准人的状态，以此提供更合适的资源、更舒适的过程和更人性化的评价，实现更好的教育，进而实现自身的范式演进，培养更多的教育大数据的支持者和研究者，实现助人自助的发展理想。

3. 育人至上：教育大数据致力于构建一个积极的学习与评价环境

在教育过程中，“育人”是在“教人”之上的逻辑准则。育人至上的落实就是要为学习者提供舒适的学习环境。首先，教育大数据范式的目标致力于构建一个积极的学习环境。通过教育大数据对学习者学习全过程的记录，学习者特征、兴趣偏好、知识水平、情境特征等通过教育大数据实现有效捕捉，并予以环境、内容、方式和过程的对应，提升学习者舒适程度。其次，教育大数据改变了评价方式。评价的诊断、激励、调控、导向等功能促使人类活动的顺利进行及目标的达成。[21]在传统的教育评价中，诊断功能是高于其他功能的，并且诊断功能更多是片面的，更多时候诊断的是记忆的能力和应付考试的能力。教育大数据清晰地展现学习者的能力、风格和基础，甚至在数据基础上可以判断出学习者的发展潜能，引导学习者锚定自身发展方向、确定发展路径等。再次，通过教育大数据的反馈作用，促进资源与学习者视阈、层次更加吻合。同时，也通过教育大数据改善学习支持服务，让学习过程充满人性的“温度”。总之，教育大数据就是将教育与人的幸福、舒适、需求和发展有机联合起来，实现基于“数据”的育人，实现激发学习者最大潜能的育人。

4. 伦理为先：教育大数据的实施要充分保护学习者的隐私

大数据意味着共享，通过众多领域的数据共享是大数据产生价值的原因，也是隐私失控的开始。[22]教育大数据的大规模使用也存在伦理风险：以提供个性化服务为目的的海量数据分析有大面积披露学习者隐私的潜在危险；永久存储的数据可能为学习者贴上固化标签，导致其受到歧视性待遇；数据主导决策模式存在磨灭学习者创造力、限制和剥夺其自由发展的权利与机会的可能。[23]这就需要我们清晰地认识数据共享的限度与挖掘的边界。将康德对绝对命令的第二条阐释：“不管对己还是对人，在采取行动的同时应当永远把人视为目的，永远不要把人仅视为手段”[24]应用到大数据伦理上，就是强化对数据伦理的尊重，强化数据个人伦理观，体现为强调自主性、使用的善意、公平公正和可持续发展。自主性指的是个人对大数据享有不受外力干预、按自愿决定是否分享及保存的权利。如英国政府分别于 2010 年和 2012 年提出了“数据权”和“我的数据”项目，用于保护信息主体查看和使用各类收集主体所收集的个人信息的权利[8]。使用的善意指的是教育大数据在使用过程中的价值出发点是更好地提供个性化的学习，而不是以伤害人为目标。公正性指的是需要维护每个人享有教育大数据所带来的便利。如学校需要将大数据的规则和结论向被收集的学习者展示，当学习者需要自身的信息时，信息的掌握方需要履行告知义务、安保义务和收益分享义务。[25]可持续发展指的是需要切实把握“禁止”与“需要”的边界，通过合理的数据共享，建立和谐的教育大数据，确保其发挥作用。

三、教育大数据范式的建构策略

（一）按照教育大数据范式塑造全方位育人的系统工程

“接受新范式，常常需要重新定义相应的科学。”[4]按照库恩的理解，虽然新范式收编了许多传统范式所使用的很多词汇与仪器，但新范式与传统的范式之间，不仅是逻辑上不相容，而且是不可通约的。这就需要我们在思考建立新范式的秩序与规则时，进行系统的探索。首先，促成依托大数据进行教育决策、开展人才培养与评估、调整与建设教育资源的新范式。教育大数据范式要求通过教育大数据，建立前瞻性和先导性的政策体系，使政策更具有针对性和全局性；通过教育大数据，建立学习者成长的个性化通道，提供与学习者相适应的资源，实施学习者需要的学习支持服务，开展基于教育大数据的引导性评价，实现学习者的数字化个性发展，最终将教育大数据作为人才培养的关键支撑。其次，教育大数据为终身教育体系建设提供系统支持。终身教育体系建设中关于学习者具备什么、缺欠什么、发展什么，在原有体系下并不可知，导致了反复教育、无效教育、低效教育，造成了有限教育资源的浪费。依托教育大数据的终身教育体系建设，能很好地回答学习者需要在终身教育体系中获取哪些知识与技能的问题，为有目的地建立终身教育系统提供思路。最后，教育大数据为教学资源的合理分配找到依据。教育是依托社会资源发展的，资源的获取数量和质量在一定程度上决定了教育质量，如何分配资源，考量决策者智慧。应用教育大数据技术可以准确把握教育发展动态和挖掘教育发展关键影响因素，有针对性地投放教育资源，最大限度地发挥资源的使用效率。事实上，国际上已经有了很多创举，如美国弗吉尼亚州通过大数据研究政策和资金的影响因素，试图建构一个“所有讨论都是基于事实，而不是直觉或者猜测的环境”[26]。

（二）按照教育大数据范式创新教育学研究

大数据在教育领域的价值受到广泛的认可，与商业、金融、交通等领域相比，教育大数据有其复杂性，也意味着广阔的发展空间，需要加强研究力量，以研究促进规范发展、健康发展、安全发展。通过组织教育学、社会学、计算机科学、统计学等多学科协同破解教育大数据的收集问题、应用问题、伦理问题，已非常迫切。促进教育大数据的研究，实际上是为教育大数据范式的成长建立基点。理解教育大数据价值和掌握教育大数据研究方法的人会越来越多，形成库恩所描述的“诱导性中间范式”[27]，对促进教育大数据范式的形成具有积极意义。除此之外，这种研究还为教育学科学化奠定更为坚实的基础，为教育学研究增强理论自信、方法自信和道路自信。

（三）依托教育大数据实现教育自身追求卓越发展的研究与实践模式

由于教育现象和教育问题的复杂性，人们始终无法找到共同认识的途径，基于不同的视角产生了很多相互矛盾的意见和似是而非的观点。有学者甚至批评：“没有哪一门学科像教育学这样泛滥着非科学的废话、派性的热情和教条主义的狭隘性。”[28]按照教育大数据范式所支持的教育研究实践，完全有希望通过数据的获取、分析与利用，解决资源建设、学习场域塑造、教与学效率提高、教学评价科学性以及教师反思能力建设等问题，从而促使教育自身追求卓越发展的研究与实践模式。在资源建设上，通过大数据及其模型建立与学习者视界更加贴近的学习资源成为可能，理解资源将成为在线学习资源建设的发展趋势。[29]学习场域塑造也是依托教育大数据，解决的是什么样的学习场域能更好地服务于学习者的探究活动的问题。教与学效率提升的问题指的是通过学习分析技术和自适应技术等基于教育大数据的应用形式，提升教与学的效率。教学评价的科学性问题指的是教育大数据通过全程性的记录，涵盖学习内容、情绪表现、学习成就以及各个方面的数据，可以提供给学习者评价自身发展，也可以为社会选拔与人才招聘提供数据依据。教师反思能力的提升指的是教师在教学过程、教学支持服务过程、教育科研过程中的表现可以通过数据有效地展现，为教师开展教育教学反思提供了参考数据，实现立足于主体之外、批评性地反思自己行为的能力，为促进教师成为大数据领域的研究者和实践者注入了大数据思维。

（四）建立教育大数据发展的保障体系

要促进教育大数据范式的转变，需要有意识地增强保障体系的建设。首先，加快教育大数据人才的培养。既懂教育又懂技术的人才，才能担负教育大数据的研究与实践工作，这极大提高了教育大数据研究与实践的门槛。加快教育大数据人才的培养可以从政府层面建立规划，从加快教育大数据相关专业建设入手，同时培育现有高校体系教师，通过项目投放、资金支持、成果激励等综合手段，促使其迅速投入到基于教育大数据的研究与实践中来，培育教育大数据人才。其次，加强教育大数据的立法工作。教育大数据涉及众多法律问题，如学习者隐私的保护问题、信息泄密所导致的法律问题、产品的知识产权问题等，需要尽快开展立法以保护教育大数据的发展。最后，对教育大数据产业给予一定的扶持。教育大数据所需要的学习分析、智慧校园建设、学习资源建设等都是可以产生价值的产业，国家需要建立针对性的产业扶持政策，帮助完善整个大数据生态，从而更好地服务于教育大数据范式的转型。

四、结 语

从某种意义上来说，人类文明是人类对世界和自己不断认知的过程。所谓认知，就是对有用数据的处理过程，教育大数据是一个不折不扣的“金库”。向教育大数据范式转变是教育学研究与实践的发展方向。从人类教育发展的角度而言，因为教育大数据的到来，迎来了重大的转型机遇；从国家教育发展的角度而言，是教育领域实现弯道超车的大好时机。但需要清醒地认识到，教育大数据范式主导教育研究还需要大数据管理技术、分析技术和数据的可视化技术等方面的突破性进展。因此，我们需要坚定对教育大数据范式的信心，同时也需要考虑人的复杂性和可变化性，需要考虑随着学习者心理、身体变化所出现的新的可能性，关注多种范式对教育学研究的支持，并将伦理、法律等进行通盘考虑，将教育大数据的发展置于自身可控范围之内，服务于学习者的发展和社会的进步。

【参考文献】

[1] 范涌峰，宋乃庆．教育研究科学化：限度与突破［J］．教育研究，2016（1）：94－100.

[2] 杨现民，王榴卉，唐斯斯．教育大数据的应用与政策建议［J］．电化教育研究，2015（9）：54－62.

[3] 祝智庭，沈德梅．基于大数据的教育技术研究新范式［J］．电化教育研究，2013（10）：5－13.

[4] 托马斯·库恩．科学革命的结构［M］．李宝恒，纪树立，译．上海：上海科学技术出版社，1980.

[5] 朱德全，易连云．教育学概论［M］．重庆：西南师范大学出版社，2003：9.

[6] 华东师范大学教育系．现代西方资产阶级教育思想流派著作选［M］．北京：人民教育出版社，1980：430.

[7] 何克抗．大数据面面观［J］．电化教育研究，2014（10）：8－12，22.

[8] 徐子沛．大数据：正在到来的数据革命，以及它如何改变政府、商业与我们的生活［M］．桂林：广西师范大学出版社，2012：12－33.

[9] 维多克·迈克－舍恩伯格，肯尼恩·库克．大数据时代——生活、工

作与思维的大变革［M］. 盛杨燕，周涛，译．杭州：浙江人民出版社，2013.

［10］U. S. Department of Education，Office of Educational Technology. Enhancing teaching and learning through educational data mining and learning analytics：an issue brief［DB/OL］.［2013－05－20］. http：//www. ed. gov/edblogs/technology/files/2012/03/edm－la－brief. pdf.

［11］张杰夫．大数据大视野大教育［J］. 中小学信息技术教育，2013（10）：12－14.

［12］李姗泽．论人类学研究范式对中国教育研究的启示［J］. 教育研究，2012（12）：18－20.

［13］皮亚杰．发生认知论原理［M］. 王宪钿等，译．北京：商务印书馆，1995：3.

［14］夏正江．科学哲学典型范畴与教育研究方法论［J］. 教育研究与实践，1998（2）：7－12.

［15］项贤明．教育学作为科学之应该与可能［J］. 教育研究，2015（1）：16－27.

［16］陈霜叶，孟浏今，张海燕．大数据时代的教育政策证据：以证据为本理念对中国教育治理现代化与决策科学化的启示［J］. 全球教育展望，2014（2）：121－128.

［17］张渝江．迎接大数据给教育带来的挑战［J］. 中小学信息技术教育，2013（10）：26－29.

［18］姚姿如，杨兆山．“以人为本”教育理念的意蕴［J］. 教育研究，2011（3）：17－20.

［19］黄风漳．教育本质新探［J］. 教育研究，1979（1）：82－86.

［20］南国农．80 年代以后中国电化教育的发展［J］. 电化教育研究，2000（12）：3－6.

［21］汪基德，郝兆杰．关于教育技术应以人为本的论证与思考［J］. 电化教育研究，2013（2）：16－22，31.

［22］薛孚，陈红兵．大数据隐私伦理问题探究［J］. 自然辩证法研究，2015（12）：44－48.

［23］张燕南，赵中建．大数据教育应用的伦理思考［J］. 全球教育展望，2016（1）：48－55.

［24］KANT I. Grounding for the metaphysics of morals［M］. Indianapolis：Hacket Publishing Company，1981：36.

［26］蒋洁，陈芳，何亮亮．大数据预测的伦理困境与出路［J］. 图书与

情报，2014（5）：61－64.

［26］通信世界网．数据挖掘人工智能使教育定制化［EB/OL］.［2016－07－21］. http：//www. cww. net. cn/tech/html/2014/3/10/20143101127294557_2. htm.

［27］曾三侠．论范式的两种建构［J］．滁州学院学报，2010（2）：21－23.

［28］石中英．教育学的文化性格［M］．太原：山西教育出版社，1999：72.

［29］吴南中．理解课程——MOOC教学设计的内在逻辑［J］．电化教育研究，2015（3）：29－33.

【作者简介】

吴南中，副教授，重庆广播电视大学/重庆工商职业学院大数据应用研究院学分银行研究中心主任。

夏海鹰，教授，西南大学。

感　谢

本文是作者发表在《电化教育研究》2017年第6期第82－87页的文章。为此，作者对《电化教育研究》期刊社表示感谢。

以创客教育推进高等职业教育的供给侧改革*

李云松　任艳君　程德蓉

【摘　要】创客教育所强调的探索、创造和乐学的教育理念与教育供给侧改革的发展要求相契合。文章从职业教育“供给侧”改革角度出发，以创新创业发展为要求，在深入分析学科建设、人才培养模式和成果转化产学对接的发展格局与实施难以适应新形势新要求的基础上，探索以创客教育推进智能制造的产教融合，以促进职业教育的供给侧改革的新路径。本文提出通过创客空间的构建和导师队伍的建设，营造创新人才培养的教育环境；开展产教融合的教学模式改革和创客文化工程的实施，为技能型人才的成长提供培育环境，其实施路径为创客教育在职业教育中的开展和推行可提供参考。

【关键词】创客教育　职业教育　供给侧　智能制造

引　言

国家颁布的“中国制造 2025”是我国经济新常态下用以实施制造强国战略第一个十年的行动纲领[1]。其中智能制造作为信息化与工业化深度融合的主攻方向将使之成为加快发展方式转型、促进工业向中高端迈进和建设制造强国的重要举措。发展智能制造需要大批具有创新能力的工程技术人才，高等职业教育是人才培养的重要组成部分，而职业教育的培养目标是为经济社会培养更多更好的高素质复合型技术技能人才，这就要求职业教育的供给侧改革，以更好地适应未来智能制造的发展需要[2-4]。基于创客模式的实践教育，从学习形式、学习内容、讲授方式以及学习环境等各个层面为大学创新人才培养提供了新的思路。[5]供给侧改革强调的创新创业为高等教育改革提供了与社会发展相契合的切入点。[6]以高等职业教育供给侧改革结构性为目标，探索推动培养职业教育创

* 本文系重庆市高等教育教学改革研究重大项目（项目编号：161030）成果。

客人才的路径，进而为新形势下经济和制造企业转型中人才需求提供精准的教育支撑，对于促进产业转型升级具有重要的作用。

一、创客教育模式推广的迫切性

（一）当前职业教育供给现状

职业教育作为教育体系的重要组成部分，承担着为国家经济社会发展提供大批技能人才的重要任务。这一本质属性也决定了合理的职业教育供给体系结构对于解决当前经济社会发展、经济结构合理化及转型升级对技术技能型人才需求问题起着非常重要的作用。[7]近年来，我国的一些支柱性产业大量缺乏技术工人和高级技术人员，而大量“就业难”的大学生们却因职业能力欠缺而不太被社会认可；高端技术技能和精通国际规则的外向型人才更是难求，这对我国转型经济的发展带来了极大不利因素，也造成了人力资源的巨大浪费。因此，职业教育供给侧改革是当下教育的迫切任务。

（二）创客教育的特征

创客教育以课程为载体，融合各个学科的知识，着力培养学生的想象力、创造力、工程思维、自主掌控学习以及解决问题的能力和坚持实践、乐于分享的创客精神[8-9]。创客课程为学生提供了发展的空间和良好的环境，实现资源共享，在这个前提和过程中，实现人才培养的目标，是人才培养模式的一种变革。[10]创客教育作为一种新的教育模式有利于人才的培养和发展，具有以下特征：①有利于激发学生学习兴趣；②有利于培养学生团队合作精神；③有利于实现职业教育“学中做、做中学”的教学理念；④有利于适应职业教育创新、创业的需要。[11]

结合职业教育的现状和创客教育的特征可知，职业教育供给侧改革中人才培养目标的转型需求与创客教育的理念十分吻合，所以创新型应用人才的培养需要更新职业教育理念，这就迫切需要创客教育模式，以满足社会发展的需求。

二、创客教育在职业教育实践中的框架与路径

创客教育是一项系统工程。创客行动在教育领域的发展有其特殊性，需要统筹考虑教育本身及教育内部各要素间的复杂关系，从教育的特征入手把握创客行动在教育中的运作规律。[12]基于高等职业学院的特点，结合创客中心在企业的运作模式和创客教育的理念，我们构建了基于高等职业学院创客教育的体系架构，如图1所示。

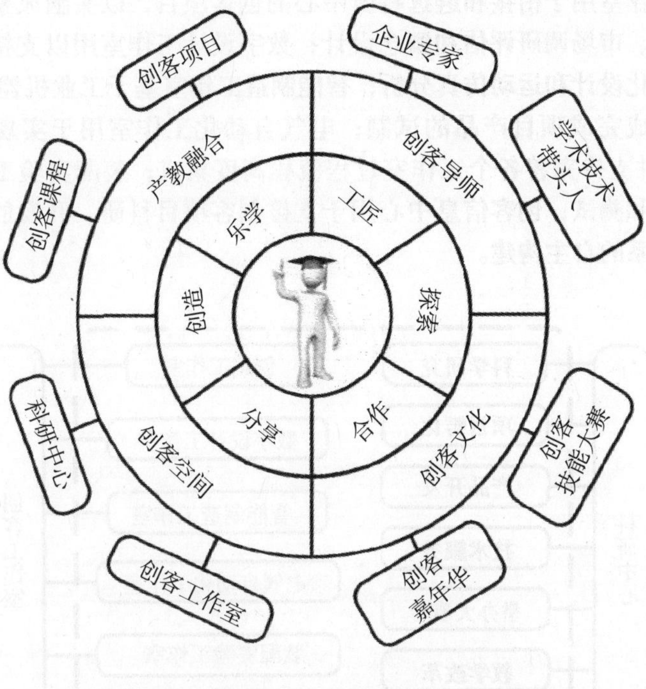

图1　基于高等职业学院创客教育的体系架构

从图1可见，基于高等职业学院以创客为中心的教育模式注重培养学生的创造、探索、合作能力，养成乐学、分享的习惯，塑造工匠精神。这就需要突破传统教育模式的束缚，以创客空间为平台，导师为授教主体，通过创客文化的影响，实施产教融合来培养学生具备创客意识、创客能力和创客精神。下面就创客教育的体系架构中各个实施途径进行具体分析。

（一）创客空间的构建

创客空间是指创客们进行聚会交流、开展创造活动的地方，包含大量的软硬件设施。[13] 基于创客教育的创客空间的构建不同于众创空间，其参与主体除了学生创客外还有创客导师，导师们在培养学生创客的同时，也提升了个人科研能力、创新教育水平，更为重要的是找回了传统教育中丢失掉的育人成就感。以科研中心和创客工作室为两大平台构建的职业教育创客空间结构模型如图2所示。

科研中心的任务用以规划和实施创客导师的科研任务；培育孵化各类型适合创客学生参与的技术开发和技术服务的科研项目；组织筹备和参与适合创客学生参与的各类大赛竞赛；实施基于创客教育的教学改革的实践；对外宣传和推广基于创客教育创客空间，并提供相应的社会培训。

创意工作室用于衔接和遴选科研中心的创客项目，以头脑风暴的形式完成产品的创意、市场调研评估和概念设计；数字设计工作室用以支持各类项目中的产品数字化设计和运动仿真分析；智能制造工作室基于工业机器人和 CNC 系统的系统集成完成项目产品的试制；电气自动化工作室用于实现项目产品的“智能化”并支持完善各个工作室过程流程高度集成；装配实验工作室用于样机装配调试和测试；创客信息中心用于支撑创客项目科研、开发的技术资源和创客知识体系的自主构建。

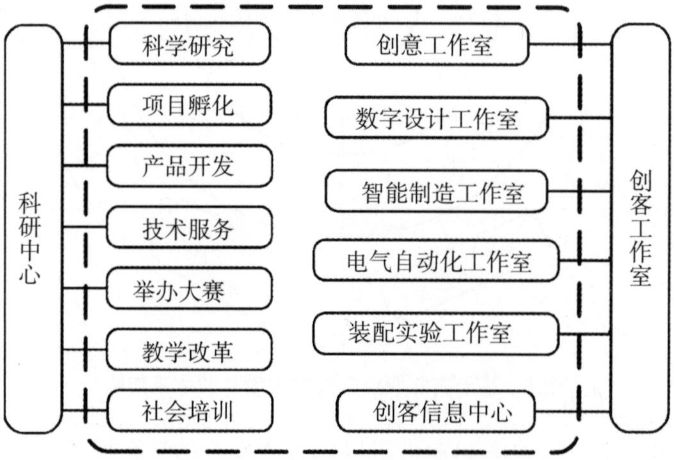

图2　职业教育创客空间结构模型

创客教育有别于传统教育的另外一个特点就是有利于形成学生创客的跨学科知识构架。任何一个专业的学生都可以参与，根据自身的认知水平和能力发展意向，通过对创客课程的系统学习和各种项目的参与经历，逐渐形成跨学科的知识结构，从而培养创新意识和创造能力。

（二）创客导师队伍的建设

创客导师作为创客教育的参与主体，负责指导和推进创客的学习过程。虽然鼓励创客自主探究和创造，但如果有掌握创客教育本领和开展创客活动实践经验的导师给予启发、引导和帮助，则更能高效地开展创客活动。[14] 创客教育不同于传统的职业教育，创客活动是综合能力要求极强的创造性活动，这就对创客导师的综合能力提出更高的要求，导师除了应具备丰富的学科知识储备、较强的实践操作能力和项目开发的经验外，还应有主动创新精神和一定人文艺术素养。

创客导师团队应由担任技术顾问企业行业的专家和担任学术技术带头人的

老师共同构成。企业导师结合当下社会行业发展状况和市场需求给予学生前卫的创造灵感和可靠技术支持；派遣学术技术带头人导师赴国内外知名创客空间调研，培训和挂职锻炼以掌握创客空间的实施、管理和运营流程，带领创客学生参加各种创客活动以激发创造灵感。

创客导师应该首先自己就是一名超级创客，热爱创造，热爱学生，喜欢和学生并肩作战，共同寻找创意灵感，创作新颖作品。[15]基于上述特点，从事职业教育的创客导师应该具备表1所示的6大核心素质。

表1　创客导师核心素质

素质内容	基本要求
学习能力	能够快速掌握某个学科领域的专业知识；必要的自我教育能力
STEAM 能力	扎实的 STEAM 学科知识，且能融会贯通、创新应用
应用能力	能应用智能制造领域主流软件，熟练操作 CNC 系统、3D 打印设备和检测设备；一定的网络信息技术应用能力；过硬的自动控制和可编程应用能力
教学能力	能够启发式教学，灵活地指导学生创造活动；拥有创造性教育观念和敏锐的教育机智
感染能力	丰富的感受性和协同性能够诱导学生积极创造，给予关怀和肯定以及遇到挫折给予心灵安慰
交际能力	结交各种校外专家、工程师、科学家、同行教师等，借助外部资源更好地指导学生创造

（三）开展产教融合的教学模式

教育供给侧结构性改革注重突出提升教育供给端的质量与创新性，作为人才供给方的高校应着眼于企业的现实需求，打破原有的“流水线”式的教学模式，实施全新的产教融合教学模式以实现技术创新与企业的协同对接。

利用企业创客导师的项目资源和科研中心孵化的技术项目，以培养学生创新能力为目标设置基于智能制造学科领域的创客课程，推进教学与生产的融合。企业的创客导师把智能制造前沿的技术要点、最新的市场信息融入教学，按照行业企业培训员工的标准和方法，培养出适应产业发展需要的高端技能型人才。创客课程可参照美国的STEAM课堂体系结合专业领域的方向和创客项目的知识需求实施多学科的课程融合教育。这种产教融合的教育方式不仅最大地激发学生的创造热情，发展学生的创造力，还能推动跨学科的互动与交流，促进知识创新，转变学生的学习方式。[16]

（四）培育创客文化

创客教育想要较好的推广需得到创客文化的有力支撑，积极探索适合职业教育的创客文化发展模式，形成良好的创客文化氛围，将更有利于激发创客的创造潜能，促进创新性人才的培养。创客文化定义为利用开源网络和开源硬件而构建出的分享和动手创造的文化氛围。[17]

从2006年美国首次举办的创客嘉年华到我国发明协会和清华大学等举办的创客大赛，以及国内知名企业参与并支持的各类大赛活动，对于创客文化的推广起到了至关重要的作用。对于职业教育的创客文化需结合创客的特点和创客教育的理念开展实施。学校各级部门利用各种渠道加大对创客教育的宣传和报道，组织一系列的科技活动周、创客嘉年华和创客文化节，通过分享经验、展示创客的创造成果、获奖情况和创客空间的参观来普及创客教育知识、激发兴趣以吸收更多的创客成员的参与；开展创新创业课题的申报，让学生成为创客的主体；以创客空间为依托平台，推广成立以创客项目实施的创客社团工作室，并给予场地的提供和经费的支持；在校园中要形成学校、教师、学生之间相互影响、共同促进的创新创业团队，学校要营造良好的创业环境和基础、创业导师来提供资源指导带队，带动创客学生去思考、摸索和实践；同时形成创客导师指导创客学生，创客学生指导新的创客学生的传承教育方式；聘请国内各种创客中心的成功人士开展有针对性的创客知识讲座。

创客文化的推广需要政府相关部门、学校及社会共同推进和支持，进而掀起全民创客的热潮以推动创客教育的普及和实施，为教育供给侧结构性改革中创新型人才培养提供有力的土壤和营造适宜的氛围。

三、创客教育为职业教育供给侧改革破题

高等职业教育对社会的人才供给是对应于社会需求的。在当前产业转型升级的关键时期，对智能制造和互联网化领域的优秀复合型人才需求较大，而目前我国中低端人才需求总量趋于饱和状态，高端技术型人才，特别是创新型人才则极为短缺。这就需要在现行教育政策体制支持下，积极创新职业教育办学机制，主动改变为创新型人才的培养模式，推进产教融合，来突破高精尖人才培养的缺口，从而避免人才输出质量不高、供需错位和产出过剩的问题，只有这样才能破解职业学院当前所面临的招生困难、社会认可度不高和自身发展的难题。

教育供给侧结构性改革需要创新来促发"新动力"，需要通过改变教育教

学方式来激发活力。创客教育把创新创业教育和专业教育结合起来，打破传统教育教学模式，以学生需求和社会需求为导向，在调动学生对知识的主动学习和探究的同时，提升了人才产出的质量。在职业教育的创客教育体系构架下，突破专业壁垒，扩大校内外的协同育人，以企业专家和学术技术带头人组建的创客导师队伍，在创客空间的平台上，通过创客项目和创客课程的深度整合较好地实现了产学对接，以培养一专多能的复合式高素质创新创业人才；不断加强创客教育的文化内涵建设，实施大力开展创客文化活动更有利于营造大众创新创业的“创客”氛围，提升高素质技能人才培养能力，进而促进高质量创客人才的产出，更好地服务于所在区域经济社会发展，以适应支柱产业发展需要，最大限度地释放出高等职业教育学校办学活力，为实现职业教育供给侧改革破题。

四、实施成效

基于创客教育的体系构架和职业教育创客空间结构模型，依托示范专业建设的平台，重庆广播电视大学/重庆工商职业学院初步建成了适合职业教育的创客中心。通过学术技术带头人的遴选和聘用，组成了由 12 名校内教师构成的学术技术带头人和 8 名企业行业专家共同构成的创客导师团队；建成了由“精密电子机械驱动与控制技术科研创新团队”等 14 个科研创新团队和“桌面智能机器人研究所”等 15 个研究所构建的科研中心；通过相关专业带头人组建“电气自动化技术专业核心课程教学团队”等 16 个开展产教融合教学模式的教学团队，并承担了“基于创客教育与混合式教学模式的 CAD/CAM 技术类课程教学改革研究与实践”等省部级高等教育教学改革研究项目共计 18 项；通过一系列校园科技活动周的创办、“创新驱动引领智造未来”等 10 余次学术讲座的开展和“新型奶瓶创新设计及其市场化运作”等 20 余项创新创业项目的实施，培育了较好创客文化氛围，为创客人才的培养和创客教育的渐进式实施打下了良好的基础。

通过创客工作室、科研中心的有效对接和学生创新社团的入驻，重庆广播电视大学/重庆工商职业学院每年 8 个专业共计 700 余人次参与到创客工作室接受创客教育和实施创客活动。通过系列化创客教育过程平台，实现了导师带学生和学生带学生的渐进式人才的培养模式。已经建成的“自动化创新实训工作室”和“桌面智能机器人”研究所通过不断扩展，成为全校创新人才汇聚、创新项目实施和校企合作的平台窗口。进入工作室的学生学习履历和创新成果得到了社会和用人单位的一致认可，并逐步成长为创新型技能型人才。同时，科研中心导师和学生共同参与开展省部级科研项目 5 项，横向课题 4 项，结合产教融合教学模式出版教材3种，发表各类学术论文60余篇，授权发明专利5项，竞赛获奖35项。

从上述实施成效可以看出，创客教育在职业教育中的实施有助于当前产业转型升级时期高技能创新型人才的培养，可以有效破解教育供给侧结构性改革中人才的有效需求的难题。

五、结　语

创客教育为职业教育的供给侧改革提供了新的途径，但同时也面临着巨大的挑战。与社会的创客团体和政府扶持的创客平台以及名牌高校的创客中心相比，职业教育的创客教育缺乏经费的支持、场地的建设和公众的认可度；缺乏了解创新的市场需求和创客的协同联盟；同时教育主管部门目前还没有出台配套的政策支持大学学生创客"放手"去做创客；创客教育的实施与现行的课程标准以及考核方式可能存在冲突；缺乏有能力担任创客导师的师资队伍提供专业的指导。本文所进行的创客教育的思考和尝试可以为职业教育的创客教育实施和未来的发展提供参考。

上述一些情况都是创客教育在早期实施过程中不可回避的问题。另外，一定要把创客教育与创业教育相区别，创客教育不是培养创客们一定要创造出物化的产品来，而是通过培养学生的创客意识、创客精神和创客行为，为他们走向社会以后能够更好地开展创新、创造活动奠定基础。为此，作为教育工作者应该大力加强创客教育的理论与实践研究，利用"互联网+"和大数据技术建设教育智库，汇集多方智慧，协同创造出更为有效的实施方案，为经济新常态下教育供给侧结构改革事业的发展扫清障碍。

【参考文献】

[1] 中华人民共和国国务院公报.《国务院关于印发〈中国制造2025〉的通知》[R].

[2] 中国制造与工程技术人才培养研究课题组.《中国制造2025》与工程技术人才培养[J]. 高等工程教育研究，2015(6)：6-10.

[3] 敬石开."中国制造2025"与职业教育[J]. 中国职业技术教育，2015(21)：5-9.

[4] 芮志彬.关于职业教育供给侧改革的思考[J]. 天津职业院校联合学报，2016(4)：18-21.

[5] 李根.高校创客教育问题与对策探究[J]. 亚太教育，2016(15)：105-106.

[6] 张旭，郭菊娥，郝凯冰．高等教育“供给侧”综合改革推动创新创业发展［J］．西安交通大学学报（社会科学版），2016（1）：26－35.

[7] 吕景泉，马雁，杨延，等．职业教育：供给侧结构性改革［J］．中国职业技术教育，2016（9）：15－19.

[8] 李萍，刘传会．基于创客教育视域的高职人才培养模式研究［J］．襄阳职业技术学院学报，2016（3）：77－78.

[9] 胡星，胡丹，翟颖妮，等．高校创新实验室创客空间的建设模式探究［J］．实验室研究与探索，2016（7）：266－268.

[10] 占亚剑．高职创新创业教育与人才培养［J］．电子制作，2014（24）：170－171.

[11] 宋正武．让创客教育成为职业教育发展的新引擎［J］．河南教育（职成教版），2015（6）：21－36.

[12] 杨丽，张立国，王国华．创客教育体系架构研究［J］．现代远距离教育，2016（3）：28－33.

[13] 晏燕，董志胜．高校转型发展背景下创客教育的思考［J］．曲靖师范学院学报，2015（5）：84－87.

[14] 何克抗．论创客教育与创新教育［J］．教育研究，2016（4）：12－24.

[15] 杨现民，李冀红．创客教育的价值潜能及其争议［J］．现代远程教育研究，2015（2）：23－34.

[16] 黄兆信，赵国靖，洪玉管．高校创客教育发展模式探析［J］．高等工程教育研究，2015（4）：40－44.

[17] 王丽平，李忠华．高校创客文化的发展模式及培育路径［J］．江苏高教，2016（1）：94－97.

【作者简介】

李云松，副教授，重庆广播电视大学/重庆工商职业学院智能制造与汽车学院。

任艳君，教授，重庆广播电视大学/重庆工商职业学院智能制造与汽车学院党总支书记。

程德蓉，教授，重庆广播电视大学/重庆工商职业学院人事处副处长。

感 谢

本文是作者发表在《实验室研究与探索》2017年第7期第225－229页上的文章。为此，作者对《实验室研究与探索》期刊社表示感谢。

重庆广播电视大学/重庆工商职业学院
“十三五”事业发展规划

面对经济社会发展新形势，为积极适应经济新常态，深入贯彻党的十八大以来各次全会精神，落实《国家中长期教育改革和发展规划纲要（2010—2020年)》和《中共重庆市委关于制定重庆市国民经济和社会发展第十三个五年规划的建议》的要求，明确学校在“十三五”期间的主要发展目标和任务，加快以“互联网+”为办学特色的应用型高校建设步伐，推进学校可持续超越式发展，特制定本规划。

第一部分　发展基础

一、发展回顾

“十二五”期间，学校围绕“建骨干（国家骨干高职院校）、建开大（重庆开放大学）、建大学（应用技术本科院校）”的战略部署及目标愿景，各项事业稳步推进，总体办学水平明显提升，基本实现了预期奋斗目标。

（一）教育教学改革稳步推进

建成国家骨干高职重点专业5个、中央财政支持提升服务能力专业2个、市级示范高职重点专业5个、市财政支持提升服务能力专业3个。与西南大学合作举办了软件工程、工程造价两个开放教育本科专业。积极推进混合模式教学改革试点，引入尔雅通识教育网络课程52门，自建优质核心课程资源61门，建成市级精品课程7门，市级精品视频公开课2门，市级精品资源共享课程4门。组建教学团队25个，拥有市级教学团队6个。成功申报市级以上教学改革项目55项（其中重大项目3项、重点项目15项)。获职教类国家级“十二五”规划教材9部。获职教类国家优秀教学成果二等奖1项，重庆市优秀教学成果一、二、三等奖各1项。

（二）师资队伍结构进一步优化

学校实施“人才强校”战略，制定了《“双师”教师培养管理办法》《高层次人才引进实施办法》等一系列师资队伍建设文件，完善了“双岗双责”教学研发团队建设等教师队伍建设长效机制。学校现有教职工739人、专任教师402人，比2010年增长了25.8%。其中正高职称37人、副高职称161人，具有博士、硕士学位的教师249人，在专任教师中高学历教师占比为61.9%、高职称教师占比为49.3%，比2010年同比分别上升了10.0%和36.4%。

（三）科学研究与社会服务能力明显增强

学校成立了政行企校合作理事会，建设了九龙创意产业基地和嘉陵江创新创业基地，建成12个校内实验实训中心，共建实习实训基地130多个、校内创意工作室和实训室190个，建成市级技术推广中心1个。成立研究所11个，组建科研创新团队14个。学校教师在公开刊物上发表学术和教改论文累计达到1 600余篇，其中核心期刊近400篇；累计获得立项的厅局级及以上科研项目100余项，其中省部级12项；共获得专利446项，2014年名列全市高校第一。聚焦重庆“五大功能区”等发展战略启动一系列专题培训，培训人次达50多万。在办学系统内建立社区学院14所、社区学校100多所，组织了重庆市全民终身学习活动周等一系列活动。

（四）资源保障能力显著增强

学校教学仪器设备总值从“十二五”初的2 788万元增长到8 747万元。图书、期刊、视频等专业资源充足，图书馆年均到馆14.78万人次，数字资源访问量45.56万人次，专业资源满足率达85%以上。完成了合川校区二期学生公寓、食堂、图书馆、实训楼以及综合球类体育馆项目建设，新增校舍4.5万平方米，启动了校园环境整治工作。现有校园面积89.4万平方米，校舍总面积33.2万平方米，固定资产总值8.7亿元。后勤服务质量、服务水平得到进一步提升，校园管理安全有序，节约化校园初步形成。

（五）学校管理改革持续深入

学校党政领导班子开拓创新，转变思路、凝聚共识，坚持“两校一体”，确立了“以学习者为中心，办百姓身边大学”的办学理念，探索了“一体多元”（坚持一个学校、一条道路、一个目标，多形式、多元化办学，多类型、多层次教育并举）、“三融合”（远程教育与职业教育相融合、学历教育与非学历教育相融合、信息技术与教育教学相融合）等办学模式。整合内部资源，调整机构设置，理顺管理体制，强化二级学院建设，健全和完善各项规章制度，优化办学功能和管理职能。顺利完成了重庆市示范高职、国家骨干高职的建设及验收任务，推动了全市电大系统转型发展，开放大学筹建工作深入推进，宏观调控能力及办学活力不断增强。

（六）党建思想政治工作不断深化

学校深入开展创先争优活动，认真开展党的群众路线教育实践活动，推进党风廉政建设，扎实开展“三严三实”专题教育活动。加强了基层党组织建设，保持共产党员先进性的长效机制进一步完善，涌现了一批优秀共产党员及岗位标兵，解决了学校及全市电大系统上下教师反映强烈的突出问题，以作风建设的新成效凝聚起推动各项事业发展的强大力量，大学生思想政治教育取得新成效。党风廉政建设、精神文明建设、校园文化建设、共青团建设等工作取得显著成绩，先后荣获“重庆市依法治校示范校”“重庆市共青团工作先进单位”“重庆市文明单位”“重庆市平安校园”“重庆市教育系统先进基层党组织”等称号。学校领导班子连续五年被评为市级先进领导集体。

二、问题诊断

“十三五”期间，学校各项事业发展将进入新的历史阶段，但是目前还存在一些问题需要着力突破。

（一）体制机制方面

自主办学的主观意愿和客观现实之间依然存在矛盾。现代大学制度建设还需加强。“两校一体”的融合发展尚需加强，院校两级管理还未真正落实“院为实体”，管理体制改革亟待深入。科学合理的绩效评估和激励机制尚未形成，“大锅饭”现象依然存在，管理方式有待完善。

（二）人才培养方面

学校办学理念及改革创新思想还未深入各个层面。基于“三融合”的应用型技术技能人才培养模式及学习方式创新度不够，还不能适应新常态背景下互联网时代的高素质应用型技术技能人才培养的要求，人才培养的支撑保障体系还需进一步完善。

（三）专业建设方面

专业之间发展不平衡。新的专业增长点尚未形成，新兴专业或交叉专业的发展机制不健全。专业建设规划、资源配置和考核评估之间还没有形成良性互动。专业调整、办学规模扩大与办学资源相对不足的矛盾还未从根本上得到解决。

（四）教师队伍方面

师资队伍数量存在结构性短缺，拔尖人才尤其是领军人物缺乏，有较强竞争力的创新团队尚未形成。“双师双能型”（理论教学能力和实践教学能力）教师的培养工作还需进一步加强。用人政策及考核评价激励机制还有待完善。

（五）信息化建设方面

教学、管理、服务等平台之间“信息孤岛”现象严重。校园信息化、数字化建设水平及信息资源共享水平比较薄弱。以学习者为中心、以需求为导向的数据化支撑体系及综合信息技术服务体系尚未建立。现代信息技术与教育教学的融合亟待深入。

（六）资源配置方面

办学基本条件建设还不适应发展需要，办学能力与服务经济社会发展及支持教学的需求还存在一定差距。办学资源共享还不充分，资源整合、管理和利用有待进一步加强。办学经费分配过程中存在条块分割、重复投入问题，资金使用效率还需提高。

三、发展形势

“十三五”时期，学校改革发展既有难得的历史机遇，又面临巨大的压力和挑战。

（一）新常态下经济社会发展对学校发展目标的挑战

经济新常态下，国家层面要不断创新宏观调控方式，推动经济结构优化、发展动力转换、发展方式转变，逐步实现经济结构更加均衡、环境更加友好、收入分配更加包容、经济增长更具创造力的发展格局。学校则要深刻把握新常态的内涵，紧紧抓住新常态下现代高等教育发展的规律，适应区域经济转型、产业结构优化带来的人才培养目标、专业设置、教育模式变化提出的挑战和要求，统筹普通教育、职业教育、继续教育协调发展，大力推进培养高素质应用型技术技能人才的新型院校建设，深度服务于区域经济社会发展。

（二）新科技革命和产业融合对学校战略选择的挑战

当今世界，“互联网+”正在加速对传统产业的渗透和改变，一批新兴业态正在形成，传统行业、传统产业、传统的应用和服务、传统的生产方式都在加速蜕变。“互联网+”将解构与重构教育理念和教育形式，重新定位教育的价值取向，也对高素质应用型技术技能人才培养提出了新的要求。在国家实施“互联网+”行动计划指导下，探索新型教育服务供给方式，突破体制机制障碍，解决新产业或新业态中的跨界融合型人才匮乏等问题，为学校发展提供了巨大的空间，为学校发展战略的选择提供了强有力的环境支撑和外部机遇。

（三）高等职业教育的新发展对学校发展路径的挑战

随着国家一系列关于发展职业教育的政策出台，我国现代职业教育的战略地位、功能定位和发展目标更加清晰，这是国家在深刻把握经济社会深刻变革、产业转型升级内在需求、资源配置方式转换等经济发展新特征基础上对职业教育在前所未有的高度上所做出的政策选择和重大教育发展战略，必将通过搭建人才成长“立交桥”、混合所有制探索、现代学徒制试点、集团化办学、创新发展行动计划等路径引导体制机制创新，为职业教育汇聚更多资源，大大拓展职业教育的供给边界，获得财政资金优先保障，助推学校进一步健康持续发展。

（四）国家实施创新驱动战略对学校模式创新的挑战

创新驱动发展战略已经成为国家重大战略，“大众创业，万众创新”也被提升到我国经济转型和保增长的“双引擎”之一的高度，而我国科技储备还有待加强，许多产业仍处于全球价值链的中低端，高端人才仍然十分稀缺。能否依靠创新打造发展新引擎，决定了未来五年能否全面建成小康社会，能否成功转变发展方式，能否成功推进产业升级，除了科技创新之外，还要求我们不断推进理论创新、制度创新、机制创新等各方面的创新。学校要抓住发展契机，依靠创新驱动实现自身发展模式的创新，着力推动高素质应用型技术技能人才培养。

（五）区域经济融合互动对学校发展空间的挑战

随着国家“一带一路”倡议和“长江经济带”经济战略规划的实施，重庆将创新内陆开发开放新模式、拓展内陆开放国际大通道、汇聚全球生产要素，成为我国先进制造业和现代服务业基地、长江上游金融和创新中心。在“五大功能区”战略部署下，重庆与长江上游区域、西部地区及全国其他区域的融合将进一步加快，高水平的现代产业体系及内陆开放型经济格局正在形成。这为学校的发展拓展了空间，为加快建成国内一流的高等职业院校、全国领先的开放大学和“互联网+”特色的应用型高校提供了良好的发展机遇，同时也提出了更高的要求。

第二部分　发展思路

一、指导思想

以中国特色社会主义理论为指导，深入贯彻党的十八大、十八届三中、四中、五中全会精神，紧紧围绕“四个全面”战略布局，全面落实“五大发展理念”，全面贯彻党的教育方针，坚持社会主义办学方向，服务重庆经济社会发展，全面落实“立德树人”根本任务，紧扣重庆市基本实现教育现代化、教育信息化和城乡教育一体化的总体要求，以提高教育质量、增强办学活力、促进整体转型为主线，全面深化教育教学改革和办学体制机制改革，落实依法办学、依法治校，培养合格的社会主义事业建设者和接班人。

二、发展目标

立足重庆，面向一线，推动“一体多元，三融合”办学模式创新发展，以建成一所具有“互联网+”办学特色的统筹普通教育、职业教育、继续教育协调发展的应用技术本科院校为愿景，基本建成国内一流的高等职业院校和全国领先的开放大学，培养高素质应用型、技术技能型人才。

“十三五”期间，围绕发展目标，学校将继续坚持“建骨干、建开大、建大学”的工作格局和推进策略，积极参与重庆市属高校转型发展为应用型试点。

——建骨干。深化“一体多元”办学体制机制创新，深入实施“后骨干”建设，对接产业、服务产业，发展本科职业教育，建设“互联网+”特色的专业和课程，成为教育部优质高等职业教育院校建设单位，建设国内一流的高等职业院校。

——建开大。深化“三融合”教育教学改革，自主举办多种形式的本专科教育，打造“互联网+”的办学模式和学习模式，建设功能强大的支持服务体系，建设全国领先的开放大学。

——建大学。整合资源，创新驱动，在人才培养模式、专业课程建设、队伍能力发展、办学条件建设等方面形成“互联网+”办学特色，筑牢应用技术本科院校办学基础。

“十三五”期间，学校发展方式将更加注重内涵建设，调整存量，做优增量，办学模式、专业及课程建设更具“互联网+”特色，师资队伍建设更加专业化，人才培养更为柔性化、开放化。学校现代大学治理体系更加成熟，治理能力明显提高，治理结构和各项制度建设更加完善，资源整合能力明显增强，综合管理更为精细化、数据化、在线化。学校各项办学条件建设更加完备，资源配置效能显著提升，对教学科研和育人工作的支持保障更加全面有效。学校更加注重民生建设，更加注重机会公平，教职员工和学生的工作、学习、生活条件进一步改善，面向教师发展的各项投入到2017年实现比2010年翻一番，对家庭经济困难学生的资助达到学费等事业收入的4%，师生员工共享发展成果，学校及办学体系上下更具凝聚力、向心力和协同力。

三、主要指标

（一）办学规模

高等职业教育全日制在校生12 000~14 000人，其中本科生1 000~1 500人，专科生11 000~12 500人。开放大学及各类合作办学在校生60 000~80 000人，其中自主招生本科生1 500~2 000人。

（二）专业建设

举办开放大学本科专业5~8个，优化调整形成高职教育专科专业35~40个，新增高职教育本科专业3~5个。高职教育和开放大学同专业同层次课程体系"融合度"达70%以上，开放大学专业与高职教育专业实训实验条件的共享率达70%以上。形成3~5个"互联网+"特色专业群。服务重庆市战略性新兴产业和支柱产业的专业比例达到80%以上。特色优势专业集群在校生占在校生总规模的比例不低于50%。

（三）人才培养

新增一批市级质量工程项目。获市级以上教学研究项目100项以上，获市级教学成果奖3~5项、国家级教学成果奖1~2项。建设市级专业实训基地10个、市级众创空间1~2个，建设应用型教师教学能力发展中心1个。学生思想道德品质优良、基础理论知识扎实、动手实践能力较强，毕业生职业证书获取率达90%以上，毕业生一次性就业率保持95%以上且专业对口率达80%以上，对本地区人才贡献率达85%以上。

（四）科研创新

年均科研经费达600万元以上。获市级及以上自然、社科基金项目40项；承担横向科研项目达100项以上。力争获国家级科技或人文社科奖项1~2项，市级科技或人文社科奖项4~6项。获国家授权发明专利30项以上。核心期刊论文（含SCI、EI、ISTP国际三大检索期刊）700篇以上。建设"互联网+"教育研究中心1个。

（五）教师发展

专任教师规模达750人，生师比控制在18∶1以内，硕士以上学位专任教师比例达80%以上，且博士学位比例达10%以上。具有高级职称教师占专任教师比例达40%以上，其中教授比例不低于10%。专业带头人100%具有副高及以上职称且拥有硕士及以上学位。市内外有一定影响的教学、学术和创新团队2~3个，市级学术技术带头人6~8人，市级以上教学名师3~5人。"双师双能型"教师比例不低于60%。

（六）治理能力

加强现代大学制度建设，制定具有学校特色的大学章程，建立完善的内部治理评价体系。建成1个职业教育集团，新建1～2个具有混合所有制特点的二级学院。除非涉及国家要求的保密事项，学校事业发展的有关信息公开度达100%。教职工参与学校事务决策程度达80%以上。校级领导班子年度考核满意度均不低于90%。

（七）办学条件

校园建筑面积达到42万平方米，实训实验室建筑面积达8.5万平方米，教学、科研实验仪器设备总值达到1.5亿元。图书馆建筑面积不低于2万平方米，馆藏纸质图书达到100万册，电子图书存储量达到20 000GB，基本建成智慧校园。新建一批校企合作共建的实习实训基地，建设国内一流的技术推广基地3～5个。

四、发展理念

（一）改革创新

改革是引领发展的动力，创新是新常态下最鲜明的特点。要用改革创新贯穿学校事业发展的全局，把改革创新摆在学校未来发展的核心位置，大力实施创新驱动发展，不断推动教育教学改革、体制机制改革等，以改革创新提高办学质量，增强办学活力，赢得发展优势、赢得发展空间。

（二）开放融合

开放是推动学校事业发展的必由之路，融合是未来发展的方向。要主动适应“互联网+”教育发展趋势，积极推进开放融合，丰富开放融合的内涵，实施互利共赢的开放融合战略，大力推进众筹、众创、众包、众扶发展，积极开创合作办学新局面，优化学校发展环境，不断提升学校的核心竞争力。

（三）协调共享

协调是持续健康发展的内在要求，共享是事业发展的本质要求。必须遵循教育发展规律，正确处理发展中的重大关系，走出一条特色鲜明的“规模、结构、质量、效益”协调发展之路。必须做出更有效的制度安排，多元发展、优化结构。必须坚持以人为本，民生为先，师生共享发展成果，增强发展动力。

（四）特色发展

特色是推动学校发展的路径和办学成效的集中体现，是以需求导向集聚资源禀赋的着力点。必须以“有所为、有所不为”的姿态，充分发挥比较优势，坚定不移走特色发展之路，不断提升核心竞争力。必须根据现实条件，审慎选择发展战略，创新谋划发展思路，构建独具特色、充满活力的发展新格局。

第三部分　主要任务及改革措施

一、推进改革创新，激发发展活力，凝练“互联网＋”办学特色

（一）体制机制改革创新

1. 深化“一体多元”体制

扩展与行业企业及其他机构的合作，开拓中外合作办学项目，多形式、多元化探索推进股份制、混合所有制试点，共建具有混合所有制特征的二级学院。推动投融资体系变革，拓宽新的收入来源，建立可持续发展优势。实施多类型、多层次教育并举，实现普通高等教育、职业教育、继续教育协调融合发展。

2. 做实“三融合”路径

从体制机制、发展模式等方面破解“三融合”的“瓶颈”问题，提高教育资源整合程度、集聚效应。以“跨界、融合”思维引导办学模式与运行机制改革。探索教育服务和产品的“O2O”发展方向。创造市场反应灵敏的教育服务和产品。提供专业的职业教育、开放的学习环境和灵活的终身学习。

3. 建设教育集团

整合各方力量，探索连锁式、集团化办学，力争建成国家骨干职业教育集团。促进教育链和产业链有机融合，全面增强集团化办学的活力和服务能力。充分发挥市场机制的决定性作用，创新治理结构和运行机制，形成在利益纽带联结下多方联动的新格局。加大“两江学院”综合改革试点建设力度，创新运营模式，着力“上水平、展特色、树品牌”，打造教育发展新平台。

4. 构建大学营运机制

强化互联网思维，树立大学品牌意识和营运理念，优化内部管理体制，改革机构设置。构建“互联网＋”教育群落，打造开放合作的发展平台。形成资源共享、融合发展、多赢共生的模式，建立开放的现代大学营运机制。着力推动线上教育向线下融合，线下教育向线上融合。

5. 完善校院管理模式

科学界定学校和学院的管理职能，强化目标管理，建立层次清晰、科学规范、渠道畅通的管理体系。探索学院直接服务产业发展的办学新模式。调整和完善二级学院结构及所辖专业设置。新建公共教育管理学院、卓越学院等二级学院。

6. 推进全市电大整体转型

坚持“不破而立”的原则，探索构建新型办学体系，创新管理体制、管理模式和运行机制。着力加强电大系统实体化建设，提升信息化水平，增强学习支持服务能力，落实质量保障，平稳推进全市电大转型升级。深耕地方需求，服务发展需要，推进教育项目进园区、进企业、进社区，助力终身教育体系构建。

（二）人才培养改革创新

7. 创新人才培养模式

探索合作培养应用型技术技能人才的有效途径和机制，开展现代学徒制试点，校企共建以现代学徒制培养为主的特色学院。制订多样化的人才培养方案，全面推进模块化教学和学分制。深入推进“四大教学改革”及第二课堂改革。充分调动学生学习积极性和主动性。多元提升学生的互联网思维、创新创业能力、专业理论素养、互联网技术应用、岗位职业技能。

8. 引领学习模式创新

促进信息通信技术、数据处理技术与教育教学过程相结合。深入研究学习者特征，推动混合学习模式实施，增强在创新性教学方面的领先地位。提升教育产品、服务和教育过程的数据化、智能化、在线化、定制化、柔性化、精准化、个性化水平。创新教育教学模式。架构综合的、基于团队模式的学习支持服务。

9. 深入实施质量工程

在平台建设、教学团队建设、教学改革研究等方面加大经费投入，达到市内同类院校的先进水平。确立科学的、独具特色的质量观、标准和监督保障机制，利用大数据技术严格教学管理、规范教学考核、优化教学评估。建立质量诊断改进机制，实施教学质量年度发布制度，提升在质量、教学与创新方面的声誉。

10. 构建人才成长“立交桥”

制定校内课程建设标准及数字资源建设标准。加强学习成果认证体系建设。推动各级各类教育学习成果的认证、积累与转换试点工作。完善学分管理制度，推动在线开放课程学习成果的学分认证。打造各类教育纵向贯通、横向接轨、自体循环、内外衔接的人才培养“立交桥”，引领社会教育公平。

二、加大开放融合，深化产教互动，提升技术人才培养质量

（三）推进产教深度融合

11. 坚持校地互动发展

植根地方需求，开拓新市场，明确办学使命。进一步做大做强“九龙创意

产业基地"和"嘉陵江创新创业基地"。推动人才培养链和产业链相融合，增强专业集群服务产业集群发展的能力。培育和建设应用型特色专业集群。提升专业建设与经济社会发展的契合度、依存度、贡献度和满意度。

12. 重视合作伙伴关系

多形式多领域拓展公私合作伙伴关系。进一步培育发展与政府、行业、企业、专业团体及其他机构的合作关系，提供基于工作和职业的学习平台。与技艺大师、非物质文化遗产传承人等合作建立技能大师工作室。发展与国内外科研院所的合作伙伴关系，建立互相支持的教育合作组织或办学支持联盟。

13. 深化协同育人机制

搭建跨地区、跨领域、跨行业的协同育人机制，探索构建"资源整合、文化融合、产学结合"的协同育人模式。以市场为导向，多方共建应用技术协同创新中心。优化教育资源配置，不断改善教育场域结构，持续推进校企深度合作、产教深度融合，校企双主体合作办学，共同培养服务于地方经济发展的技术技能人才。

14. 强化产学研用合作

进一步加强与重庆市、区县、周边地区及企业的合作，加快专业与产业的对接、人才培养与和产业需求对接、科技项目与现实生产力对接。以项目为纽带，以服务为中心，拓展产学研合作的广度和深度，构建产学研用一体的创新战略联盟，联合共建实验室、转化基地、研发中心、研究所（院）等。

（四）加强技术技能养成

15. 聚焦应用技术培养

面向一线发展需要，培养技术应用型人才。以培养技术应用能力为主线，设计学生的知识、能力、素质结构和培养方案，创新教学内容和教学形式。以数据化、在线化、柔性化、定制化和协同化等重构技术应用导向型的教学过程。打造"互联网+"教育综合体，增强职业教育的人才竞争力和办学附加值。

16. 增强实习实训条件。加强校企共建生产性实习实训基地建设，新增一批水平较高、资源共享、示范作用显著的实践教学基地。大力推进汇聚仿真技术的信息化实训基地以及职业能力培养虚拟仿真实训中心建设，与真实生产场所实现远程同步教学。促进校内实验、实践教学与校外实习、实践相结合，全方位提高学生的实践能力。

17. 加强创新创业教育

面向"互联网+"时代需求和新业态、新岗位、新技能的形成，将学生的创新意识培养和创新思维养成融入教育教学全过程。改革专业教育培养模式，促进专业教育和创新创业教育有机融合。建设一批创新创业教育专门课程

（群），构建创新创业教育新体系，建立健全创业指导服务机构。

18. 引领学生创业发展

对接创新示范区、产业园区、高新区、科技企业孵化器、高校和科研院所等有利条件，建立众创空间。探索新型孵化模式，培育创新文化。通过市场化机制、专业化服务和资本化途径，为学生构建开放式的新型创业服务平台，促进学习和创业相结合、线上与线下相结合、教育与孵化相结合。

三、促进协调共享，增强综合优势，筑牢本科院校办学能力

（五）提升专业及课程发展能力

19. 完善专业综合布局

坚持“调结构，重内涵，强特色，上水平”的思路，探索“互联网+”专业建设与改造模式。推动专业建设与产业结构优化升级及“6+1”支柱产业、战略性新兴产业的对接，调整优化专业结构。立足重庆市“五大功能区”战略，适应“互联网+”行动计划和“中国制造2025”的要求，围绕创新链打造专业链，服务产业链，以“互联网+”为技术路径，加强智能制造、互联互通和现代服务经济方面的骨干专业建设。构建由“产业技术、城市发展、经济管理、社会文化”领域构成的专业体系。形成专科、本科有机衔接并融会贯通的专业综合布局。

20. 提升专业发展能力

加强二级学院、系、教研室三级教学架构建设，加强教师专业合作、专业交流、专业学习。促进研究机构与教学机构的融合、学术团队和教学团队的融合、教学研究与科学研究的融合。面向市场需求，逐步形成民主、开放、高效的专业建设、发展与评估机制。健全专业建设投入保障机制和专业建设竞争激励机制。加大新专业投入，加强对专业结构和团队的配备，打造专业发展平台，全面提升专业的发展能力和核心竞争力。

21. 打造特色课程体系

加强课程建设体系顶层设计，优化课程体系结构，强化课程体系特色。突显职业核心能力、现代商务能力、网络应用能力并重的育人特色。以技术应用能力为主线重构课程体系，将行业新技术融入课程体系，强调知识体系与工作过程相结合。

22. 提升课程开发能力

促进信息技术、数据技术在课程开发中的应用。注重实用性、趣味性、便捷性和经济可持续性，建设适合混合学习、移动学习的高等职业教育专业教学资源库，开发一批精品在线课程，推动MOOCs课程共建共享，形成面向终身学

习的优质资源。

（六）提升办学能力和水平

23. 增强本科办学能力

立足学校多类教育资源优势，在专业设置、师资队伍建设、教学与科研水平、实验实训设备等方面，夯实设置本科及以上层次高等职业教育相关专业的基本条件。努力发展技术应用型本科层次高等职业教育，培养具有扎实理论知识、技术应用能力和技术研发能力的高层次应用型本科人才。合作培养研究生教育。搭建包括专科、本科、研究生等多个层次的职业教育体系，提升学校社会地位和整体实力。

24. 强化教师发展能力

完善人才管理机制，推行目标绩效管理。建立教师发展中心。优化队伍结构。建立健全教师培训进修制度。支持并扩大教师到海内外进修学习、学术交流和技术合作。建设“双师型”教师培养培训基地。分段实施“双百工程”（百名教授、百名博士）计划，打造高水平教学科研团队。实施“聚贤工程”，加大对紧缺的高层次人才及专业领军人物的引进和培养力度。实施“嘉陵江学者”计划。设立教授和博士工作室。开展“育鹰工程”，促进教师专业化成长。塑造优秀团队，分类培养课程建设团队、课程教学团队、课程辅导团队。

25. 增强科研创新能力

加强嘉陵江发展研究中心建设，使之成为科学研究、学术交流和科技应用推广及创新平台。整合优势资源，设立“互联网+”教育研究中心。深化学校科技管理、科教融合、协同创新、成果转化、科技评价等体制机制改革。打造一批高水平科技人才和创新团队，促进一批优秀科技成果转化，促进科学研究与创新人才培养同步衔接。打造“互联网+高校科研+孵化器”众筹平台，引导科研团队创业化，促进科研投资专业化，实现技术产品化。

26. 加强信息基础能力

实施“互联网+”促进计划，实施“云+端+网”改造工程，加快建设数据强校。加大现代信息技术和数据技术基础设施及平台建设的投入。建成功能先进的大数据处理中心、现代远程教育中心和财务结算中心。优化建设学校公共信息服务平台和功能完备的教学平台。实现无线网络高速、便捷、稳定的校园全覆盖，建成“3e（e学习、e生活、e校园）大学”和“掌上大学”。

27. 提升社会服务能力

开展直接为地方经济发展服务的科学研究项目。构建学历教育和非学历教育的互动衍生机制。大力发展培养面向一线的技术技能人才的高等继续教育，举办地方经济社会所需的学历继续教育、非学历职业培训、社区教育，促进校园教育向社会延伸。积极推进数字化课程教学资源库的对外开放和资源共享，完善重庆市终身学习网功能。开展师生社会实践和志愿者活动，服务地方精神文明建设。

28. 增强学生成长管理能力

坚持正确的舆论导向，育人为本、德育为先，加强社会主义核心价值观教育和理想信念教育。努力打造高素质、职业化的思想政治工作队伍，提高思政工作的时代性、针对性和实效性。加强心理危机干预预警机制建设。加强就业信息网络、素质拓展平台、生涯教育平台和创业教育平台建设。完善勤工助学与创新创业一体化实践平台，构建成长服务支撑体系。

29. 增强文化传承创新能力

坚持中国特色社会主义文化发展道路，主动承担文化传承创新使命，积极开展国内外文化交流。坚持文化育人，实现大学文化建设与人才培养有机结合，促进师生德智体美全面发展。加强学风、教风、校风建设，营造良好的育人环境。顺应“互联网＋”教育发展趋势，整合媒体资源，加强多方协作，开展学校网络文化研究协同创新。

第四部分　发展保障

一、组织制度保障

1. 建设现代大学制度

坚持党委领导下的校长负责制，充分发挥学校党委统揽全局、把握方向、引领思想、推进发展的领导核心作用。坚持依法治校，加强体制机制和制度建设，促进依法办学、依法行政、依法管理。形成领导有方、科学决策、指挥得当、集体领导、民主管理、学术活跃、渠道畅通的工作规则和高效运行机制。建立健全权利分配、施行、激励与制约的长效机制。

2. 加强各级班子建设

提高领导班子领导学校改革发展的能力、办学治校的能力、驾驭全局的能力、领导教学科研的能力、建设和谐校园的能力。加强各级干部的培养、选拔、管理和使用，加强后备干部队伍的建设，不断改善队伍结构。探索管理队伍建设的新机制，提高学校各级管理人员综合能力、素质和工作积极性。进一步推进学习型、服务型、创新型基层党组织建设。

3. 加强党风廉政建设

全面落实从严治党的要求，坚持把纪律和规矩挺在前面，进一步加强党的思想作风建设，健全党风廉政建设和反腐败的领导体制和工作机制。秉承标本兼治、综合治理、惩防并举、注重预防的方针，继续推进惩治和预防腐败体系建设。加大从源头上预防和治理腐败的力度，严把选人用人、招生录取、基建项目、物资采购、财务管理、科研经费、校办企业、学术诚信等“八大关口”。

二、和谐校园保障

4. 建设校园文化

丰富发展学校的文化内涵，构建特色大学文化，打造特色校园文化品牌，引领人才培养、学术发展和社会服务。完善并规范学校形象标识系统，加强对外宣传工作，提升学校文化软实力。广泛开展形式多样的校园文化活动，提高师生的文化品位、审美情趣和人文素质，增强师生员工的归属感和凝聚力。

5. 深化民主管理

加强民主管理、民主监督，推动学校各项工作走上民主化、科学化、制度化轨道。注重发挥民主党派参政议政、建言献策的作用，充分重视各类群团组织的作用。创新群众工作体制机制和方式方法。充分调动师生员工和广大校友参与学校办学的积极性，为学校发展注入生机和活力，促进学校又好又快发展。

6. 加强民生建设

坚持以人为本，关心师生员工的成长和发展，关心离退休老同志和特殊困难群体生活，重视解决好师生员工的实际困难和问题。设置民生建设专项资金，逐年改善师生的学习条件、工作条件和生活条件，使学校师生共享学校改革发展的成果。努力打造平安校园、健康校园、绿色校园、数字校园、人文校园。

三、条件支持保障

7. 优化外部发展环境

积极争取各级政府、上级主管部门、行业企业及社会各方面实质性的政策、资金、项目等多方面的支持。加大学校对校友工作领导和支持的力度，建立校友工作运行机制。搭建起良好的官、产、学、研、中、金等合作关系，以市场为导向，建立特色的“协同治理、动态治理、开放治理”的校企合作治理文化。

8. 提升资源配置效能

积极拓宽思路，多种形式投资商业性企业，拓展创收渠道，不断增加学校财产性收入。进一步健全多元投入机制，积极探索政府和社会资本合作（PPP）等模式，吸引社会投入。完善三年滚动财务预算机制，建立资源合理流动和有效配置机制。优化调整经费支出结构，向教育教学改革、实验实训实习和“双师双能型”教师队伍建设等方面倾斜。进一步加强国有资产的管理，加强成本核算机制，正确处理投入与产出的关系。持续推进后勤服务改革，建立健全后勤保障体系。

9. 优化校区功能效应

明确三校区功能定位，整体规划，统筹建设。优化校园布局，建设现代化校园。加快合川校区后续工程建设，改造石桥铺校区，完成华岩校区实训中心建设。公平合理地分配学校公共资源，加强对学校公共用房的统一调配和管理，切实保障教学、科研工作的顺利进行，增强三校区协同互补能力，着力提高办学效益。

四、规划实施保障

10. 加强组织领导

强化对规划的宏观指导和统筹协调，加强各级领导班子执行力建设，把落实本规划的情况作为各级领导班子和领导干部考核的重要内容，不断提升规划的战略管理和执行能力。各单位要围绕本规划提出的发展目标、主要任务和重点工作，自觉把本单位、本部门的工作放在学校发展的全局中科学谋划，扎实推动。

11. 明确任务分工

坚持规划先行，以规划定项目，以项目定预算。全校各单位根据本规划确定的目标任务，逐项研究，层层分解，明确落实各项任务的路线图、时间表和责任主体。各职能部门和二级学院认真制订专项规划、子规划及各重大工程、计划项目、改革试点的具体实施方案，确保各项任务落到实处。

12. 加强监督评估

健全规划实施的中期评估和年度监测制度，完善考核机制和问责制度。组织开展对规划实施情况的动态评估和跟踪检查，强化数据集成，发布学校“年度发展报告”，主动接受师生员工和社会各界参与规划实施的监督。加强同行评估，并将评估、监测情况和校内外对规划的意见和建议作为规划调整的重要依据。